Hofgesellschaft, Festivität und Ästhetik in "Leonce und Lena" von Georg Büchner

von

Eun-Suk Kim

Tectum Verlag
Marburg 2002

Die Deutsche Bibliothek - CIP-Einheitsaufnahme

Kim, Eun-Suk:
Hofgesellschaft, Festivität und Ästhetik in
"Leonce und Lena" von Georg Büchner
/ von Eun-Suk Kim
- Marburg : Tectum Verlag, 2002
Zugl: Marburg, Univ. Diss. 2001
ISBN 978-3-8288-8349-9

© Tectum Verlag

Tectum Verlag
Marburg 2002

INHALTSVERZEICHNIS

I. EINFÜHRUNG 5

II. DIE KÖNIGSFAMILIE 11
   1. König Peter 11
   2. Prinz Leonce 16
   3. Prinzessin Lena 23

III. DER STAATSRAT UND SEIN PRÄSIDENT 29

IV. DIE „VARIABLE" VOLK – BÜCHNERS MEHRDIMENSIONALE KONZEPTION DER UNTEREN GESELLSCHAFTSSCHICHT 35
   1. Das Bauernvolk 35
   2. König Peters Bild vom Volk 43
   3. Valerio 46
      3.1. Valerio als satirischer Hofnarr 46
      3.2. Valerio – der Individualist aus dem Volk 51
      3.3. Valerios Bild des Königtums 56

V. DIE RESTRIKTIVEN NORMEN DER GESELLSCHAFT 61
   1. Valerios Schaustellung und Beurteilung der höfischen bzw. bürgerlichen Werte und Normen 61
   2. Die Verhaltensnormen der Hofmitglieder 68
      2.1. Die Königsfamilie 68
      2.2. Der Präsident des Staatsrates, der Hofmeister und der Hofprediger 72

VI. VON DER FEIER ZUM FEST – BÜCHNERS DYNAMISIERUNG DER FESTIVITÄT 75
   1. Der König und seine Feier 76
   2. Die Hochzeit „in effigie" 80
      2.1. Das königliche Wort und die Hochzeit in effigie 81
      2.2. Die Wendung zum Fest: die Entmaskierung von Leonce und Lena 85
   3. Die neue Welt? 88

VII. FUNKTION UND BEDEUTUNG DER LITERARISCHEN NAMENGEBUNG IN „LEONCE UND LENA" 99

VIII. FIGUR UND FORM – DER ÄSTHETISCHE GEHALT 109
   1. Der „entformte" König 109
   2. Die Innenwelt der Außenwelt – das meteorologische und topographische Bild als Spiegel der Innenwelt Leonces 115
      2.1. Das persönliche und politische „Klima" 116
      2.2. Bewegung und Räumlichkeit 122
   3. Prinz Leonce – ein Künstler? 127
      3.1. Das unzureichende Kunstobjekt Rosetta 130
      3.2. Das ideale Kunstobjekt Lena 134

IX. ZENSUR, SELBSTZENSUR UND ÄSOPISCHE SPRACHWEISE
IN „LEONCE UND LENA" 139

X. SCHLUSS 145

XI. LITERATURVERZEICHNIS 151

I. EINFÜHRUNG

In Bezug auf die bisherige Forschung können generell drei methodische Ansätze bei der Untersuchung der Werke Georg Büchners (1813-1837) unterschieden werden. Ein Bereich der literaturwissenschaftlichen Forschungsarbeit konzentriert sich stärker auf die schriftstellerischen Werke als solche und geht ihrer intratextuellen[1] Bedeutungskonstitution nach. Andere eher werktranszendierende Studien und Interpretationen legen ihren Schwerpunkt auf die Darstellung der übergreifenden Zusammenhänge zwischen dem Text, seinem geschichtlichen Entstehungskontext und dem Autor. Hierbei versucht man den verschiedenen Facetten des Literaten Georg Büchner als einer historischen Person gerecht zu werden, indem man bei der Werkanalyse auch seinen naturwissenschaftlichen und revolutionären Aktivitäten und Schriften größere Bedeutung beimisst. Es werden in diesem Zusammenhang seine politischen, sozialideologischen und philosophischen Ansichten sowie die Art und Weise ihrer Vermittlung in seinen literarischen Werken erörtert. So werden in ihnen beispielsweise Tendenzen eines politischen Pessimismus, des Sozialismus und des frühen Kommunismus aufgespürt. Zudem wird der theologische, naturwissenschaftliche und ästhetische Ideengehalt der Werke Büchners diskutiert.

Ebenfalls anführen lassen sich in diesem Kontext die Problematik der literaturgeschichtlichen Einordnung seiner Werke, Editionsfragen und Untersuchungen zur Textquellenlage. Büchners Dramen werden von Interpreten, die sich v.a. mit formalen Fragen befassen, immer wieder als Beispiele des modernen Dramas angeführt.

Schließlich weist Büchners Werk auch formale und inhaltliche Parallelen zu anderen Texten auf: die dramatische Struktur, die Thematik und der Anspielungsreichtum seiner Werke regen zu intertextuellen Analysen und zu Vergleichen mit den Schriften anderer Autoren, Philosophen und literarischen Epochen an.

Sofern sich die Forschung mit Büchners Lustspiel „Leonce und Lena" (1836) befasst, werden vor dem Hintergrund seines Gesamtwerkes immer wieder dessen formale oder inhaltliche Eigentümlichkeiten und Besonderheiten hervorgehoben bzw. der Ausnahmecharakter dieses Stücks betont. Für Meier „unterscheidet sich

---

[1] Zur Unterscheidung zwischen *inter*textueller und *intra*textueller Bedeutung in der Literatur vgl. Veldhues, Christoph, ‚Gleich- und Gegenüberstellung': Intratextuelle und intertextuelle Bedeutung in der Literatur. In: Zeitschrift für Slawistik 40 (1995). S. 243-267.

„Leonce und Lena" [...] inhaltlich (durch das höfische Thema) und stilistisch (als Lustspiel) von den beiden anderen Dramen Büchners."[2] Mitunter wird auch seine Einordnung in eine bestimmte dramatische Gattung problematisiert oder ihm sogar der dramatische Charakter selbst abgesprochen. So behauptet beispielsweise Martens, dass das Lustspiel „undramatisch sei, ohne Spannungsbogen, ohne handlungsauslösenden Konflikt, ohne Widerspiel. Wenn es in der Komödientradition normalerweise zielgerichtete Aktion und Gegenaktion gibt, Hindernisse, Mißverständnisse, die erst am Schluß beseitigt sind, so läßt Büchners Lustspiel das fast völlig vermissen."[3]

Desweiteren wird auch des Öfteren auf die gesellschaftskritische Dimension dieses Stückes verwiesen und es auf Aussagen über realgeschichtliche Verhältnis befragt. In diesem Zusammenhang schreibt beispielsweise Poschmann: „»Leonce und Lena« stellt den Versuch einer neuen Komödie unter der Voraussetzung der umfassenden Negation der bestehenden gesellschaftlichen Ordnung dar."[4] Auch Hiebel schlussfolgert: „Büchners Komödie ist [...] durchaus als ein dem sozialkritischen Vormärz zuzurechnendes Werk zu sehen".[5] Pinkert vergleicht die Dramenfiguren König Peter und Prinz Leonce mit dem preußischen König und seinem Sohn: „Lange blieb unbeachtet, daß sich in Büchners Lustspiel auch satirische Anspielungen auf die Herrschaftsverhältnisse in Preußen finden und – in der Figur König Peters – auf Friedrich Wilhelm III. sowie auf dessen Sohn, den späteren König Friedrich Wilhelm IV."[6] Berns versucht insbesondere Büchners spezifische thematische Bearbeitung des Hofzeremoniells stärker herauszuarbeiten: „Durch Konfrontation mit bestimmten nichtfiktionalen Literaturdokumenten [...] soll kenntlich werden, daß Büchner in seinem Lustspiel traditionell obligate Situationen, Gesten und Handlungen der Prinzenerziehung, der Fürstenhochzeit

---

[2] Meier, Albert, Georg Büchners Ästhetik, München 1983, S. 62.
[3] Martens, Wolfgang, Georg Büchner. Leonce und Lena. In: (Hrsg.) Hinck, Walter, Die deutsche Komödie. Vom Mittelalter bis zur Gegenwart, Düsseldorf 1977, S. 156.
[4] Zitiert nach Wohlfahrt, Thomas, Georg Büchners Lustspiel »Leonce und Lena«: Kunstform und Gehalt. In: (Hrsg.) Werner, Hans-Georg, Studien zu Georg Büchner, Berlin/Weimar 1988, S. 108.
[5] Hiebel, Hans H., Georg Büchners heiter-sarkastische Komödie „Leonce und Lena". In: (Hrsg.) Freund, Winfried, Deutsche Komödien. Vom Barock bis zur Gegenwart, 2. Aufl., München 1995, S. 111.
[6] Pinkert, Ernst-Ullrich, »Von geträumten Makkaroni wird man nicht satt«. *Leonce und Lena* und Heine. In: (Hrsg.) Dedner, Burghard/Oesterle, Günter, Zweites Internationales Georg Büchner Symposium 1987, Frankfurt am Main 1990, S. 414.

und des absolutistischen Zeremoniells insgesamt aufgreift und in besonderer Weise akzentuiert und modifiziert, um sie zu travestieren."[7]

Trotz aller möglichen historischen Bezüge, die dem Lustspiel eingeschrieben sind, muss jedoch betont werden, dass diesem literarischen Text als solchem ein stets präsenter enigmatischer Charakter anhaftet. Dieser Rätselcharakter ist durch den Verweis auf literarische Quellen und realgeschichtliche Sachverhalte, auf die das Werk womöglich anspielt, offensichtlich nicht zu tilgen. Vielmehr wird durch die Offenlegung des Anspielungsreichtums das wahre Ausmaß der Komplexität und Rätselhaftigkeit des Lustspiels erst allmählich aufgedeckt. Büchners „Leonce und Lena" bleibt ein enigmatisches Gebilde, voller Lücken und „harten Fügungen", elliptisch und verschlossen. Es weist verwirrende Handlungsketten und Dialogführungen auf und gestaltet Schauplätze und Figurenkonzeptionen, die dem neuzeitlichen Rezipienten und Interpreten nicht direkt vertraut sind. Auch deswegen entziehen sie sich jedem unmittelbaren Verständnis. Das Lustspiel geht also scheinbar in keiner Interpretation auf, sondern eröffnet eine Vielfalt von Interpretationsmöglichkeiten. Offensichtlich ist der Text sowohl als Ganzes als auch in seinen einzelnen Elementen absichtlich auf keine eindeutige Aussage, sondern auf Mehrdeutigkeiten und Polyvalenzen hin konstruiert worden. Bestimmte Wörter, Sätze oder längere Textpassagen scheinen sich mitunter ihrer wörtlichen Bedeutung zu entziehen. Statt dessen scheinen sie auf andere Bedeutungsebenen zu verweisen. Der stark herausgeforderte Interpret wird sich entweder an einer bestimmten Lesart stärker orientieren und das Drama auf den Begriff eines kohärenten Systems bringen oder die einzelnen Sinnschichten und -differenzen zu entfalten versuchen.

Auch der Rekurs auf die Gattung des Märchens vermag die inhaltliche Dimension des Dramas nicht wesentlich transparenter zu machen. Vordergründig scheint in dem Lustspiel die Hochzeit der Königskinder ein zentrales Moment des Handlungsgerüstes darzustellen. Damit scheint der Leser mit einer dem Märchen entlehnten Personenkonstellation (König, Prinz und Prinzessin) konfrontiert zu werden. Auch Knapp betont „den märchenhaften, zeit- und raumlosen Charakter des Lustspiels".[8] Doch trotz dieser einzelnen märchenhaften Momente verweigert sich das Drama in seiner Totalität dieser Dichtungsform. Im europäischen Mär-

---

[7] Berns, Jörg Jochen, Zeremoniellkritik und Prinzensatire. Traditionen der politischen Ästhetik des Lustspiels *Leonce und Lena*. In: (Hrsg.) Dedner, Burghard, Georg Büchner. Leonce und Lena. Kritische Studienausgabe, Beiträge zu Text und Quellen von Jörg Jochen Berns/Burghard Dedner/Thomas Michael Mayer/E. Theodor Voss, Frankfurt am Main 1987 (künftig zitiert: Berns (1987)), S. 220.

[8] Knapp, Gerhard P., Georg Büchner, Stuttgart 1977, S. 80.

chen werden beispielsweise sämtliche Figuren generell streng in gut und böse unterschieden. Die Moral des Märchens funktioniert nach dem Prinzip der poetischen Gerechtigkeit: das Gute wird belohnt, das Böse bestraft.[9] Büchner verzichtet in seinem Drama jedoch auf diese strikte Dichotomie von Gut und Böse. Nicht nur die moralische Bewertung der Charaktere in „Leonce und Lena" ist eine weitaus diffizilere Angelegenheit.[10] Die Büchnersche Konstruktion realitätsnäherer und differenzierterer Dramenfiguren steht einer märchenhaften Gut- und-Böse-Schematisierung entgegen. Gerade in Bezug auf die komplexe Gestaltung bestimmter dramatischer Figuren, ihrer offensichtlichen Uneindeutigkeiten und Widersprüche, lässt sich Büchners persönliches Kunstverständnis für sein Lustspiel fruchtbar machen. „Leonce und Lena" weist keine **direkten** historischen Bezüge auf. Allerdings hebt Büchners poetologische Maxime, nach der das Kunstwerk stärker auf der Geschichte gründen soll, zugleich auch die Bedeutsamkeit der „Charakter"-Zeichnung hervor. Diese ist ein wichtiges Moment in Büchners Auffassung realistischer Kunst. Die Historizität einer Figur kann auch durch ihre Komplexität suggeriert werden:

> „der dramatische Dichter ist in meinen Augen nichts, als ein Geschichtschreiber, steht aber *über* Letzterem dadurch, daß er uns die Geschichte zum zweiten Mal erschafft und uns gleich unmittelbar, statt eine trockne Erzählung zu geben, in das Leben einer Zeit hinein versetzt, uns statt Charakteristiken **Charaktere**, und statt Beschreibungen **Gestalten** gibt. Seine höchste Aufgabe ist, der Geschichte, wie sie sich wirklich begeben, so nahe als möglich zu kommen."[11]

Der Dichter hat die reale Geschichte in künstlerischer Form nachzubilden. Die Aufgabe des kritischen Lesers ist es im Gegenzug, dieser Geschichte und ihrer kulturellen Auffassungen, die sich in das Lustspiel eingeschrieben haben, ebenfalls „so nahe als möglich zu kommen." Aufgrund des historischen Abstands wird das Nachvollziehen bestimmter Bewusstseinsformen, Denkmuster und der medizinischen, politischen und ästhetischen Ansichten des Autors, die womög-

---

[9] Vgl. Nitschke, August, Aschenputtel aus der Sicht der historischen Verhaltensforschung. In: (Hrsg.) Brackert, Helmut, Und wenn sie nicht gestorben sind. Perspektiven auf das Märchen, 2. Aufl., Frankfurt am Main 1982, S. 86.

[10] Auch König Peter wird im letzten Akt mit der verwirrenden Komplexität sich maskierender und entmaskierender Personen konfrontiert. Seine Konfusion gipfelt in der Frage: „Aber – aber etwas müßt Ihr dann doch seyn?" Mayer, Thomas Michael, Vorläufige Bemerkungen zur Textkritik von Leonce und Lena. In: (Hrsg.) Dedner, Burghard, Georg Büchner. Leonce und Lena. Kritische Studienausgabe, Beiträge zu Text und Quellen von Jörg Jochen Berns/Burghard Dedner/Thomas Michael Mayer/E. Theodor Voss, Frankfurt am Main 1987 (künftig zitiert: Mayer), S. 79.

[11] (Hrsg.) Lehmann, Werner R., Georg Büchner. Sämtliche Werke und Briefe, Bd. 2: Vermischte Schriften und Briefe, München 1972 (künftig zitiert: Lehmann II.), S. 443. Hervorhebungen von mir.

lich einen großen Einfluss auf die komplexe Bedeutungskonstruktion des Lustspiels haben, dem heutigen Leser erschwert.

Im Bewusstsein dieser vielfältigen interpretatorischen Schwierigkeiten bemüht sich die vorliegende Arbeit um Annäherung an den enigmatischen Charakter des Werks und seiner Ursachen. Sie konzentriert sich dabei weitgehend auf den Text selbst und auf dessen inneren vielschichtigen Bedeutungsaufbau. Wenn notwendig, soll das Lustspiel auch mit den anderen Schriften und Briefen des Autors in Beziehung gesetzt werden, um sein gesellschaftskritisches Potential und den historischen Bezug aufzuzeigen.

In ihrem Aufbau folgt die Dissertation einer ganz spezifischen Gedankenführung und einer sukzessiven Schwerpunktverlagerung. Die ersten drei Kapitel widmen sich einer mehr oder weniger einführenden Erörterung der dramatis personae. In ihnen sollen die einzelnen Figuren der Königsfamilie (II), der Staatsrat und dessen Präsident (III) und das Volk (IV) näher charakterisiert werden. Letzteres wird in der vorliegenden Arbeit als eine „Variable" verstanden: das Lustspiel zeichnet kein eindimensionales Bild vom Volk, sondern konzipiert die untere Gesellschaftsschicht auf subtile Weise mehrdimensional. Insbesondere die Ausführungen zu den Mitgliedern der Königsfamilie sollen im Verlauf dieser Arbeit immer wieder ergänzt, präzisiert und unter verschobenem Blickwinkel neu erörtert werden.

Im Anschluss an diesen ersten figurenbezogenen Komplex der Arbeit geht es darum, das Verhältnis der höfischen Figuren zu den vorherrschenden gesellschaftlichen Werten und Normen näher zu bestimmen (V). Die tragenden Konflikte des Stücks ergeben sich unter anderem dadurch, dass die individuellen Interessen der Protagonisten mit den gesellschaftlichen Erwartungen, die das Hofzeremoniell an sie stellt, kollidieren. Auf der anderen Seite gestaltet das Lustspiel Figuren, in die sich bestimmte reglementierte Verhaltensweisen sehr stark eingeschliffen haben. Im schlimmsten Fall vermögen diese Figuren nur noch unter der Ägide der herrschenden Normierungen problemlos zu „funktionieren".

In einem dritten Komplex schließlich richtet sich das Augenmerk auf ästhetische Fragestellungen. Der Festivität als einem gesellschaftlichen und ästhetischen Ereignis wächst in Büchners Lustspiel große Bedeutung zu (VI). In ihrer Dynamisierung bzw. dem allmählichen Wandel von einer Feier zu einem Fest kann die inhaltliche Entwicklung des Dramas exemplarisch nachvollzogen werden. Deswegen sollen die einzelnen Stufen dieses Wandels ausdifferenziert und analysiert werden. Es stellt sich außerdem die Frage, ob und in welcher Weise die einzelnen

Figuren ästhetisch geformt oder selbst ästhetisch formend tätig sind. Das Ausmaß und die Art und Weise der ästhetischen Geformtheit oder Formungsfähigkeit der Figuren verweist auf grundlegende inhaltliche Aspekte ihrer Gestaltung. Sowohl die literarische Namengebung (VII), die defizitäre Gestaltung eines Charakters (VIII.1), die Thematisierung des subjektiven und künstlerischen Blicks (VIII.2 und 3) als auch das Phänomen der literarischen Selbstzensur (IX) werden in dieser Arbeit als ästhetische Spielarten begriffen. Diese tragen zur vielfältigen Bedeutungskonstitution des Dramas und dessen mitunter enigmatischem Charakter bei.

II. DIE KÖNIGSFAMILIE

1. König Peter

Es scheint mir, dass in der bisherigen Forschung die Figur des Königs in „Leonce und Lena" im Vergleich zu den anderen Charakteren dieses Lustspiels nicht eingehend genug untersucht worden ist. Einer der Gründe dieser mangelnden interpretatorischen Auseinandersetzung liegt vermutlich in der mitunter kryptischen Redeweise des Königs. Seine sonderbare Sprache scheint sich dem Verständnis des Lesers zu entziehen. Es wird zumeist ohne Durchführung einer detaillierteren Analyse allenfalls auf die satirische und entblößende Gestaltung des Königs als eine wesentliche Dimension des Stückes aufmerksam gemacht. Berns bewertet beispielsweise diese Figur als „dement, und in seiner Gestalt ist die einstige Pracht des Absolutismus auf ihre Demenzstufe geraten."[12] Gnüg wiederum betont an der Figur des Königs den „wirklichkeitsfernen Formalismus, der politisches Leben absterben läßt."[13] Das anormale Verhalten und die verwerflichen Amtshandlungen des Königs diskreditieren der Forschung zufolge seine Autorität. Es gelingt somit nicht, in König Peter die angemessene und würdevolle Figuration einer fürstlichen Herrscherexistenz zu sehen.

Die vorliegende Arbeit versucht immer wieder aus den verschiedensten interpretatorischen Ansätzen heraus (vgl. hierzu besonders die Kapitel IV.2, VI, VII und VIII.1) diese allgemeine Auffassung der Königsfigur auf der Grundlage des gesamten Dramas zu überprüfen, zu präzisieren und zu ergänzen. Bei der Untersuchung der Herrscherkonzeption sollen prinzipiell vor allem zwei spezifische Impulse des Lustspiels herausgefiltert werden: jener der Destruktion des allgemeinen Begriffs vom König und jener der gleichzeitigen Konstruktion einer andersgearteten und neuen „Figuration" (vgl. die Kapitel VII und VIII.1).

Es stellen sich somit die Fragen sowohl nach der Darstellung und Konzeption des Königs in „Leonce und Lena" als auch nach dem komischen und kritischen Potential dieser literarischen Gestaltung. Erst wenn man sich dieser Problemstellungen am Detail und unter Bezug auf den Gesamtverlauf des Dramas widmet, kann es gelingen, die figurative Erscheinungsweise der Herrschaft mit dem Ge-

---

[12] Berns (1987), S. 243.
[13] Gnüg, Hiltrud, Melancholie-Problematik in Alfred de Mussets *Fantasio* und Georg Büchners *Leonce und Lena*. In: Zeitschrift für Deutsche Philologie 103 (1984), S. 206.

samtkonzept des Lustspiels in Zusammenhang zu bringen. Erst dann lassen sich die verschiedenen Funktionen annähernd bestimmen, die dem König in diesem Werk zukommen. Das scheinbar rätselhafte Reden und Handeln sowie die spielerisch-assoziative dramatische Struktur können sich dann womöglich als Ausdrucksformen bestimmter gestalterischer Intentionen erweisen.

Einen plausiblen Einstieg in die Untersuchung der Königsfigur bietet der Versuch einer ersten einführenden und allgemeineren Charakterisierung. Diese kann als Grundlage für die daran anknüpfenden Erörterungen und Detailanalysen der vorliegenden Arbeit dienen.

König Peter als die ranghöchste der (höfischen) Figuren dieses Lustspiels folgt weniger einem rollenkonformen Handlungs- und Verhaltensmuster, das seinem Titel angemessen wäre. Er legt vielmehr ein für einen König ungebührliches und eigentümliches Betragen an den Tag. Diesen offenkundigen Abweichungen und Verfremdungen, die bei der Figurenkonzeption des Königs zu konstatieren sind, scheinen bestimmte Intentionen und Gedanken des Autors zugrunde zu liegen.

Die konventionellen „königlichen" Attribute wie Weisheit, Erhabenheit und Autorität können der Büchnerschen Königsfigur nicht zugesprochen werden. Er bedient sich einer chaotischen Sprache und zeigt sich unfähig, die königlichen Aufgaben wahrzunehmen. Die Verantwortung und Verpflichtung seines Amtes scheint er zu ignorieren bzw. ihnen mit Desinteresse zu begegnen:

> "Peter.[...] Der Mensch muß denken und ich muß für meine Unterthanen denken, denn sie denken nicht, sie denken nicht.[...], was bedeutet der Knopf, an was wollte ich mich erinnern?"[14]

Es ist auffällig, dass sich König Peter in seiner ersten Replik im Stück selbst eine „Denk"-Verpflichtung auferlegt, diese jedoch wenig später ad absurdum führt: er glaubt für das Volk denken zu müssen und vergisst es zugleich. Diese zeitweilige Pflichtvergessenheit des Königs zeugt von seiner Unfähigkeit zur Ausübung der Amtsgeschäfte. „Die Textperspektive richtet sich [...] satirisch gegen den Herrscher, der weder die Fähigkeit besitzt noch in der Lage ist, die Interessen seiner Untertanen wahrzunehmen; er ist in einem praktisch-konkreten Sinn unfähig, sich an sein Volk zu erinnern."[15]

---

[14] Mayer. S. 32.
[15] Klingmann, Ulrich, „Ich wollte mich an mein Volk erinnern". Utopie und Praxis in Georg Büchners „Leonce und Lena". In: Germanisch-Romanische Monatsschrift 37 (1987), S. 284.

Der König sieht sich als „Kopf" seines Staates fast ausschließlich zu einer gesteigerten Verstandestätigkeit verpflichtet. Seine Amtsgeschäfte scheinen sich für ihn in den inneren Tätigkeiten des Denkens und Theoretisierens weitgehend zu erschöpfen. Diese Denkarbeit nimmt ihn offenbar so sehr in Anspruch, dass er zu praktischen Handlungen und praxisorientierten Entscheidungen für das Reich und sein Volk kaum mehr befähigt ist. Mitunter reduziert sich sogar das Auftreten dieser scheinbar stark vergeistigten Persönlichkeit auf die äußerlichen Formen und Gesten des Denkens:

> „Peter. Den Finger an die Nase legend."[16]

Diese dem König durch die Inszenierungsanweisung des Autors auferlegte Geste kann als auktoriales Signal aufgefasst werden, mit dem die Perspektive dieser Figur deutlich markiert wird. Ihre Fixierung auf das Denken wird dadurch sinnfällig zum Ausdruck gebracht. Seine mangelnde Kommunikationsfähigkeit und Sprachkompetenz ist vermutlich auch darauf zurückzuführen, dass er glaubt, sich in einer äußersten Geistesanstrengung nur auf seine eigene Person und Gedankenwelt fixieren zu müssen. Er präsentiert sich als scheinbar weltabgewandte „Denker-Figur". Demnach scheint er eine seiner wichtigsten Aufgaben, sich als öffentliche Person des Staates in besonderem Maße nach außen hin zu präsentieren, nur mangelhaft auszuführen. Er tritt als ängstlicher Redner auf und verfügt nicht über das Vermögen, einen thematischen Schwerpunkt zu entwickeln. Er ist nicht befähigt, seinen eigenen Standpunkt klar und deutlich in der Öffentlichkeit vorzutragen.

> "Peter.[...] Ich bin immer so in Verlegenheit, wenn ich öffentlich sprechen soll."[17]

Diese Sprachschwierigkeit ist eine doppelte, da der König mitunter auch seine eigene Rede als fremd bzw. nicht mehr als Ausdruck seiner selbst empfindet. Er glaubt, manchmal nicht mehr wirklich Herr über die eigenen Worte zu sein und steht als Sprecher seiner eigenen Rede entfremdet oder zumindest zum Teil verständnislos gegenüber. Der Sprachproduzent steht zu seinem Sprachprodukt nicht mehr in direkter Verbindung:

> „Peter.[...] Wenn ich so laut rede, so weiß ich nicht wer es eigentlich ist, ich oder ein anderer, das ängstigt mich."[18]

Auch sein äußeres Verhalten, das seine Rede begleitet, zeugt fortwährend von Nervosität und Unruhe:

---

[16] Mayer. S. 81.
[17] Mayer. S. 33.
[18] Ebd., S. 34.

„Peter.[...] Er läuft fast nackt im Zimmer herum."[19]

„Peter. (Läuft auf und ab.)"[20]

Der Herrschende, der eigentlich den öffentlichen Frieden, die Ruhe und Ordnung des Staates zu gewährleisten hat, ist also durch seine individuellen Konflikte und Zwänge in Anspruch genommen. Mitunter kann König Peter aber trotz seiner Verwirrung Klarheit über seinen eigenen Geisteszustand erlangen, wenn er sagt: „Mein ganzes System ist ruinirt."[21] Zumeist lässt er jedoch ein selbstsicheres Auftreten vermissen und ist von innerer Unruhe geplagt. Es mangelt ihm dabei nicht nur an sprachlichen Fähigkeiten, sondern auch an königlicher Würde und majestätischer Haltung. Seine Repliken vermitteln dem Leser auf dem ersten Blick keine eindeutig einzuordnenden Aussagen. Seine Rede verweigert sich der Sprachnorm und dient weder der Verständigung noch der eindeutigen Sinnvermittlung:

„Peter. (Während er angekleidet wird) [...] – Halt, pfui! der freie Wille steht davorn ganz offen. Wo ist die Moral, wo sind die Manschetten? Die Kategorien sind in der schändlichsten Verwirrung, es sind zwei Knöpfe zuviel zugeknöpft, die Dose steckt in der rechten Tasche. Mein ganzes System ist ruinirt."[22]

König Peter kommentiert an dieser Stelle eine ihn betreffende Alltagshandlung mittels einer Sprache, die sich mitunter philosophischer Begrifflichkeiten bedient. Diese Rede wirkt deplaziert, da sie durch ihre Wortwahl dem, was sie kommentiert (die Einkleidung), erfolglos eine philosophische Weihe zu verleihen sucht. Eine solche Rede tendiert dazu, sich ihrer jeweiligen Sprechsituation zu entheben. Die „Denker-Figur" Peter hat zum Teil ihre Alltagssprache verloren und mit ihr den Alltag selbst. Alle lebensweltlichen Sachverhalte werden einer ins Leere laufenden intellektualisierenden Denkbewegung einverleibt und damit einer pragmatischen Betrachtung enthoben.[23] Indem Büchner diese unangemessene und sperrige Sprache dem König in den Mund legt und sein abnormes Benehmen bei der königlichen Ankleideszene ausführlicher in Szene setzt, karikiert und problematisiert er diese Figur. Die Denker-Figur ist der Ernsthaftigkeit, auf die sie großen Wert legt, verlustig gegangen.

Das verbale, paraverbale und nonverbale Verhalten des Königs erfordert ein mehrschichtiges Interpretieren, das immer wieder neu anzusetzen hat und ver-

---

[19] Ebd., S. 32.
[20] Ebd., S. 33.
[21] Ebd., S. 32.
[22] Ebd.
[23] Vgl. hierzu auch Kapitel VIII.1.

schiedene Sinnebenen aufzudecken vermag. Jancke interpretiert die Ankleidungsszene wie folgt: „Die Ankleideszene des Lustspiels ist [...] zunächst einmal vor diesem Hintergrund zu sehen: als eine Karikatur des höfischen Zeremoniells im Duodezformat. Büchner verschmilzt aber diesen Vorgang mit seinem Thema der sozialen Ungleichheit. Der Fürstenmantel als Ausdruck gesellschaftlicher und allemal angemaßter, illegitimer Macht verdeckt die natürliche Gleichheit der Menschen".[24]

Im Kontext dieser Deutung von Jancke ist es besonders aufschlussreich, dass der König zu Beginn der Ankleidung vor den Augen der Dienerschaft nackt im Zimmer umherläuft. Er ist also aller königlichen Attribute entkleidet, die seine hohe Rangstellung signalisieren. Er präsentiert sich statt dessen in seiner bloßen Körperlichkeit. Die Nacktheit als „natürliche Gleichheit" aller Menschen macht die gesellschaftlichen Unterschiede vergessen oder lässt sie als absurd und ungerechtfertigt erscheinen. In „Der Hessische Landbote" heißt es beispielsweise:

"Sehet, es kroch so nackt und weich in die Welt, wie ihr und wird so hart und steif hinausgetragen, wie ihr, und doch hat es seinen Fuß auf eurem Nacken"[25]

Der Verweis auf die Kreatürlichkeit des Menschen und das Verständnis der königlichen Staatsführung als eine den anderen Arbeitsformen gleichgestellte Tätigkeit soll die Exklusivität des Königs in Frage stellen. Als gesellschaftsferner, sich weitgehend nur seiner Privat- und Gedankenwelt widmender Herrscher ist König Peter nicht befähigt, seine Pflichten zu erfüllen und sich den Bedürfnissen des Volks zu öffnen. Er besetzt zwar eine politisch hervorgehobene Rolle, jedoch bewegt er sich in ihr mit großer Naivität, Selbstherrlichkeit und Ignoranz. Er scheint sich nicht der eigentlichen Aufgaben seines Amtes bewusst zu sein. Vielmehr verengt sich sein Interesse auf die eigene Person und sein unmittelbares Umfeld. Vornehmlich der Wille zur eigenen Bedürfnisbefriedigung lenkt die königlichen Handlungen und verzerrt seinen Blick auf die gesellschaftliche Totalität. Die eigentliche Situation des Volkes gelangt dagegen nicht in das Bewusstsein des Herrschenden. Der abgeschlossene und sorgenfreie Mikrokosmos des königlichen Hofes ist in seiner sozialen Abgehobenheit und Differenz eine nahezu umgekehrte Lebenswelt, die sich aller äußerlichen Verpflichtungen entbunden hat. Der Hofstaat lebt in einem „Narrenhaus"[26]: die Staatsmächtigen sind poli-

---

[24] Jancke, Gerhard, Georg Büchner. Genese und Aktualität seines Werkes. Einführung in das Gesamtwerk, 3. Aufl., Königstein/Ts. 1979, S. 255.
[25] Lehmann II. S. 44.
[26] Mayer. S. 29.

tisch inkompetent und unwissend gegenüber den gesamtgesellschaftlichen Zuständen.

Die Königsdarstellung in „Leonce und Lena" ist also insgesamt als eine negative und kritische zu bewerten. Der Titel König bleibt weitgehend nur ein Statusmerkmal und Kennzeichen eines privilegierten Ranges. Deshalb werden ihm die Symbole der Macht wie Krone, Mantel und Zepter erst nach seiner „Entblößung" zugeführt. Sie müssen zuvor als Anhängsel vorgeführt werden. Erst so kann kenntlich gemacht werden, dass Macht und Würde keine der Person innewohnende Eigenschaften sind, sondern der Person von außen zugeführt werden.

2. Prinz Leonce

Prinz Leonce, der Sohn König Peters, vollzieht mit dem Verlauf des Dramengeschehens einen inneren Wandel. An der allmählichen Veränderung seiner Gemütslage und an seinem Verhältnis zu den Mitmenschen kann diese persönliche Entwicklung nachvollzogen werden.

Im ersten Akt wird der Prinz als eine zumeist trübsinnige und missmutige Figur präsentiert, die ihre Abneigung gegenüber den höfischen Angestellten und ihren Gepflogenheiten durch spöttische und abweisende Bemerkungen offen zur Schau stellt. Auch gegenüber Rosetta setzt er sich in einer eher eigennützigen und nicht sehr einfühlsamen Weise in Szene.[27] An diesem Verhalten, das eine gewisse Unnahbarkeit signalisiert, lässt sich zugleich seine innere Distanz zum Hof ablesen. Leonce ist nicht bemüht, sich seinem höfischen Umfeld zu assimilieren, sondern versucht sich statt dessen innerlich zu verhärten und abzuschotten. Das Spannungsverhältnis zwischen Leonce und seiner Umwelt wird durch die Hochzeitsankündigung in der 3. Szene des 1. Aktes noch verschärft.

Versucht man sich nun in dem komplex ausgestalteten Konfliktgefüge des Lustspiels den Standort des Prinzen Leonce zu vergegenwärtigen, wie er sich insbesondere bis zum Ende des ersten Aktes herauskristallisiert, so lassen sich folgende Beobachtungen anstellen: Leonce lässt sich viel weniger als eine Figur charakterisieren, die in ähnlicher Weise wie König Peter in einem **intra**personalen

---

[27] Auch Kluge verweist auf Leonces „bittere, höhnische oder zynische Kritik und Überheblichkeit, wie sie denn auch dem Selbstverständnis der Hofgesellschaft ganz entgegengesetzt sind." Kluge, Gerhard, »...Das war die Flucht in das Paradies«. Zu einer Metapher in Büchners >Leonce und Lena<. In: Jahrbuch des Freien Deutschen Hochstifts 1995, S. 276.
Leonces Beziehung zu Rosetta soll in den Kapiteln VIII.2. und VIII.3.1. eingehender untersucht werden.

Konflikt verhaftet ist.[28] Die Konfliktlinien durchziehen weniger die eigene Person des Prinzen. Sie laufen vielmehr einerseits zwischen ihm und König Peter, andererseits zwischen ihm und dem Hof bzw. dessen Werten und Normen.

In dem **inter**personalen Konflikt zwischen dem Prinzen und seinem Vater kann die vom König im Voraus entschiedene Verheiratung seines Sohnes mit der Prinzessin Lena als der tragende Konfliktgegenstand bestimmt werden. Dieser Gegenstand des Konfliktes ist tief in der höfischen Gesellschaft verwurzelt und bringt exemplarisch deren inhärente und latente Konfliktpotentiale zum Vorschein. „Büchners Stück führt nicht das gesamte Zeremoniell einer hochadeligen Eheverbindung in allen seinen Stationen von Werbung, Verlobung, Vermählung, Beilager, Einholung und festlichen Divertissements vor Augen, sondern setzt mit der Hochzeitsankündigung durch den Bräutigamsvater König Peter (I,2) vor dem Staatsrat, mit der Ankündigung der »auf morgen« zu gewärtigenden Ankunft der Braut durch den Staatsrat (I,3) und schließlich mit dem Auftritt der traurigen Prinzessin im Brautschmuck (I,4) ein."[29] Die Ausschälung des Konfliktkerns durch die von Berns angedeutete Beschränkung der Handlung auf gewichtige Phasen des Zeremoniells der Ehelichung und auf die Reaktionen der Betroffenen suggeriert eine zeitliche Beschleunigung. Diese temporale Dynamisierung verstärkt den Zwangscharakter der väterlichen Entscheidung.

Der Missmut des Prinzen wird in der 3. Szene des 1. Aktes offenkundig, nachdem ihm förmlich durch den Staatsrat der Entschluss des Königs und der Ankunftstermin der Auserwählten verkündet wird:

„Präsident. Daß man der zu erwartenden Ankunft von Eurer Hoheit verlobter Braut, der durchlauchtigsten Prinzessin Lena von Pipi, auf morgen sich zu gewärtigen habe, davon läßt Ihre königliche Majestät Eure Hoheit benachrichtigen."[30]

Der Machtspruch des Vaters veranlasst Leonce sodann zur Flucht aus dem Schloss bzw. aus der königlichen Residenz und der väterlichen Einflusssphäre. Es ist bezeichnend für das Stück, dass der Konflikt zwischen Vater und Sohn nicht offen zwischen beiden Figuren ausgetragen wird. Bonacker und Imbusch unterscheiden in ihren Differenzierungsvorschlägen des Konfliktbegriffs zwi-

---

[28] Vgl. hierzu insbesondere die Kapitel VII.2.1. und VIII.1. dieser Arbeit.
Zur begrifflichen Unterscheidung zwischen intra- und interpersonalen Konflikten siehe Bonacker, Thorsten/Imbusch, Peter, Begriffe der Friedens- und Konfliktforschung: Konflikt, Gewalt, Krieg, Frieden. In: (Hrsg.) Imbusch, Peter/Zoll, Ralf, Friedens- und Konfliktforschung. Eine Einführung mit Quellen, 2. überarbeitete und erweiterte Aufl. Opladen 1999, S. 73-116 (künftig zitiert: Bonacker/Imbusch (1999)).
[29] Berns (1987), S. 225.
[30] Mayer. S. 44.

schen „*manifeste*[n] und *latenten* Konflikten [...]. Als manifest ließe sich ein Konflikt bezeichnen, der aufgrund seines Konfliktaustrags oder in bezug auf die offene Artikulation durch die Konfliktparteien als solcher erkennbar ist. Im Gegensatz dazu wäre ein latenter Konflikt nicht unmittelbar als solcher erkennbar, weil er (noch) nicht offen ausgetragen wird."[31] Der Konflikt zwischen Leonce und König Peter ließe sich nach dieser Definition als latent bezeichnen, wenn er auch aus den Worten und Taten des Prinzen indirekt ablesbar ist. Die Spannungen zwischen beiden können sich nicht entladen oder durch direktes Gespräch geschlichtet werden, denn die Direktiven der Vaterfigur werden dem Sohn von einem Mittelsmann überbracht. Einem Widerspruch des Prinzen wird schon allein aufgrund dieser indirekten Kommunikationssituation der Boden entzogen. In der Abwesenheit des Auftraggebers drückt sich auch seine Ignoranz gegenüber den individuellen Belangen des Prinzen aus. Erst in der letzten Szene des Lustspiels wird ein direktes Aufeinandertreffen der beiden dramatisch gestaltet. Die Weisung des Königs hat den Charakter eines Befehls, dem widerspruchslos zu folgen ist, denn „Peter sieht in dem Wort, das er gegeben hat, die Mahnung, das einmal Beschlossene, Verabredete auszuführen. Sein Wort, Leonce mit Lena zu verheiraten, hat König Peter nicht dem Volk gegeben, sondern dem Vater oder den Eltern der Prinzessin."[32] Der Vater erscheint als eine Autoritätsinstanz, die das Leben seines Sohnes auch ohne dessen Einwilligung entscheidend bestimmt.

Leonces Traumbilder visualisieren diesen Konflikt. Der schlafende Prinz projiziert alle Abneigung gegen die Hochzeit auf die Prinzessin und imaginiert sie als ein Ungeheuer:

> „Leonce.[...] Ich habe sie gestern Nacht im Traum gesehen, sie hatte ein Paar Augen so groß, daß die Tanzschuhe meiner Rosetta zu Augenbrauen darüber gepaßt hätten, und auf den Wangen war kein Grübchen zu sehen, sondern ein Paar Abzugsgruben für das Lachen."[33]

Lena trägt in seiner Vorstellung ein entindividualisiertes und dämonisiertes Antlitz. Valerios Worte zwei Szenen später können als ironischer Reflex dieser (Alp-)Traum-Erzählung gelesen werden:

> „Valerio.[...] Weil man König werden und eine schöne Prinzessin heirathen soll."[34]

---

[31] Bonacker/Imbusch (1999), S. 77.
[32] Vgl. Sieß, Jürgen, Zitat und Kontext bei Georg Büchner. Eine Studie zu den Dramen „Dantons Tod" und „Leonce und Lena", Göppingen 1975, S. 98.
[33] Mayer. S. 44.
[34] Ebd., S. 54 f.

Das Prädikat „schön" sagt vermutlich weniger etwas über die äußere Erscheinung der Prinzessin aus, sondern verweist vielmehr auf den sozialen Status der standesgemäßen Auserwählten, auf ihre Abstammung und ihr Vermögen.

Spätestens an der Traumarbeit des Prinzen wird erkennbar, dass es sich vor allem um einen Werte- und Regelkonflikt handelt. „Bestehende soziale Normierungen [können] Gegenstand von Konflikten sein. Dann ginge es entweder um einzelne Werte oder Wertvorstellungen, die inhaltlich strittig geworden sind und durch neue ersetzt werden sollen oder um größere Normierungsversuche, die einzelne Regeln des Zusammenlebens oder größere Regelsysteme von Organisationen und Gesellschaften betreffen."[35] Der Konflikt in „Leonce und Lena" besteht demnach nicht nur auf einer interpersonalen Ebene zwischen Leonce und seinem Vater, denn dieser reproduziert durch seine Bevormundung nur die gängigen autoritären Strukturen der Hofgesellschaft. Die Prinzenfigur steht auch in einem Rollenkonflikt: seine individuellen Ansprüche stehen in Konfrontation mit der gesamten höfischen Gesellschaft und ihren spezifischen Normierungen.

Berns spricht außerdem von einem „Konflikt zwischen dem Ideal individueller Geschlechtsliebe und politischer Zweckheirat."[36] Der moderne Liebesbegriff kann nicht auf die zwischenmenschlichen Beziehungen innerhalb der höfischen Welt übertragen werden. Der Frau wird dort im allgemeinen keine spezifische Funktion außer die der Zeugung des Thronerben zuerkannt, obwohl ihre Popularität für politische Zwecke mitunter förderlich sein kann. Sexuelle Kontakte sind nur zum Zwecke der Fortpflanzung gestattet. Sie sind zur Erhaltung der Dynastie notwendig und nicht der Lust und Laune der Ehepartner überlassen. Der Prinz wird dementsprechend nur als Brautwerber aus Staatsraison angesehen, der die eigenen Interessen bereitwillig zurückzustellen hat. Die Ehe ist in diesem Sinne weniger eine persönliche und emotionale Verbindung, sondern vielmehr die gegenseitige Anerkennung des jeweiligen sozialen Status und die Grundlage für dauerhafte und langfristige politische Konzepte. Die traditionelle feudale Eheschließungspraxis ist immer im Rekurs auf politische Motive der Staatsraison zu verstehen. Leonce lehnt die geplante Zwangsheirat als ein Beispiel der hofstaatlichen Repressionen ab, da sie nicht aus eigenen persönlichen, sondern aus rein staatlichen Interessen geschlossen werden soll. Als Heiratsgründe stehen weniger die individuellen Partner, sondern vielmehr politische und materielle Interessen im Vordergrund. Leonce fühlt, dass auch seine Hochzeit in die höfischen Zwänge

---

[35] Bonacker/Imbusch (1999), S. 76.
[36] Berns (1987), S. 222.

und Gebräuche eingebunden ist. Da diese Zwänge sowohl gegenwärtige historische Tatsachen als auch väterliches Erbe sind, distanziert er sich zugleich als Prinz von seinem sozialen Umfeld und als Sohn von seinem Vater, zumal dieser sein Kind nur nach tradierter höfischer Manier zu bevormunden scheint. Seine Ablehnung der Heirat muss demnach zugleich als Ablehnung der überkommenen Vaterwelt verstanden werden. Aber statt dass er aktiven Widerstand gegen sie und die Zweckheirat zu leisten versucht, weicht er ihr aus und ergreift die Flucht.

Die Konsequenz und Art und Weise der persönlichen Konfliktbewältigung durch einen eigenen Fluchtversuch wirft ein ganz bestimmtes Licht auf das Wesen des Konfliktes selbst. Er ist scheinbar antagonistischer Natur: „Ein antagonistischer Konflikt liegt dann vor, wenn sich die widerstreitenden Konfliktparteien unversöhnbar und kompromißlos gegenüberstehen und die Gegnerschaft, die durch den Konfliktgegenstand heraufbeschworen wird, aufgrund struktureller Bedingungen nicht aufzulösen ist. Die Lösung für einen antagonistischen Widerspruch läge im **Verschwinden der einen Konfliktpartei** oder in der Abschaffung ihrer Auffassungen bezüglich eines bestimmten Konfliktgegenstandes. Dagegen ließen sich nicht-antagonistische Konflikte einer Regelung oder Normierung zuführen und wären Kompromissen zugänglich."[37] Die Möglichkeit von Kompromissen zieht Leonce für sich jedoch nicht mehr in Betracht.

Was als Fluchtplan im ersten Akt endet, vollzieht sich zuvor als eine Reihe von „Abfuhren" des Prinzen. Leonce sieht sich anfangs noch nicht gezwungen, den Hof zu verlassen. Er bedient sich zu dem Zeitpunkt noch einer anderen Konfliktbewältigungsmethode und versucht andere bzw. den Hofmeister, Rosetta und den Präsidenten des Staatsrates aus seinem Gesichtskreis zu entfernen:[38]

> „Leonce.[...] Sie haben dringende Geschäfte, nicht wahr? Es ist mir leid, daß ich Sie so lange aufgehalten habe. (Der Hofmeister entfernt sich mit einer tiefen Verbeugung.)"[39]
> „Leonce.[...] Um ein klein wenig, und meine liebe Liebe käme wieder auf die Welt. Ich bin froh, daß ich sie begraben habe.[...]
> Rosetta (entfernt sich traurig und langsam)"[40]
>
> „Leonce.[...] Valerio gieb den Herren das Geleite.[...]
> Valerio.[...] Ihr Abkommen haben Sie gefunden und Ihr Fortkommen werden Sie jetzt zu suchen ersucht. (Staatsrath und Valerio ab.)"[41]

---

[37] Bonacker/Imbusch (1999), S. 78. Hervorhebungen von mir.
[38] Zu dem Motiv der Beweglichkeit und Unbeweglichkeit des Prinzen vgl. auch Kapitel VI-II.2.
[39] Mayer. S. 21.
[40] Ebd., S. 39.
[41] Mayer. S. 45 f.

Das Verabscheute wird aus dem eigenen unmittelbaren Umkreis verbannt. Mit der Abfuhr des Hofmeisters zu Beginn des Lustspiels scheint Leonce beispielsweise seine Abneigung gegenüber einer höfischen Unterrichtung zu bekunden, denn diese ist wohl dazu bestimmt, ihn in das zukünftige königliche Amt einzuweisen. Leonce versucht dabei zugleich einen eigenen Begriff von Arbeit als für ihn verbindlich hinzustellen:

> „Leonce (halb ruhend auf einer Bank). Der Hofmeister.
> Leonce. Mein Herr, was wollen Sie von mir? Mich auf meinen Beruf vorbereiten? Ich habe alle Hände voll zu thun. Ich weiß mir vor Arbeit nicht zu helfen.[...] Haben Sie das noch nicht probirt?[...] (er nimmt Sand auf, wirft ihn in die Höhe und fängt ihn mit dem Rücken der Hand wieder auf) [...] Wollen wir wetten?[...] Wie? Sie wollen nicht wetten? Sind Sie ein Heide? Glauben sie an Gott?"[42]

Dem äußeren Anschein nach arbeitet Leonce nicht. Statt dessen vertreibt er sich mit unproduktiven Handlungen die Zeit. Die spielerische Tätigkeit zieht er der vorgeschriebenen hofmeisterlichen Unterrichtung vor. Er stellt sie ihr sogar als ernsthafte „Arbeit" gleichwertig gegenüber. Des öfteren wird der Prinz im Lustspiel wie ein ‚Faulenzer' in Szene gesetzt. So ruht er bei seinem ersten Auftreten auf einer Bank und wird im weiteren Textverlauf zumeist in liegender oder sitzender Positur dargestellt. Eine konkrete zielgerichtete Betätigung ist an seinem äußerlichen Verhalten mit bloßem Auge nicht zu ermitteln. Das nichtsnutzige Tagträumen und das sinnlose Spielen des Prinzen steht offenbar dem Begriff einer vernünftigen, zielgerichteten Beschäftigung bzw. einer profitablen Arbeit und Bildung entgegen. Seine Arbeit bemisst sich bloß an unscheinbaren äußerlichen Tätigkeiten. Eventuell wäre hier aber auch beispielsweise an die Gedankenarbeit eines Dichters zu denken, der sinnierend auf der Bank sitzt[43]:

> „Leonce. (allein, streckt sich auf der Bank aus). Die Bienen sitzen so träg an den Blumen, und der Sonnenschein liegt so faul auf dem Boden."[44]

Das in dieser Replik erwähnte Verhalten der Bienen ist für den kundigen Naturbeobachter entgegen Leonces Meinung als arbeitende Tätigkeit zu deuten, denn sie entnehmen den Blumen ihren Nektar. Von ihrer scheinbar unbeweglichen äußeren Erscheinung kann man allerdings kaum auf die Emsigkeit der Insekten schließen. Die Sonne wiederum strahlt der Erde Licht und Wärme zu, verbraucht also Energie durch ganz spezifische physikalische Prozesse, die sich der menschlichen Wahrnehmung nur eingeschränkt offenbaren können. Es lässt sich also behaupten, dass Leonce sich nur auf das grobe äußere Erscheinungsbild der

---

[42] Ebd., S. 19.
[43] Vgl. hierzu Kapitel VIII.3.
[44] Mayer. S. 21.

Naturphänomene bezieht, wie es sich seinem unzulänglichen Gesichtssinn und aus seiner Perspektive erschließt. Er bezieht sich auf ihre scheinbare äußere Reglosigkeit und Konstanz, wenn er sie als faul und träge beurteilt. Leonce appliziert damit grobe konventionalisierte Bewertungsmaßstäbe zur Beurteilung der menschlichen körperlichen Arbeit auf weitaus diffizilere und andersgeartete Vorgänge in der Natur. Leonces Naturauffassung stützt sich jedoch nicht bloß auf seine optischen Sinneseindrücke, sondern sie ist zugleich Projektion seiner eigenen sozialen Lebenssituation und emotionalen Befindlichkeit auf die äußere Umgebung.[45] In den Augen des Prinzen scheint sich die Natur der körperlichen Trägheit und Untätigkeit des Prinzen anzuverwandeln.

Als Prinz müsste Leonce sein Leben glücklich genießen können, denn er ist der Reiche und Besitzende, frei von Armut und Not, von sozialer Unterdrückung und Erniedrigung. Er müsste aufgrund seines sozialen Status eine leidlose und zufriedene Existenz führen können.[46] Doch trotz seiner privilegierten Situation fühlt er sich durch das höfische Zeremoniell und die ihm auferlegten Pflichten eines Thronfolgers bevormundet und erniedrigt. Seine Identität bemisst sich am Hofe weniger an seiner individuellen Persönlichkeit als am Titel eines Prinzen. Seine Welt kann ihm folglich keine Freude mehr bereiten. Vielmehr beengt (2. Akt, 1. Szene) und verbittert sie ihn. Ihm scheint offensichtlich eine eindeutige politische Perspektive zu fehlen. Sein trotziges Aufbegehren gegen seine Verpflichtungen ist in diesem Sinne offensichtlich auch als eine Geste der Verzweiflung zu deuten, und „seine ironisch gemeinte Hingabe an die sinnlosen Tätigkeiten, die er [...] als Arbeit aufzählt, verbirgt nur seine Verzweiflung."[47] Mit dem Fluchtversuch reagiert er auf die eigene Unbeholfenheit und Ohnmacht innerhalb des aristokratischen Umfelds. Er distanziert sich dadurch nicht nur innerlich, sondern auch räumlich von den gesellschaftlichen Regelungsmechanismen.

Es zeigt sich also, dass in dem Lustspiel „Leonce und Lena" die Schwierigkeiten eines Hofprinzen literarisch zur Anschauung gebracht werden, der persönliche Freiheit in der höfischen Welt zu erringen wünscht. Leonce ist kein Rebell, wenn er sich zu Beginn des Stücks, wenn auch widerwillig, durch einfache Passivität den tradierten und konventionellen Regeln und Vorschriften des höfischen Lebens fügt. Doch stößt sein Wille zur Selbstentfaltung immer offensichtlicher an

---

[45] Vgl. hierzu Kapitel VIII.2.
[46] Vgl. Büttner, Ludwig, Büchners Bild vom Menschen, Nürnberg 1967, S. 31.
[47] Klingmann, Ulrich, „Ich wollte mich an mein Volk erinnern". Utopie und Praxis in Georg Büchners „Leonce und Lena". In: Germanisch-Romanische Monatsschrift 37 (1987), S. 285.

die Grenzen der höfischen Lebensweise, so dass er letztlich nicht umhin kann, autonom zu handeln. Er ergreift die Flucht, anstatt sich noch stärker in die Pflicht nehmen zu lassen.

Mit dem Aufeinandertreffen des Prinzen und Lenas auf der Flucht kommt allmählich eine positivere Gemütsstimmung bzw. eine warmherzige und menschliche Seite seines Wesens zum Vorschein. „Leonce zeigt plötzlich nicht nur ein ganz unerwartetes soziales, mitmenschliches Empfinden, das ihm bisher [...] fremd war; es scheint ein Echo von Lenas Empfindungswelt und ihrer Fähigkeit zur compassio zu sein."[48] Eine solche Wandlung kulminiert in seiner ersten Replik im 3. Akt, in der er eine grenzenlose Philanthropie bekundet:

> „Leonce. Weißt Du auch, Valerio, daß selbst der Geringste unter den Menschen so groß ist, daß das Leben noch viel zu kurz ist, um ihn lieben zu können?"[49]

Für Kluge präsentiert sich in diesen Worten „ein ganz neuer Ton aus Leonces Mund und eine ganz andere Art, über Menschen zu sprechen und zu urteilen, als wir bisher von ihm gewohnt waren."[50] Die sentenziöse Formulierung bezeugt das Ausmaß seiner Wandlung. Die Zuneigung des Prinzen gilt nicht bloß dem geliebten Partner, sondern hat sich als ein allliebendes Gefühl vervielfältigt.

3. Prinzessin Lena

Prinzessin Lena verfügt wie Prinz Leonce über gesellschaftliche Privilegien. Sie führt eine abgesicherte Existenz und besitzt die Vorzüge einer angemessenen höfischen Erziehung. Doch auch ihre persönlichen Interessen kollidieren mit den Ansprüchen und Zwängen ihres sozialen Umfeldes. Da auch sie einer ungewollten Heirat zuzustimmen hat, verspürt sie Widerwillen, Selbstmitleid und Trauer angesichts ihres bevorstehenden „Selbstopfers". Lena formuliert jedoch keine konkrete und zielgerichtete Kritik, noch stellt sie sich trotzig der Bevormundung entgegen. Sie vermag allenfalls zu flüchten und durch bilderreiche Klagen ihre emotionale Befindlichkeit nach außen zu tragen:

> „Prinzessin Lena im Brautschmuck.[...]
> Lena.[...] Ich habe den Kranz im Haar – und die Glocken, die Glocken! (Sie lehnt sich zurück und schließt die Augen.) Sieh, ich wollte, der Rasen wüchse so über mich und

---

[48] Kluge, Gerhard, »...Das war die Flucht in das Paradies«. Zu einer Metapher in Büchners >Leonce und Lena<. In: Jahrbuch des Freien Deutschen Hochstifts (1995), S. 276.
[49] Mayer. S. 68.
[50] Kluge, Gerhard, »...Das war die Flucht in das Paradies«. Zu einer Metapher in Büchners >Leonce und Lena<. In: Jahrbuch des Freien Deutschen Hochstifts (1995), S. 276.

die Bienen summten über mir hin; sieh, jetzt bin ich eingekleidet und habe Rosmarin im Haar."[51]

Für Lena zeugt ihr Brautschmuck von ihrer Zwangssituation bzw. von dem an ihr sich vollziehenden Unrecht. Die verschmähte Einkleidung empfindet sie zugleich als eine Ein*schnürung* in das starre Korsett der höfischen Konventionen, als *Ver*kleidung und Verzerrung ihres Selbstbildes (vgl. auch das Kapitel V. 2 dieser Arbeit). Der Schmuck verschleiert, verstellt und idealisiert die Natürlichkeit des Menschen. Während die Natur als rein und unzivilisatorisch gilt, zeichnet der Schmuck sich als ihr mögliches Gegenteil durch seine Unnatürlichkeit, Künstlichkeit und sein zivilisatorisches Gepräge aus. Die Natur wird durch den Schmuck gebändigt, zivilisiert und domestiziert. Er verleiht dem Menschen eine künstliche Schönheit. Aber Lena lehnt diese künstliche Schönheit ab, da sie einzig auf ihr natürliches Wesen vertraut. Dementsprechend versucht sie sich selbst wiederholt mit einer organisch-vegetativen Bildlichkeit zu deuten. Lena trägt den Brautschmuck nicht aus ihrer eigenen freien Entscheidung. Er wird ihr statt dessen wie eine unmenschliche und unnatürliche Ordnung auferlegt. Der Schmuck gleicht einer Bürde und ihr Tragen einem Opfer, dem ohnmächtigen Gehorsam gegenüber einer inhumanen Norm. Folglich mutiert ihr der Brautschmuck zum Beerdigungsschmuck (Rosmarin) und Symbol des Todes.

Lena glaubt sich einer übermächtigen Ordnung fügen und damit opfern zu müssen. Mit dem Anlegen des fremden Aufputzes glaubt sie zugleich allmählich ihre natürliche Ausstrahlung zu verlieren:

„Lena.[...] Morgen ist aller Duft und Glanz von mir gestreift.[...] Ist denn die Tochter eines Königs weniger, als eine Blume?"[52]

Sie fühlt, dass die angelegte Bekleidung ihre Wünsche und ihr Wesen nicht nach außen kehrt, sondern sie vielmehr verhüllt. Der eigene bekleidete Körper wird ihr zum Fremdkörper, da an ihm Zeichen einer abgelehnten höfischen Konvention haften, die ihre zukünftige soziale Rolle zu bestimmen droht. Mit der Heirat glaubt sie ihre sich selbst zuerkannte Natürlichkeit, Lebendigkeit und Selbstbestimmung preisgeben zu müssen. Deshalb streift sie den Verlobungsring als Symbol der bevorstehenden Hochzeit vom Finger. Eigentlich ist der Austausch der Ringe Signum für die Bildung einer neuen Lebensgemeinschaft und Unterpfand partnerschaftlicher Treue. Für Lena hingegen ist ihr Ring nur mit negativen Konnotationen und Erinnerungen an die bevorstehende Zwangsverheiratung besetzt:

---

[51] Mayer. S. 49.
[52] Mayer. S. 50.

"Lena.[...] Aber warum schlägt man einen Nagel durch zwei Hände, die sich nicht suchten? Was hat meine arme Hand gethan? (Sie zieht einen Ring vom Finger.) Dieser Ring sticht mich wie eine Natter."[53]

Der Ring verweist auf die bevorstehende Änderung ihrer Lebensumstände zu stärkerer Ungebundenheit und auf die Allmacht der beiden Väter, die über ihren Kopf hinweg die Heirat ausgehandelt haben. So ist Lenas bevorstehende Heirat für sie eine menschenverachtende Zwangsmaßnahme, der sie sich am liebsten zu entziehen wünscht. Unter diesem auf sie lastenden sozialen Druck muss sie die Möglichkeit einer freien Entfaltung ihres natürlichen Wesens in Frage stellen:

"Lena.[...] Bin ich denn wie die arme, hilflose Quelle, die jedes Bild, das sich über sie bückt, in ihrem stillen Grund abspiegeln muß? Die Blumen öffnen und schließen, wie sie wollen, ihre Kelche der Morgensonne und dem Abendwind. Ist denn die Tochter eines Königs weniger, als eine Blume?"[54]

Lena kann nicht aus ihrem eigenen Willen heraus handeln, sondern hat sich den Wünschen der anderen unterzuordnen. Sie ist nicht befugt, ein eigenständiges Leben zu führen, sondern muss sich in die Abhängigkeit begeben, indem sie sich an jemanden zu binden verpflichtet. Lena durchschaut ihre Zwangssituation und stellt sie dem Dasein der Blumen gegenüber. Diese, so glaubt sie, können in freier Selbstbestimmung existieren. Die sich selbst als naturverbunden und naturhaft verstehende Prinzessin deutet aus ihrer emotionalen Befindlichkeit heraus die Natur als eine vermenschlichte: die eigentlich dem Klima unterworfenen Blumen verfügen für sie über einen freien Willen. Sie spürt die große Last der hofgesellschaftlichen Zwänge auf ihrem naturhaften Wesen und fühlt sich so intensiv ihrer individuellen Freiheit beraubt, dass jegliche zivilisatorische Einkapselung, z. B. ein Wirtshauszimmer, in ihr klaustrophobische Ängste auslöst:

"Lena. [...] Ich kann nicht im Zimmer bleiben. Die Wände fallen auf mich."[55]

Für Beckers "deuten diese beiden Sätze gleichfalls wiederum nur auf diese ihre Naturexistenz hin, der eben ein Aufenthalt in der freien Natur gemäßer ist als das Eingesperrtsein im Drinnen eines engen Zimmers."[56] Dieses Engegefühl ist zugleich ein symbolischer Ausdruck des Unbehagens gegenüber den sozialen Regeln und Konventionen, der sie sich zu unterwerfen hat und die sie gefangen halten.

---

[53] Ebd.
[54] Mayer. S. 50.
[55] Ebd., S. 64.
[56] Beckers, Gustav, Georg Büchners "Leonce und Lena". Ein Lustspiel der Langeweile, Heidelberg 1961, S. 116.

Eine Anspielung auf den Märtyrer Jesus Christus betont ihre Opferrolle:

> „Lena. Ja wohl – und der Priester hebt schon das Messer. – Mein Gott, mein Gott, ist es denn wahr, daß wir uns selbst erlösen müssen mit unserem Schmerz? Ist es denn wahr, die Welt sei ein gekreuzigter Heiland"[57]

Da Lena die Pflicht einer Ehefrau und Königin erfüllen soll, versteht sie die Welt als eine qualvolle, in der sie sich schuldlos opfern muss. Sie ist "von Büchner offensichtlich vor allem als Opfer fürstlicher Willkür konzipiert".[58] Sieß schreibt: „Das Bild der Opferhandlung hält fest, daß die Frau durch die Heirat von einem Mann unterworfen wird. [...] Die Gewalt wird von der Hofgesellschaft ausgeübt. Die Heirat zwischen Prinz und Prinzessin hat einen Zweck, der ihnen als Individuen äußerlich ist, die Zeugung eines Erbprinzen, die Erhaltung der Dynastie."[59]

Die Figur einer sich opfernden Prinzessin tritt ebenfalls in Tiecks Lustspiel „Der gestiefelte Kater" (1797) und Mussets Komödie „Fantasio" (1834) in Erscheinung. In Tiecks Lustspiel präsentiert sich die Königstochter ihrem Vater in großer Ergebenheit:

> „DIE PRINZESSIN [...] er ist ein großer Fürst, und dabei doch ein guter Vater, mein Glück steht ihm beständig vor Augen"[60]

Offenbar ist sie der Willkür ihres Vaters völlig überantwortet. Die Möglichkeit eines selbstbestimmten Lebens wird ihr kaum eingeräumt. Mit heftigen Worten, die zugleich bestimmte Ausprägungen des Kleinbürgerverhaltens zu parodieren scheinen, herrscht er sie barsch an:

> „KÖNIG [...] Du wirst sitzen bleiben! hab ich ihr tausendmal gesagt; greif zu, so lange es dir geboten wird!"[61]

Obwohl er sie als „wertgeschätzte Tochter"[62], als „mein Kleinod"[63] oder „teueres Kleinod"[64] bezeichnet und ihr äußerlich die freie Partnerwahl zuzugestehen scheint, ist ihr zugleich der zukünftige Gatte – zumindest von seiner Standeszugehörigkeit her – schon vorbestimmt.

---

[57] Mayer. S. 50 f.
[58] Martens, Wolfgang, Büchner. Leonce und Lena. In: (Hrsg.) Hinck, Walter, Die deutsche Komödie. Vom Mittelalter bis zur Gegenwart, Düsseldorf 1977, S. 148.
[59] Sieß, Jürgen, Zitat und Kontext bei Georg Büchner. Eine Studie zu den Dramen „Dantons Tod" und „Leonce und Lena", Göppingen 1975, S. 82.
[60] Tieck, Ludwig, Der gestiefelte Kater. In: (Hrsg.) Frank, Manfred, Phantasus, Frankfurt am Main 1985, S. 507.
[61] Ebd., S. 521.
[62] Ebd., S. 505.
[63] Ebd.
[64] Ebd.

Auch die Königsfigur in Mussets „Fantasio" trägt das Janusgesicht väterlicher Zuneigung und gleichzeitiger unnachgiebiger Entscheidungsgewalt in Heiratsfragen.

"DER KÖNIG [...] Oh, meine geliebte Tochter, ich wäre so glücklich über diese Verbindung, aber ich möchte in deinen schönen Augen nicht diese Traurigkeit sehen"[65]

Zwar betrachtet auch er seine Tochter als „das Kostbarste, was ich auf der Welt habe"[66], jedoch führt diese väterliche Liebe wie auch ihre von ihm registrierte Traurigkeit zu keiner Abänderung seiner Heiratspläne. Das „Kostbarste" hat sich dem väterlichen „Glück" und Machtspruch zu unterwerfen. Prinzessin Elisabeth präsentiert sich als gefügige, beinahe mundtot gemachte und selbstlos handelnde Tochter, die sich widerstandslos der Entscheidungsgewalt ihres Vaters fügt:

"ELISABETH: Ihr müßt selbst antworten, Majestät. Sie gefällt mir, wenn sie Euch gefällt, und mißfällt mir, wenn Ihr nein sagt."[67]

Wie Tiecks Prinzessin wächst auch Büchners Lena in eine unfreiwillige Opferrolle hinein, deren Zwangscharakter am Ende des Stücks jedoch in den Hintergrund gedrängt scheint. Das bevorstehende Opfer kann nicht durch höhere Werte legitimiert werden, sondern wird von der sich Opfernden als Konsequenz sozialer Ohnmacht hingenommen.

Büchners Zeit forderte von der Frau opferbereite Liebe für den Mann. Die zwei Partner stehen sich nicht als gleichberechtigte Individuen gegenüber, vielmehr soll sich die Frau dem Mann unterwerfen. Sie steht zu ihm in einem Abhängigkeitsverhältnis. Ihre Stellung als Frau ist die Folge und der Ausdruck der ungünstigen sozialen Verhältnisse.[68]

Diese Opferrolle der Frau wird in vielen anderen Werken dieser Zeit literarisch verarbeitet. Die damaligen Schriftsteller lehnen sich gegen die Schranken der Gesellschaft auf, propagieren die Befreiung von den konventionellen Vorurteilen und befürworten die bürgerliche Gleichstellung der Frau.[69]

In Gutzkows „Wally, die Zweiflerin" (1835) distanziert sich die Figur des Cäsar von den herrschenden Auffassungen seiner Zeit über die Frau und deren selbstlose Bindung an den Mann. Er behauptet, dass sie in der Gesellschaft ungerecht

---

[65] Alfred de Musset, Fantasio. In: (Hrsg.) Pustet, Friedrich, Alfred de Musset. Dramen, Übersetzungen von Neumann, Alfred/Hahn, Martin/Jacob, Hans/Hauser, Otto/Ronte, Liselotte, München 1981, S. 142.
[66] Ebd., S. 117.
[67] Ebd., S. 141.
[68] Vgl. Schönfeld, Margarete, Gutzkows Frauengestalten, Berlin 1933, S. 20.
[69] Vgl. ebd., S. 19.

behandelt wird und in einem Abhängigkeitsverhältnis zu dem Mann steht. Dieses vorherrschende Bild von der damaligen Frau scheint Büchner in seinem Lustspiel literarisch aufgenommen zu haben. Als Angehörige der Herrscherfamilie ist sie zwar sozial privilegiert, dabei jedoch anderen hofgesellschaftlichen Unterdrückungsmechanismen und den Pflichten einer Königstochter unterworfen.

Für Lena, für den König und den Prinzen gilt offensichtlich, dass sie trotz ihres hohen Status innerhalb des Staates bestimmten Zwängen unterliegen, die sie unglücklich werden lassen. In Georg Büchners Lustspiel „konkretisiert sich [...] Fremdbestimmtheit [...] im mechanischen Funktionieren von Leonce und Lena im Dienste der Staatsmaschine".[70] Georg Büchner scheint unter dem exklusiven Titel stets die Ohnmacht ihrer Träger hervorschimmern zu lassen.

---

[70] Meier, Albert, Georg Büchners Ästhetik, München 1983, S. 118.

III. DER STAATSRAT UND SEIN PRÄSIDENT

Der Regierung im Reiche „Popo" gehören neben dem König Peter der Staatsrat und dessen Präsident an. Letzterer wird von den anderen Figuren im Stück nicht einheitlich beurteilt. In den Divergenzen der Fremdkommentare drücken sich auch die vorhandenen Meinungsverschiedenheiten über den Staatsapparat aus. In der 3. Szene des 1. Aktes betätigt sich der Präsident als Botengänger des Königs. Er ist beauftragt, dem Prinzen die königlichen Weisungen und Entscheidungen bezüglich der geplanten Hochzeit zu übermitteln:

> „Präsident. Eure Hoheit verzeihen...
> Leonce. Wie, mir selbst! Wie mir selbst! Ich verzeihe mir die Gutmüthigkeit Sie anzuhören. Meine Herren wollen Sie nicht Platz nehmen?[...]
> Präsident (verlegen mit den Fingern schnipsend). Geruhen Eure Hoheit...[...]
> Präsident (immer stärker schnipsend). Wollten gnädigst, in Betracht...[...]
> Valerio. Man darf Kinder nicht während des P.....<*issens*> unterbrechen, sie bekommen sonst eine Verhaltung.
> Leonce. Mann, fassen Sie sich.[...] Sie riskiren einen Schlagfluß, wenn Ihnen Ihre Rede zurücktritt."[71]

Offensichtlich ist der Präsident des Staatsrates nicht in der Lage seinen königlichen Auftrag förmlich und würdevoll auszuführen. Zwar bedient er sich stets einer Sprache, die durch ihr gehobenes Stilniveau den Konventionen höfischer Rede entspricht, jedoch gerät er durch die verschrobenen und respektlosen Zwischenbemerkungen Leonces und Valerios ins Stocken und scheint den Faden seiner Rede zu verlieren. Er kann sich zu Beginn seines Auftritts vor dem Prinzen verbal nur in immer wieder neu ansetzenden einleitenden Höflichkeitsformeln kundtun, ohne zur eigentlichen Nachrichtenübermittlung überleiten zu können. Seine mehrmals unterbrochene Rede erfüllt kurzzeitig kaum einen kommunikativen und informativen Zweck. Sie scheint sich fast gänzlich auf die standardisierten und standesgemäßen Höflichkeitsfloskeln zu reduzieren. Zwar trägt die Äußerung der Höflichkeitsformel einen gewissen Handlungswert, wenn sie als ein Akt der Ehrerbietung gegenüber der Respektsperson verstanden wird, jedoch akzentuiert Büchner in dieser Szene eher das Groteske und Nichtssagende einer Sprechhandlung. Die Destabilisierung der standardisierten Sprache des Präsidenten durch die immer wiederkehrenden störenden Einwürfe des Prinzen und Valerios kehrt den Phrasen- und Formelfundus höfischer Sprachnormierung stär-

---

[71] Mayer. S. 43 f.

ker hervor. Leonce verweist mitunter sprachspielerisch auf das Formelhafte nicht nur seines Verhaltens, sondern auch seiner sprachlichen Wendungen. Der Präsident hat die vom höfischen Zeremoniell vorgeschriebene Sprachnorm und die Tätigkeiten des Botendienstes offensichtlich so stark verinnerlicht, dass ihr Scheitern bzw. ihre Störung überreizte Reaktionen hervorruft. Die Unterbrechung seines Redestroms – des verbalen „Pissens" – als eines beinahe mechanischen Ablaufs führt tatsächlich zu einer „Verhaltung": den Präsidenten überfällt ein unkontrollierbares „Schnipsen", ein Systemfehler, der sich in seinen Ausmaßen beinahe zu einer epileptischen Reaktion steigert.

Der Präsident gerät auch deswegen aus seinem (Sprach-)Konzept und wird nervös, weil der Prinz ihn nicht in angemessener Haltung empfängt. Leonce lädt ihn sogar noch dazu ein, die eigene Förmlichkeit ebenfalls abzulegen. Er und Valerio scheinen also die Rede des Präsidenten und seinen Botendienst von vornherein konterkarieren und sich der höfischen Sprachverabredung entziehen zu wollen. Sie setzen sich provokativ über die Sprach- und Verhaltenskonventionen hinweg und vereiteln damit beinahe die auf Regeln festgesetzte Unternehmung des Präsidenten. Die Erwartungen des Präsidenten werden nicht erfüllt und kollidieren mit unerwarteten Handlungen und Äußerungen. Aufgrund seines nervösen Schnipsens mit den Fingern und einer immer wieder neu ansetzenden, auf der Stelle tretenden formelhaften Sprache wird er für den Prinzen und Valerio zu einer Spott- und Komikfigur, in der sich die Stereotypie reglementierter Verhaltensformen in geistloser, inhaltsleerer und geradezu neurotischer Form äußert und zuspitzt.

Der König hingegen scheint dem Präsidenten des Staatsrates sehr nahe zu stehen – und dies in doppelter Hinsicht: zum einen rühmt er ihn wie auch die anderen Mitglieder des Staatsrates als „Weise", zum anderen tritt er außer in der 3. Szene des 1. Aktes immer gemeinsam mit ihnen auf und ab; sie sind eine nahezu konkomitante Figurengruppe.[72]

Auf das Phänomen der Monologisierung des Dialogs als Ausdruck gestörter Kommunikation trifft der Leser offensichtlich in der folgenden Passage des Lustspiels, wo der Staatsrat und sein Präsident das Urteil des Königs lediglich wiederholen, anstatt wie aufgefordert eine eigene Meinung zu äußern und ihn zu beraten:

---

[72] Vgl. Pfisters Definition der konkomitanten Figur: „diese Figuren treten immer gemeinsam auf und ab. Ein berühmtes Beispiel [...] sind etwa Rosencrantz und Guilden-stern im *Hamlet*." Pfister, Manfred, Das Drama. Theorie und Analyse, 9. Aufl., München 1997, S. 237.

„Peter.[...] denn entweder verheirathet sich mein Sohn, oder nicht [...] entweder, oder – Ihr versteht mich doch? Ein drittes giebt es nicht.[...] Wenn ich so laut rede, so weiß ich nicht wer es eigentlich ist, ich oder ein anderer, das ängstigt mich.[...] Ich bin ich. – Was halten Sie davon, Präsident?
Präsident. (Gravitätisch langsam.) Eure Majestät, vielleicht ist es so, vielleicht ist es aber auch nicht so.
Der ganze Staatsrath im Chor. Ja, vielleicht ist es so, vielleicht ist es aber auch nicht so.
Peter. (Mit Rührung.) O meine Weisen!"[73]

Der Staatsrat, der als oberste Behörde unmittelbar unter dem König die Staatsgeschäfte in voller Verantwortung zu übernehmen hat, enthält sich eines beratenden Urteils und passt sich offensichtlich dem repetitiven Charakter der königlichen Rede an.

Während allerdings der König sich nur in einem stockenden, unruhigen Redefluß zu äußern vermag, wird die Sprechweise des Präsidenten als „gravitätisch langsam" gekennzeichnet. Außerdem kann die relativierende Aufnahme des königlichen Urteils als eine bewusst kalkulierte Reaktion des Präsidenten auf die Rede des Königs bewertet werden. In ihrer abgewandelten und sich gewisse Freiheiten herausnehmenden Form unterscheidet sich seine Replik auch von der Wiederholung des Staatsrates, der interessanterweise seinem Präsidenten und nicht dem König wie ein Echo folgt. Diese Besonderheiten des Sprachverhaltens des Präsidenten können eventuell als ein Indiz für die Behauptung verstanden werden, dass dem Präsidenten offensichtlich eher die Würde einer echten Herrscherfigur zukommt. Während der König die Macht nur illusorisch repräsentiert, scheint jener sie wirklich zu praktizieren. An der Oberfläche jedoch bleibt der Schein königlicher Autorität gewahrt, da der gesamte Staatsrat mitsamt seinem Präsidenten dem König nach dem Munde zu reden scheint.

Der im Stück nur einmal – und zwar als Echo – sprachlich hervortretende, sonst aber nur als stumme Statistengruppe in Szene gesetzte Staatsrat war zu Büchners Zeit ein realgeschichtliches politisches Organ und der Vereinigungspunkt der gesamten inneren Staatsverwaltung.[74] Er konstituiert sich aus den wichtigsten Verwaltungen. Seine Mitglieder bestehen aus den Prinzen des Königlichen Hauses, den der Körperschaft angehörenden Staatsdienern und schließlich aus den durch besonderes Vertrauen berufenen Männern.

---

[73] Mayer. S. 33 f.
[74] Vgl. Karenberg, Dagobert, Die Entwicklung der Verwaltung in Hessen-Darmstadt unter Ludewig I. (1790-1830), Darmstadt 1964, S. 106: „Eine sehr interessante Einrichtung ist der S t a a t s r a t, der neben den Ministerien bestehen soll und dessen Wirkungskreis teils beratend, teils entscheidend, aber nie ausführend ist."

In „Der Hessische Landbote" spielt Büchner auf das enge Beziehungsnetz innerhalb der machttragenden Organe an:

> „Könnte aber auch ein ehrlicher Mann jetzo Minister seyn oder bleiben, so wäre er, wie die Sachen stehn in Deutschland, nur eine Drahtpuppe, an der die fürstliche Puppe zieht und an dem fürstlichen Popanz zieht wieder ein Kammerdiener oder ein Kutscher oder seine Frau und ihr Günstling, oder sein Halbbruder – oder alle zusammen."[75]

Bekanntschaftliche und verwandtschaftliche Beziehungen, Klüngelei und Vetternwirtschaft bestimmen vermutlich auch die Organisation und das Funktionieren des realen sowie des literarisch gestalteten Staatsrates. Zumindest setzt er sich aus Personen zusammen, die das in sie gesetzte Vertrauen des Königs nicht enttäuschen und sich seinen Entscheidungen unterordnen.

Das vom König Peter sorgenvoll bedachte und mit Würden hervorgehobene eigene „königliche[...] Wort" zeitigt kaum Wirkungen, sondern vermag mit Ausnahmen allenfalls Versammlungen einzuberufen und aufzulösen, sich in monologischen Äußerungen zu erschöpfen oder Pläne und Entscheidungen zu formulieren, die letztendlich nicht ausgeführt werden.[76] Die geringe Effektivität und Folgenlosigkeit der königlichen Rede, ihre in Wiederholungen sich verlierende Geschwätzigkeit wird vom Präsidenten in einem einzigen Satz sinnfällig gemacht:

> „Präsident.[...] Ein königliches Wort ist ein Ding, – ein Ding, – ein Ding, – das nichts ist."[77]

Diese Bemerkung des Präsidenten ahmt durch die Verwendung einer Iteration die immer wieder zu beobachtende Fehlfunktion und irregeleitete Bewegungsfigur der königlichen Rede nach: ihr Stocken und Auf-der-Stelle-treten. Es scheint sich bereits durch das Aussprechen dieser vor dem König sehr gewagten Sentenz, aber auch durch andere spitze oder doppeldeutige Aussagen anzudeuten, dass der Präsident des Staatsrates seine Macht und Durchsetzungsfähigkeit allmählich zu entfalten und die scheinbare Autorität des Königs zu unterminieren sucht. So räumt er offen Fälle „für Eure Majestät"[78] ein, „worin sie sich kompromitiren könnte"[79] und verweist merkwürdigerweise in einem Nebensatz auf die Grenzen der Untertanen hin, „die Gefühle Eurer Majestät"[80] zu teilen. Auch sein Ratschlag an den König, sich „mit andern Majestäten"[81] zu trösten, kann zweifach

---

[75] Lehmann II. S. 42.
[76] Vgl. das Kapitel VI.2.1.
[77] Mayer. S. 78.
[78] Ebd., S. 76.
[79] Ebd., S. 77.
[80] Ebd.
[81] Ebd., S. 78.

gelesen werden: einerseits als Aussage, dass nur der Kontakt mit gleichrangigen Persönlichkeiten für ihn angemessen sei, andererseits als ironische Herabsetzung aller Majestäten, die sich in ihren Gebrechen ähneln und sich nur durch Selbstbespiegelung einander wieder aufzubauen vermögen.

Schon zu Beginn des Lustspiels ist die Entscheidungsgewalt des Königs offensichtlich eingeschränkt und an den Staatsrat gebunden. Der Einfluss des Präsidenten des Staatsrates offenbart sich in Schlussurteilen, die vom König letztendlich nicht in Frage gestellt, sondern vielmehr positiv und unhinterfragt aufgenommen werden:

> „Peter.[...] Präsident, wenn man einen Menschen in effigie hängen läßt, ist das nicht eben so gut, als wenn er ordentlich gehängt würde?
>
> PRÄSIDENT. Verzeihen, Eure Majestät, es ist noch viel besser, denn es geschieht ihm kein Leid dabei, und er wird d e n n o c h gehängt."[82]

Was in dieser Dialogpassage gedanklich erwogen wird, d. h. die ritualisierte Handlung einer Hinrichtung in effigie, soll offenbar die Unfähigkeit der Exekutive verdecken und kompensieren. Wer sich als Krimineller oder Staatsfeind der Gewalt der staatlichen Organe zu entziehen vermochte, wird nur scheinbar verurteilt. Das residuale Bedürfnis einer Bestrafung des Täters befriedigt sich im Schein einer inszenierten Hinrichtung seines Bildes, in der von der realen körperlichen Präsenz des Verurteilten abstrahiert wird. Im Mittelalter bis zur Neuzeit bedeutete die Verbrennung in effigie „die symbolische Vernichtung, die szenische Darstellung (Performance) der Auslöschung der physischen Existenz eines Häretikers, dessen Person man nicht habhaft werden kann, durch eine »weltliche« Behörde und ihre Vollstreckungsorgane".[83]

Der vom König und dem Präsidenten des Staatsrates erörterte Akt der Hängung in effigie wird in diesem Sinne vermutlich auch als eine staatliche Konfliktbewältigungsstrategie gutgeheißen: sie bietet die bewusst gewählte scheinbare Lösung der Krise des staatlichen Zugriffs gegen die Illegalität. Die Ohnmacht der Staatsmacht wird verdeckt, ihr Funktionieren und ihre Integrität vielmehr bestätigt und durch ihre ritualisierte und öffentliche Darbietung die soziale Gemeinschaft gefördert. Die Scheinhinrichtung ist somit weniger – wie der Präsident andeutet – ein Akt der Menschlichkeit als eine aus machtpolitischen Zwecken bewusst eingesetzte Lüge und Notlösung, die die Gewalttätigkeit nicht aufhebt, sondern nur ins Illusionäre verlagert und dort ausspielt. Außerdem dient sie dem

---

[82] Mayer. S. 81 f.
[83] Feld, Helmut, Wurde Martin Luther 1521 in effigie in Rom verbrannt? In: Lutherjahrbuch 63 (1996), S. 13.

Interesse der Restituierung und Bewahrung der Ehre des Staatsmächtigen. Aufgrund dieser Funktionsfähigkeit überträgt der König unmittelbar dieses Modell der scheinbaren Realisierung auf die geplante Hochzeit, worin sich die Willkür und Gewalt der Regierenden ausdrückt:

> „Peter. Jetzt hab' ich's. Wir feiern die Hochzeit in effigie.[...] Ich werde meinen Beschluß durchsetzen"[84]

Zu dieser Entscheidung gelangt der König erst über die Begutachtung und Zustimmung des Präsidenten. Der Einfluss des Präsidenten zeigt sich also allgemein darin, dass er die Gedanken des Königs offensichtlich freisetzt und dessen Entscheidungsprozesse initiiert. Außerdem versucht sich der König – wenn auch zumeist erfolglos – sich des Präsidenten als Gedächtnisstütze zu bedienen:

> „Peter.[...] Von was wollte ich sprechen? Präsident, was haben Sie ein so kurzes Gedächtniß bei einer so feierlichen Gelegenheit? Die Sitzung ist aufgehoben."[85]

Am Ende des Stücks beabsichtigt der König mitsamt seinem Staatsrat zurückzutreten:

> „Peter.[...] Mein Sohn, Du überlässest mir diese Weisen, (er deutet auf den Staatsrath) damit sie mich in meinen Bemühungen unterstützen. Kommen Sie meine Herren, wir müssen denken, ungestört denken."[86]

Diese letzten Worte des Königs kennzeichnen nochmals das Denken als die Hauptfunktion dieses Staatsrates und als die Hauptbemühung des Königs. Doch die weitere Gedankenarbeit, die offenbar nur gemeinsam mit den „Weisen" des Königs geleistet werden kann, soll sich in Zukunft fern von der politischen Bühne vollziehen. Der Rücktritt Peters von den politischen Ämtern trägt womöglich einigen symbolischen Wert: mit dem Abtritt des Königs und seiner politischen Gefolgschaft wird zugleich eine bestimmte Form politischer Staatsführung aufgekündigt und einer neuen Ordnung der Weg geebnet.

---

[84] Mayer. S. 82.
[85] Ebd., S. 34.
[86] Ebd., S. 84 f.

IV. DIE „VARIABLE" VOLK – Büchners mehrdimensionale Konzeption der unteren Gesellschaftsschicht

Auf den ersten Blick scheint der dramatische Text des Lustspiels dem Leser eine Geschichte zu präsentieren, deren Protagonisten und Hauptkonflikte weitgehend dem höfischen Milieu zuzuordnen sind. Ein entscheidender Bedeutungsstrang des Dramas ist allerdings nicht monokausal auf höfische Lebensformen und Zwänge zurückführbar. Insbesondere mit dem Auftritt der Bauern im 3. Akt, der Figur des Valerio und den abschätzigen Äußerungen des Königs über das Volk umgreift das Stück eine Thematik, die außerhalb der höfischen Sphäre anzusiedeln ist. Büchner flicht einen zwar nicht immer unmittelbar fassbaren, doch stets präsenten Komplex von Fragen wie die nach der Konzeption des Volks, nach seinem gesamtgesellschaftlichen Status und seinem Verhältnis zur Staatsmacht in sein Lustspiel ein. Das Stück entwirft dabei allerdings kein eindimensionales, sondern vielmehr ein oszillierendes, in einer steten Wandlung begriffenes Bild vom Volk. Dieses findet in den Bauern und in der Figur des Valerio differierende, aber eng aufeinander bezogene Realisationsformen. In ihnen manifestiert sich das Volk als eine virtuell veränderliche Größe, als eine „Variable", in der sich die „changierenden Vorstellungen vom Volk"[87], wie sie in Büchners Briefen ausformuliert sind, widerspiegeln.

1. Das Bauernvolk

In der 2. Szene des 3. Aktes hat das Bauernvolk seinen einzigen Auftritt in diesem Lustspiel. Es präsentiert sich an dieser Stelle als eine auf dem „freie[n] Platz vor dem Schlosse des Königs"[88] in geschlossener Formation „längs der Landstraße"[89] aufgestellte Figurengruppe. Unter dem dramentheoretischen Maßstab, dass „die Kriterien der Bühnenpräsenz und des Textanteils einen wichtigen Parameter für die zentrale bzw. periphere Position einer Figur im Personal dar[stellen]"[90], erscheinen die Bauern nahezu als Randfiguren und Statisten. Das

---

[87] Pornschlegel, Clemens, Das Drama des Souffleurs. Zur Dekonstitution des Volks in den Texten Georg Büchners. In: (Hrsg.) Neumann, Gerhard, Post-Strukturalismus, Stuttgart 1997, S. 558.
[88] Mayer. S. 72.
[89] Ebd., S. 73.
[90] Pfister, Manfred, Das Drama. Theorie und Analyse, 9. Aufl., München 1997, S. 227.

Volk ist im Bezug auf die „Dominanzrelationen innerhalb des Personals"[91] vor allem deshalb an die Peripherie gerückt, weil die Sozialstruktur innerhalb der fiktiven Welt selbst diese Gewichtung der Bauern nahe zu legen scheint: die höfische Welt zeichnet sich in diesem Sinne als ein gesellschaftlicher Bezirk aus, in dem das Volk als Volk nicht gegenwärtig ist. Somit ist im Gesamtbau des Stücks nicht nur die körperliche, sondern auch die sprachliche Präsenz dieser Figurengruppe stark zurückgenommen. Selbst die drei einzigen Repliken, die dem Bauernvolk zugestanden werden, verfallen dem reduktiven Zuschnitt der Figurenkonzeption: was an Rede aus ihren Mündern widerhallt, ist „einsilbig" und dem Sprachdiktat, der „Lection"[92], unterworfen. So lässt der Schulmeister die Bauern den Vivat-Ruf einstudieren, wobei deren Untertänigkeit und Gehorsam offenkundig in Erscheinung tritt: fügsam und scheinbar stupide repetieren sie die einzelnen Silben des lateinischen Hochrufs:

> „Schulmeister.[...] Könnt Ihr noch Eure Lection? He! Vi!
> Die Bauern. Vi!
> Schulmeister. Vat!
> Die Bauern. Vat!
> Schulmeister. Vivat!
> Die Bauern. Vivat!"[93]

Dem Anschein nach stehen die Bauern folgsam in den Diensten der Herrschenden. Sie erdulden widerstandslos ihre Unterdrückung und ihre Umfunktionierung zur Staffage eines Staatsaktes. Für Wetzel äußert sich „die Unmenschlichkeit der Zwänge [...] besonders in der Manipulation der hungrigen Bauern".[94] Ein vergleichbares Schicksal wird dem Titelhelden in Büchners Drama „Woyzeck" zuteil: „Als einfacher Soldat, als *unterst Stuf von menschliche Geschlecht* [...], erfährt er Gesellschaft ausschließlich als Unterdrückung, als isoliertes Individuum, das nur Befehlsempfänger ist".[95]

Die Bauern werden – insbesondere durch die Äußerungen und Kommentare des Schulmeisters – als eine hungernde und ungebildete Masse mit unmanierlichem Benehmen beurteilt und in Szene gesetzt. Der Schulmeister spielt in seinen Repliken mehrmals auf die materielle Not des Volkes an. Durch die Erwähnung „der

---

[91] Ebd., S. 226.
[92] Mayer. S. 73.
[93] Ebd.
[94] Wetzel, Heinz, Das Ruinieren von Systemen in Büchners *Leonce und Lena*. In: Georg Büchner Jahrbuch 4 (1984), S. 157.
[95] Eibl, Karl, *Ergo todtgeschlagen. Erkenntnisgrenzen und Gewalt in Büchners Dantons Tod und Woyzeck*. In: Euphorion 75 (1981), S. 427.

Löcher in unseren Jacken und Hosen"[96] und die Ausrichtung der Bauern entlang den Ausdünstungen der königlichen Küche wird auf die unzureichende Befriedigung der Grundbedürfnisse wie Nahrung und Kleidung verwiesen. Die Kontraste zwischen königlicher und bäuerlicher Bekleidung[97] treten im Drama deutlich zutage: der blitzenden Uniform des Machtträgers und ihren „blanken Knöpfen" stehen auf der Seite des Volks zerlumpte Kleider gegenüber. Die Herrschaft ist im Gegensatz zum Volk materiell ausreichend versorgt. So heißt es in „Der Hessische Landbote":

> „Geht einmal nach Darmstadt und seht, wie die Herren sich für euer Geld dort lustig machen, und erzählt dann euern hungernden Weibern und Kindern, daß ihr Brod an fremden Bäuchen herrlich angeschlagen sey, erzählt ihnen von den schönen Kleidern, die in ihrem Schweiß gefärbt, und von den zierlichen Bändern, die aus den Schwielen ihrer Hände geschnitten sind, erzählt von den stattlichen Häusern, die aus den Knochen des Volks gebaut sind".[98]

Im Angesicht der Staatsmacht und unter der zynisch gefärbten Androhung des Gebrauchs „rührende[r] Mittel"[99] scheint es für das Volk offenbar überlebensnotwendig zu sein, den aufgezwungenen Belastungen standzuhalten. In ihrer Not können sie die für den Staatsakt der königlichen Hochzeit gebotene strenge Disziplin offensichtlich nur wahren, indem sie sich betrinken:

> „Schulmeister. Sie halten sich so gut in ihren Leiden, daß sie sich schon seit geraumer Zeit an einander halten. Sie gießen brav Spiritus <i>n sich, sonst könnten sie sich in der Hitze unmöglich so lange halten."[100]

Im alkoholisierten Zustand haben die Bauern bereits rote „Erdbeer"-Nasen. Nur unter Alkoholeinfluss vermögen sie offensichtlich „in der Hitze" zu verharren und klaglos den Drill und die unterdrückerischen Disziplinierungsmaßnahmen über sich ergehen zu lassen. Alfred Heggen berichtet in seiner „sozialgeschichtlichen Untersuchung über den Alkoholkonsum im Deutschland des 19. Jahrhunderts"[101], dass „der Branntweinkonsum [...] allmählich bis in die 30er Jahre des 19. Jahrhunderts zu einer Höhe [anstieg], der das Schlagwort von der „Branntweinpest" aufkommen ließ"[102]. Diese Entwicklung deckt [sich] mit der Epoche

---

[96] Mayer. S. 73.
[97] Ebd., S. 73 f.
[98] Lehmann II. S. 44/46.
[99] Mayer. S. 73.
[100] Ebd., S. 72.
[101] Heggen, Alfred, Alkohol und bürgerliche Gesellschaft im 19. Jahrhundert. Eine Studie zur deutschen Sozialgeschichte, Berlin 1988 (künftig zitiert: Heggen (1988)), S. 2.
[102] Ebd., S. 55.

des Pauperismus, der Verarmung breiter ländlicher und städtischer Bevölkerungsschichten."[103]

Dieses soziokulturelle Phänomen der „Branntweinpest" scheint ihren Niederschlag auch in Büchners Werk zu finden.[104] Insbesondere in seinem Drama „Woyzeck" wird das Motiv des Branntweinkonsums als eskapistisches Verhalten wiederholt aufgegriffen.[105] In der Bauernszene in „Leonce und Lena" können zwei Formen des Trinkverhaltens diagnostiziert werden, die Heggen als „instrumentales" und „narkotisches" Trinken bestimmt.[106] Der „Spiritus"[107] ist zum einen Stimulans und Stärkungsmittel, der den paradierenden Bauern hilft, „sich in der Hitze [...] so lange zu halten". Zu Büchners Zeit führte die „Verbilligung des Kartoffelschnapses [...] zu einem steigenden Konsum, wobei der regelmäßige Genuß als Anregungs- und Stärkungsmittel mit der teilweise unzureichenden Nahrung und der anstrengenden körperlichen Arbeit begründet wurde."[108] In diesem Sinne wird der stärkere Alkoholkonsum der Bauern von dem Schulmeister (und wohl auch vom Hofe) für den Staatsakt als Disziplinierungsstütze einkalkuliert und genehmigt. Zum anderen aber ist der „Spiritus" den Bauern auch ein Narkotikum, ein „schnell wirkendes Rauschmittel für den, der vergessen will".[109] Zumindest „so lang das hohe Paar vorbeifährt"[110], verbittet sich der Schulmeister

---

[103] Ebd., S. 19.

[104] Vgl. ebd., S. 70: „Der Begriff „Branntweinpest" war um 1835/40 populär".

[105] Vgl. z. B. (Hrsg.) Lehmann, Werner R., Georg Büchner. Sämtliche Werke und Briefe, Bd. 1: Dichtungen und Übersetzungen mit Dokumentationen zur Stoffgeschichte, 2. Aufl. München 1974 (künftig zitiert: Lehmann I.), S. 384:
„TAMB<OUR>-MAJOR. [...] ich wollt die Welt wär Schnaps, Schnaps.[...]
TAMBOR MAJOR. [...] Brandewein das ist mein Leben/Brandwein giebt courage!"
Vgl. auch Heggen (1988), S. 109-111.

[106] Vgl. Heggen (1988), S. 26/80-82.

[107] Vgl. (bisher noch nicht veröffentlicht) Dedner, Burghard, Vorläufiger Stellen-Kommentar zur historisch-kritisch von Ausgabe der sämtliche Werke und Schriften von Georg Büchner. (künftig zitiert nach: Neuer Kommentar)
Neuer Kommentar, zu 72. 6 [Die Setienangaben beziehen sich auf: (Hrsg.) Dedner, Burghard, Georg Büchner. Leonce und Lena. Kritische Studienausgabe, Beiträge zu Text und Quellen von Jörg Jochen Berns/Burghard Dedner/Thomas Michael Mayer/E.Theodor Voss, Frankfurt am Main 1987]:
„*Spiritus]* eigentlich „der Geist, die Kraft": auch „ein geistiges Wasser od. Geistwasser" (Heyse II. 393); hier in der Doppelbedeutung von gebranntem Getränk (Schnaps) und Konservierungsmittel für (medizinische) Präparate."

[108] Heggen (1988), S. 80.

[109] Ebd., S. 82.

[110] Mayer. S. 73.

vom Volk ein unmanierliches Verhalten und sucht ihm ein dem hohen Anlass angemessenes Auftreten einzuschärfen:

> „Schulmeister. Seyd standhaft! Krazt Euch nicht hinter den Ohren und schneuzt Euch die Nasen nicht mit den Fingern [...] und zeigt die gehörige Rührung, oder es werden rührende Mittel gebraucht werden."[111]

Zum feierlichen und zeremoniellen Ereignis der Hochzeit der Königskinder hat sich das Volk in tiefer Ergriffenheit zu präsentieren und sich kurzfristig ein ordnungsgemäßes und förmliches Betragen anzueignen, d.h. sich der Etikette und dem Verhaltenskodex der Hofgesellschaft anzupassen. Die implizit vorgeworfenen niederen und ordinären Umgangsformen sollen hierbei abgelegt werden.[112] Auch der Landrat verkündet noch einmal formell und drohend die während des Staatsaktes einzuhaltenden Vorschriften:

> „Landrat. Gebt Acht, Leute, im Programm steht: sämmtliche Unterthanen werden von freien Stücken reinlich gekleidet, wohlgenährt, und mit zufriedenen Gesichtern sich längs der Landstraße aufstellen. Macht uns keine Schande!"[113]

Die von ihm bzw. vom „Programm" eingeforderte gleichgeschaltete und schöngefärbte Präsentation eines gesunden und glücklichen Volkskörpers kann sich nur als Maskerade, als Selbstäußerung der Bauern vor den Augen der Herrschaft vollziehen. In diesem Sinne ist der „Freie [...] Platz vor dem Schlosse des Königs Peter"[114] zugleich Schauplatz eines erzwungenen Maskentheaters, dessen Rollenverteilungen und Regieanweisungen vom Landrat und dem Schulmeister vorgenommen werden.

Die erzieherischen Maßnahmen am Volk erfolgen durch seine Formierung auf dem Königsplatz, die Verlautbarung der strikten „Programm"-Punkte durch den Landrat sowie durch die Direktiven und Sprachübungen des Schulmeisters. Diese Maßnahmen sind umso bedeutsamer, als die Verhaltensmaßregeln des Hofes zugleich dessen Moral- und Wertvorstellungen indizieren. In äußerlicher Form

---

[111] Ebd.
[112] Vgl. Neuer Kommentar, zu 73. 3: „*Krazt euch nicht hinter den Ohren]* Zeichen [...] für plebejisches Verhalten [...]; zu 73. 4: *schneuzt Euch die Nasen nicht mit den Fingern]*[...] Laut Norbert Elias (Über den Prozeß der Zivilisation", 2. Aufl. Bern: Francke. 1969. Bd. 1, S. 194-207) hat sich der in der Renaissance aufgekommene Gebrauch des Taschentuchs erst am Ende des 17. Jahrhunderts in der höfischen Gesellschaft allgemein durchgesetzt; seit dem 18. Jahrhundert gehörte es auch in bürgerlichen Kreisen zum guten Benehmen, ins Taschentuch zu schneuzen, während es als „bäurisch" galt, sich mit der Hand zu schneuzen".
[113] Mayer. S. 72 f.
[114] Ebd., S. 72.

wird somit die Assimilation des „natürlichen" Menschen an die bestehenden Normen der Hofgesellschaft und an den Staat zum Ausdruck gebracht. Es ist ein Symptom von Willkürherrschaft, wenn anderen sozialen Schichten zu Repräsentationszwecken der Mächtigen die ihnen fremden Vorschriften oktroyiert werden. Dies gilt auch, wenn diese Zwangsmaßnahmen nur für einen begrenzten Zeitraum gelten. Gerade die Verhaltensnormen, die Kleiderordnung, die Sprache und der Titel sind klassenspezifische Regelungen und zum Teil bewusst eingesetzte Zeichen(systeme), um die ständischen Differenzen zu markieren. Durch die Folgsamkeit gegenüber den Normierungen werden die bestehenden Herrschaftsstrukturen affirmiert und stabilisiert. Es ist die Aufgabe des Schulmeisters, das Volk für dieses affirmative Bild zu präparieren und es somit in den Dienst des Adels zu stellen.

Allerdings scheint der Schulmeister trotz all seiner Vorhaltungen indirekt eine gewisse Zuneigung zum Volk zu erkennen zu geben. In diesem Sinne präsentiert er sich im Stück durchaus als eine schillernde Figur. Es geht ihm offenbar nicht vornehmlich und ausschließlich darum, das Volk im Sinne des „Programms" aufzubereiten. Vielmehr hat er die Intention, den Akt seiner eigenen Formung, seine De-Formierung zu einer verklärenden Kulisse für die Herrschaft und seine unterdrückte Stellung transparent zu machen. Dies versucht der Schulmeister durch die Verwendung einer zweideutigen Rede.

> „Schulmeister.[...] Erkennt was man für Euch thut, man hat Euch grade so gestellt, daß der Wind von der Küche über Euch geht und Ihr auch einmal in Eurem Leben einen Braten riecht."[115]

Der Akt der Aufstellung des Bauernvolkes entlang den Ausdünstungen der königlichen Küche scheint ähnlich wie die später vom König und dem Präsidenten angeführte Idee der Hinrichtung und Hochzeit „in effigie" nach den Prinzipien der Vorenthaltung und der durchtriebenen Substitution zu funktionieren: das Unerreichbare wird durch ein Notbehelf bzw. durch ein unzulängliches Surrogat ersetzt und damit nur **scheinbar** ansichtig oder „sättigend" gemacht. Die „Ersatz"-Spende wird als generöse Geste verkauft. Angestrebt wird offensichtlich ein „Placebo-Effekt": die Befriedigung und Befriedung des Volks durch ein Hochzeitsmahl „in effigie".

Der Schulmeister jedoch scheint durch den sprachspielerischen und herausfordernden Duktus seiner Rede bzw. durch die überzogene Direktheit seiner Worte, die bewusst den „Finger auf die Wunde legen" sollen, eine Aufklärungsstrategie

---

[115] Mayer. S. 73.

zu verfolgen.[116] Der den Bauern vom Schulmeister auferlegte, aber zugleich durch seine Wahl der Worte von ihm provozierte und gelenkte Akt des Erkennens soll sich weniger auf das, „was man **für** Euch tut"[117], richten, als auf das, was man ihm seitens der Herrschaft vorenthält und versagt. Erst mit dem Gewahren der Ungleichmäßigkeiten bei der Verteilung der Güter und der Klassenantagonismen kann sich eine Revolutionsbereitschaft im Volk entfalten.

In diesem Zusammenhang wäre nun zu diskutieren, ob in „Leonce und Lena" nicht in Andeutungen auch ein anderes Volk zur Schau gestellt wird. Diesem neuen Volk kann seine gesellschaftliche Stellung so vor Augen geführt werden, dass es ein Bewusstsein seiner gegenwärtigen Ohnmacht zu entwickeln vermag. Es ist sich der gesellschaftlichen Antagonismen bewußt und verlangt gegen die sozialen Zustände zu revoltieren. In einigen kurzen Textpassagen innerhalb der Bauernszene werden offenbar diese Entwicklungsmöglichkeiten im Volk, ihre Dynamisierung und ihr Aufbegehren literarisch angedeutet und antizipiert. Das Bild des Volkes ist somit höchst ambivalent. Die Vorstellung eines anhänglichen und treuen Volkes, das in Gestalt der widerstandslosen Bauern im Stück zu dominieren scheint, wird an diesen Stellen untergraben oder zumindest in Frage gestellt.:

„Der Landrath. Der Schulmeister. Bauern im Sonntagsputz, Tannenzweige haltend.
[...]
Schulmeister. [...] Courage, Ihr Leute! Streckt Eure Tannenzweige grad vor Euch hin, daß man meint Ihr wärt ein Tannenwald und Eure Nasen die Erdbeeren und Eure Dreimaster die Hörner vom Wildpret und Eure hirschledernen Hosen der Mondschein darin, und merkt's Euch, der Hinterste läuft immer wieder vor den Vordersten, daß es aussieht als wärt Ihr ins Quadrat erhoben."[118]

Die Vorstellung eines Revolutionspotentials im Volk wird vermutlich durch den Tannenwald-Vergleich des Schulmeisters evoziert. Als ein mögliches Textsignal beschwört dieses Bild eine insgeheim im Entstehen begriffene Absicht des Aufbegehrens herauf. Auf der Textoberfläche werden dem Volk mittels der Bildlichkeit des immergrünen Tannenwaldes Charaktereigenschaften wie Diszipliniertheit, Gehorsam und politische Unbeweglichkeit zugeordnet. Die Ambivalenz dieses Bildes wird jedoch augenfällig und semantisch wirksam, wenn bei der Charakterisierung des Volkes bestimmte mögliche Sinndimensionen berücksich-

---

[116] Die Sprachspiele des Präsidenten entzünden sich vor allem an den Wörtern „halten", „stehen" und „rühren". Der provokatorische und ostentative Duktus der Rede findet sich auch in Büchners „Der Hessische Landbote" wieder – z. B. Lehmann II. S. 56: „Ihr seyd nichts, ihr habt nichts!"
[117] Hervorhebungen von mir.
[118] Mayer. S. 72.

tigt werden: die im deutschen Aberglauben der Tanne zugesprochene Schutzfunktion vor dem Feind[119] und die Betrachtung des Tannenwaldes als eine einheitliche und kompakte Gruppierung. Der permanente Positionswechsel („der Hinterste läuft immer wieder zum Vordersten") soll eine qualitative Vergrößerung dieser kompakten Masse vortäuschen, sie „ins Quadrat" erheben. Canetti bezeichnet als *„rhythmische* oder zuckende *Masse"*[120] jene Menschenansammlung, die ihrem eigenen Wunsch nach Vergrößerung und Vermehrung durch eine bestimmte Choreographie ihrer Formation und ihrer Glieder Ausdruck verleiht. Ein spezifisches Charakteristikum jener Art von Masse ist „der Rhythmus ihrer Füße. [...] Die Schritte, die sich in rascher Wiederholung an Schritte reihen, **täuschen eine größere Zahl von Menschen vor**. [...] Sie ersetzen durch Intensität, was ihnen [den Menschen der Masse] an Zahl abgeht. [...] sie [müssen] aus sich, aus ihrer beschränkten Zahl heraus, die Zunahme vortäuschen. Sie bewegen sich, als ob ihrer immer mehr würden."[121] Die Bauern in „Leonce und Lena" können als eine ebensolche rhythmische Masse verstanden werden, die ihre Selbstvermehrung – und zwar nicht nur zu Präsentationszwecken der Herrschaft – vortäuscht bzw. deren bedrohliche Vergrößerung antizipiert. Aus diesem Blickwinkel heraus stellt sich das Bauernvolk weniger oder nicht nur als eine disziplinierte und folgsame Masse dar, sondern zugleich als eine sich vom Status quo distanzierende, schützende, organisierte und auf ihre Vergrößerung hinarbeitende Bewegung. Der subversive Charakter der Tannenwald- und Tannenzweig-Bildlichkeit wird noch verstärkt durch ihre literarischen Anspielungen: sie verweist auf die durch Zweige getarnten Krieger in Shakespeares „Macbeth". Diese führen als „geh'nder Wald" das Ende des Macbeth herbei.[122]

„Man ruft Vivat! – und die Komödie ist fertig" schreibt Büchner in einem Brief an seine Familie Anfang Dezember 1931 und bezieht sich mit diesen Worten auf den spektakulären Empfang des gescheiterten polnischen Freiheitskämpfers Gerolamo Romerimo in Straßburg. Büchner spielt hier an auf „die komödienhaften Züge dieses politischen Ereignisses, in denen er am Beispiel der Polenbegeisterung den politischen Unernst vieler deutscher Oppositioneller [...] kritisiert".[123]

---

[119] Vgl. (Hrsg.) Bächtold-Stäubli, Hanns, Handwörterbuch des deutschen Aberglaubens, Bd. 8, Berlin/New York 1987, Sp. 663 f.
[120] Canetti, Elias, Masse und Macht, Frankfurt am Main 1995, S. 33.
[121] Ebd. S. 33 f. Hervorhebungen von mir.
[122] Vgl. Mayer, Thomas Michael, Georg Büchner. Leben, Werk, Zeit. 3. Aufl., Marburg 1987, S. 236.
[123] (Hrsg.) Pörnbacher, Karl/Schaub, Gerhard/Simm, Hans – Joachim/Ziegler, Edda, Georg Büchner. Werke und Briefe, 4. Aufl., München 1994, S. 709.

In „Leonce und Lena" scheint sich mit dem letzten „Vivat"-Ruf des Bauernvolkes das Ende eines gleichfalls unnatürlichen Ereignisses anzukündigen. In seinem letzten Satz scheint der Schulmeister zu bekunden, dass die Zeit des gezwungenen Zujubelns und Agierens nach Vorschrift für die Bauern beendet ist oder als beendet erachtet wird. Die Szene schließt mit der Ankündigung des Neuen:

> „Schulmeister.[...] Wir geben [...] heut Abend einen transparenten Ball mittelst der Löcher in unseren Jacken und Hosen, und schlagen uns mit unseren Fäusten Cocarden an die Köpfe."[124]

Auf dieser angekündigten Festivität wird sich – so suggerieren es die Worte des Schulmeisters – das erweckte Volk vermutlich als ein demaskiertes, also wahrhaftes zu erkennen geben, d. h. sich vor den Augen der Herrschaft in seinem schlechten Zustand und in seinen nun revolutionären Bestrebungen „transparent" bzw. erkennbar machen. Durch die „Kokarden" werden sie ihre umstürzlerischen Absichten auch zeichenhaft bekunden[125] und ihre Würde zurückerlangen. „Gleicht die gegenwärtige Welt einem Gespensterreigen und einem Spital, so die künftige Revolution einem dionysischen Festzug, in dem sich Lust mit Grausamkeit, die Kollektivität der Freude mit spontaner Zerstörung paaren und dadurch das neue Zeitalter der Gesundheit herbeiführen."[126] Auch in „Leonce und Lena" soll sich die „künftige Revolution" als nahezu festliche Veranstaltung, als ein Ball vollziehen (vgl. das Kapitel VI dieser Arbeit).

2. König Peters Bild vom Volk

Das besondere Verhältnis zwischen dem König und seinem Volk hat historisch und literatur- bzw. motivgeschichtlich die vielfältigsten und unterschiedlichsten Ausprägungen erfahren. Als geschichtliches Phänomen und literarisches Thema ist es in seiner Eigenart und Intensität dem Wandel der Zeiten unterworfen. In diesem Kapitel sollen einige zentrale Aspekte herausgearbeitet werden, die mir für die Auffassung des Königs vom Volk in „Leonce und Lena" kennzeichnend zu sein scheinen.

---

[124] Mayer. S. 73.
[125] Vgl. Neuer Kommentar, zu 73. 18:
„*schlagen uns mit unseren Fäusten Cocarden an die Köpfe]* [...] Mglw. auch eine Anspielung auf die Französische Revolution, in der verschiedene Kokarden als Parteiabzeichen eine besonders große Rolle spielten."
[126] Dedner, Burghard, Legitimationen des Schreckens in Georg Büchners Revolutionsdramas. In: Jahrbuch der deutschen Schillergesellschaft 29 (1985), S. 348.

König Peters Beurteilung des Volks tritt insbesondere während der Ankleidungsszene in der 2. Szene des 1. Aktes zutage. Einige wesentliche Äußerungen bei seinem ersten Auftritt im Stück prägen von Beginn an nachhaltig sein Gesamtbild und seine Einstellung zum Volk:

> "Peter.[...] Der Mensch muß denken und ich muß für meine Unterthanen denken, denn sie denken nicht, sie denken nicht.[...] Kerl, was bedeutet der Knopf, an was wollte ich mich erinnern?"[127]

> „Peter.[...] Ich wollte mich an mein Volk erinnern!"[128]

Der König macht an dieser Stelle drei entscheidende Aussagen, durch die er seine Position und Differenz zum Volk klarstellt. Diese Aussagen können wie folgt reformuliert und interpretiert werden:

1. Der König spricht dem Volk den Verstand ab und betrachtet seine Untergebenen weniger als vernunftbegabte Wesen denn als willenlose und niedere Geschöpfe, als Nicht-Menschen. Auf diese Beurteilung des Volkes wird in ähnlicher Weise schon in „Der Hessische Landbote" angespielt. In einer kurzen Passage wird dort das ungleiche Verhältnis zwischen dem Volk und der Staatsmacht in einem biblischen Vergleich festgehalten. In einem entstellten Schöpfungsbericht erscheinen nur die Staatsmächtigen als gottbegnadete Kreaturen. Das Volk hingegen wird in Bezug auf die schöpfungsgeschichtliche Hierarchie nur zu den niederen Formen gezählt:

> „Im Jahr 1834 siehet es aus, als würde die Bibel Lügen gestraft. Es sieht aus, als hätte Gott die Bauern und Handwerker am 5ten Tage, und die Fürsten und Vornehmen am 6ten gemacht, und als hätte der Herr zu diesen gesagt: Herrschet über alles Gethier, das auf Erden kriecht, und hätte die Bauern und Bürger zum Gewürm gezählt."[129]

2. Als König verklärt sich Peter selbst nicht nur zur „Krone der Schöpfung", sondern damit auch zum „Kopf", d. h. zum Denkzentrum des Staates. Die obrigkeitliche Bevormundung des für ihn unmündigen Volkes zeigt sich darin, dass er das Denken nur in seinen Zuständigkeitsbereich fallen lässt (vgl. das Kapitel II. 1 dieser Arbeit).

3. Der Abqualifizierung des Volkes entspricht der Umstand, dass der König sich des Volkes bisweilen nicht mehr zu erinnern vermag, obwohl er andererseits für es denken zu müssen glaubt. Das Volk droht dem königlichen Vergessen anheim zu fallen. Es entzieht sich seinem Bewusstsein und ist nicht mehr erinnernswert. Das Engramm „Volk" ist seinem Gedächtnis nur unzulänglich eingeschrieben, da

---

[127] Mayer. S. 32.
[128] Ebd., S. 33.
[129] Lehmann II. S. 34.

sein Denken de facto nur noch um das Eigene kreist und die gesellschaftlichen Sphären des Volkes und des Hofes sich einander anscheinend völlig entfremdet haben. Außerhalb der Hofgesellschaft kreist die vergessene Welt, die nur noch mit größter Anstrengung in Erinnerung gerufen werden kann. Selbst der Knopf als Zeichen bzw. als königliche Gedächtnishilfe ist so unscheinbar, dass er zusätzlich den Unwert des Referenten bzw. des zu erinnernden Volkes konnotiert.

Den Bauern selbst wird als Staffage eines Staatsaktes die Möglichkeit entzogen, auf sich aufmerksam zu machen. Vielmehr wird das vor dem Schloss des Königs aufgestellte Bauernvolk zum Zweck der Selbstbeweihräucherung der Herrschaft instrumentalisiert. Das Auge richtet sich nicht auf die Bauern. Es wird statt dessen – verstärkt durch ihre kalkulierte Formation – auf die Herrschaft gelenkt. Die Ignoranz des Königs gegenüber seinen Untertanen lässt sich auch im Dialog zwischen ihm und seinen Kammerdienern beobachten:

> „Peter.[...] He, was bedeutet der Knopf im Schnupftuch? Kerl, was bedeutet der Knopf, an was wollte ich mich erinnern?
> Erster Kammerdiener. Als Eure Majestät diesen Knopf in ihr Schnupftuch zu knüpfen geruhten, so wollten Sie...
> König. Nun?
> Erster Kammerdiener. Sich an etwas erinnern.
> Peter. Eine verwickelte Antwort! – Ey! Nun, und was meint Er?
> Zweiter Kammerdiener. Eure Majestät wollten sich an etwas erinnern, als sie diesen Knopf in Ihr Schnupftuch zu knöpfen geruhten.
> Peter.[...]Was? Was? Die Menschen machen mich confus, ich bin in der größten Verwirrung."[130]

Verständlicherweise schätzt der König die Antworten seiner beiden Diener als nutzlos ein, da sie keinerlei zusätzlichen Informationswert besitzen. Allerdings scheint der König mit sozialen Vorurteilen behaftet zu sein, wenn er zugleich die Mitglieder des Staatsrates als „Weise" anerkennt[131], obwohl auch sie in ähnlicher Form den Fragen des Königs ohne Kundgabe eigener entschiedener Auffassungen antworten. Auch sie erzeugen allenfalls Redundanzen, indem sie die Äußerungen des Königs wiederholen. Den Kammerdienern wird die Urteilskraft offensichtlich abgesprochen, dem Staatsrat aber zuerkannt, obwohl beide eine vergleichbare Gesprächskompetenz im Dialog mit dem König aufweisen. Zudem werden die Kammerdiener vom König ungleich gröber behandelt als der Staatsrat. Diese divergierenden Bewertungen des Königs scheinen sich am gesellschaftlichen System der Arbeit zu orientieren. Dessen Aufspaltung in Kopf- und

---

[130] Mayer. S. 32 f.
[131] Vgl. Ebd., S. 34/84.

Körperarbeit entspricht annähernd der sozialen Hierarchisierung. Bei dieser unkritischen Bemessung und Beurteilung seiner Mitmenschen und ihrer intellektuellen Fähigkeiten nach ihrer Arbeitsform scheint der König auch die gesellschaftlichen und historischen Determinanten (z. B. die sozialen Zwänge oder Vergünstigungen der gesellschaftlichen Ordnung), welche die Wahl der Arbeit weitgehend festlegen, völlig auszublenden. Er sieht von der sozialen und historischen Bedingtheit des Menschen und seiner Arbeitswahl ab und vernachlässigt zudem seine spezifische Individualität. Die Kammerdiener und Bauern werden als geistig minderbemittelt angesehen, weil sie überwiegend körperliche Arbeit leisten. Der König beruft sich auf eine Vernunft- und Verstandeskraft, die von den Entscheidungsträgern des Staates erwartet und vorausgesetzt wird. Er tut dies, wenn er sich und seine hohen Beamten dem Volke gegenüber intellektuell überlegen fühlt und dadurch seine Machtansprüche rechtfertigt. Anscheinendes Wissen und Macht sind eng miteinander assoziiert, wenn er sich selbst als „Kopf" seiner Untertanen betrachtet. Sein Unterscheidungsvermögen scheint nur die Differenzen zwischen Macht und Ohnmacht oder anscheinender Denkfähigkeit und -unfähigkeit zu registrieren.

König Peter betrachtet seine Untertanen und Diener als unmündige Menschen, die nicht zu selbständigen Gedanken und Entscheidungen befähigt sind. Deshalb glaubt er sie bevormunden und kontrollieren bzw. sie wie einen automatischen und lenkbaren Mechanismus vorprogrammieren zu müssen. Das Volk wird nur als eine dienende und unpersönliche Masse wahrgenommen.

3. Valerio

3.1. Valerio als satirischer Hofnarr

Büchner macht in „Leonce und Lena" zumeist über den Titel oder die Berufsbezeichnung erste Angaben über die soziale Herkunft einer fiktiven Figur. Durch diese Kennzeichnungsstrategie wird das gesamte Personal in Bezug auf die Standeszugehörigkeit eindeutig festgelegt – mit Ausnahme der Figuren Rosetta und Valerio. Insbesondere die soziale Identität Valerios steht hierbei noch zur Diskussion. Durch die Unbestimmtheit seines Berufs und seiner Zugehörigkeit zu einer gesellschaftlichen Schicht lässt der Text den Charakterisierungen dieser Figur einen gewissen Spielraum.[132] Die Konfusion des Königs vor dem sich

---

[132] Auch Daase verweist auf die „Vielschichtigkeit der Figur" des Valerio: Daase, Christopher, »Da läugne einer die Vorsehung«. Zur komischen Bedeutung der Valerio-Figur in *Leonce und Lena*. In: (Hrsg.) Dedner, Burghard/Oesterle, Günter, Zweites Internationales Georg Büchner Symposium 1987, Frankfurt am Main 1990, S. 381.

scheinbar endlos „auseinanderschälen[den] und blättern[den]"[133] Valerio in der letzten Szene des Lustspiels mag auch den Leser ereilen: „Aber – aber etwas müßt Ihr dann doch seyn?"[134]

Die verschiedenen Textüberlieferungen und Textvarianten scheinen die Vieldeutigkeit und den schillernden Charakter dieser Figur nur zu begünstigen. Vor allem die lange, unabgeschlossene Eingangsszene aus den handschriftlichen Entwurfsbruchstücken des Autors (H1) entfaltet Dimensionen der Figurenkonzeption des Valerio, die in dieser expliziten Form in den beiden Drucken Karl Gutzkows und Ludwig Büchners nicht mehr vorzufinden sind. Mayer behauptet, dass „der Auftritt der Polizeidiener [...] und der folgende »Lebenslauf« des Soldaten und Deserteurs Valerio [...] zwar auch Gutzkows kürzender Zusammenfassung zum Opfer gefallen sein [könnte]; doch wahrscheinlicher ist, daß Georg Büchner selbst [...] den ganzen Komplex aus Gründen der Werkökonomie aus dem Lustspiel entfernt hat. [...] Der komische Deserteur Valerio mußte in dem Maße an Bedeutung verlieren, in dem das Leben des Stadtsoldaten Woyzeck selbständige dramatische Gestalt annahm".[135]

Konzentriert man sein Augenmerk allerdings weitgehend auf die beiden Drucke des Lustspiels, so scheinen ausgehend von dieser Textgrundlage einige Repliken, Charaktermerkmale und Handlungsmomente eher die Deutung Valerios als Hofnarr nahe zu legen. Wenn man allerdings wie Daase zurecht davon ausgeht, dass Valerio nicht widerspruchslos „einzugliedern [ist] in die Reihe der Hofschranzen und Lakaien, zu denen auch ein Hof n a r r letzten Endes gehört"[136], so muss meine obige Einschätzung Valerios wie folgt modifiziert und reformuliert werden: Valerio ist selbst kein offiziell angestellter Hofnarr, sondern macht sich das Verhalten eines Hofnarren nur spielerisch zu eigen. In diesem Sinne wäre er vielleicht als eine janusköpfige, geradezu hybride Figur zu verstehen, d. h. als eine außerhöfische Figur, die nur den am Hofe angestellten Narren **spielt**. Ein Fremdling von vermutlich niederer Herkunft verwandelt sich damit die bereits

---

[133] Mayer. S. 79.

[134] Ebd.

[135] Mayer, Thomas Michael, Vorläufige Bemerkungen zur Textkritik von *Leonce und Lena*. In: (Hrsg.) Dedner, Burghard, Georg Büchner. Leonce und Lena. Kritische Studienausgabe, Beiträge zu Text und Quellen von Jörg Jochen Berns/Burghard Dedner/Thomas Michael Mayer/E. Theodor Voss, Frankfurt am Main 1987, S. 130.
Vgl. Mayer. S. 26/28/30.

[136] Daase, Christopher, »Da läugne einer die Vorsehung«. Zur komischen Bedeutung der Valerio-Figur in *Leonce und Lena*. In: (Hrsg.) Dedner, Burghard/Oesterle, Günter, Zweites Internationales Georg Büchner Symposium 1987, Frankfurt am Main 1990, S. 381.

subversivste Rolle innerhalb des Hofstaates an. Er distanziert sich damit auf zweifache Weise von der gesellschaftlichen Sphäre, in der er sich Zutritt verschafft hat und in der er agiert: er ist zugleich närrisch **und** außerhöfisch-proletarisch.

Eine große Schubkraft und Energie, die Valerio vom ersten Augenblick seines Auftretens („Wie der Mensch läuft!"[137]) innewohnt, stattet ihn mit einer ungemeinen Beweglichkeit aus.[138] Diese Vitalität ist zugleich körperlicher, intellektueller und sprachlicher Natur und befähigt ihn zudem, die Sozialleiter vom Soldaten, dem engsten Vertrauten eines Prinzen zum Staatsminister emporzusteigen. Diese Karriere (frz. carrière = Rennbahn, Laufbahn) ist seinem „läufigen Lebenslauf"[139] scheinbar wie vorbestimmt.

In der 3. Szene des 3. Aktes – der einzigen Szene übrigens, in der ein Aufeinandertreffen von Valerio und König Peter dramatisiert wird – spielt er den vielfach Maskierten:

„Valerio.[...] (Er nimmt langsam hintereinander mehrere Masken ab.) Bin ich das? oder das?"[140]

Seine Maskierung des Gesichtes verweist auf die Verkörperung fremder Rollen und bekundet sein schauspielerisches Talent, das für das Amt des Hofnarren erforderlich ist. Er ist womöglich der „künstliche Narr"[141] im Stück, dessen wahre Identität durch die fortlaufende Demaskierung verwirrt und in Frage gestellt zu werden droht. „Valerios Maskenabfolge läßt nirgends eine unverkleidete Realität zu Gesicht kommen. Die Maske verstellt den lebendigen Ausdruck des Gesichts, wie Marionette und Automat den Körper seiner natürlichen Beweglichkeit entfremden."[142] Die Verwirrungsstrategie und Wandlungsfähigkeit Valerios, die in der Maskerade ihren sinnfälligsten Ausdruck finden, lassen sich auch an seinem Sprachverhalten ablesen. In diesem Zusammenhang ist Valerio für Daase nur

---

[137] Mayer. S. 21.
[138] Vgl. hierzu auch das Kapitel VII. dieser Arbeit.
[139] Mayer. S. 28.
[140] Ebd., S. 79.
[141] Vgl. Mezger, Werner, Hofnarren im Mittelalter. Vom tieferen Sinn eines seltsamen Amts, Konstanz 1981, S. 60: „Unter den »natürlichen Narren« verstand man alle diejenigen, deren Nicht-Normalsein ein krankhafter Dauerzustand war, die also irreparable körperliche oder geistige Defekte hatten. Zu den »Schalknarren« oder »künstlichen Narren« dagegen zählten jene, die in Wirklichkeit ganz normale und intelligente Menschen waren, die sich aber mit schauspielerischem Talent schlau verstellen konnten und die Narrenrolle glaubhaft spielten."
[142] Schmidt, Axel, Tropen der Kunst. Zur Bildlichkeit des Kunstbegriffs in Georg Büchners „Dantons Tod", „Lenz" und „Leonce und Lena", Neuwied 1991, S. 88.

dann „souverän[...], solange seine Sprachvirtuosität immer neue Situationen schafft, die alten verdreht und er sich so einmischt und zugleich entzieht. Die Masken, die Valerio zur Verfügung stehen, lassen sich dann als Sprachvariationen, als Dialekte, also als Ausdruck seiner sprachlichen Vielgestalt begreifen, gemäß der Tradition der commedia dell'arte, die jeder kodifizierten Rolle nicht nur eine Maske, sondern auch einen bestimmten Dialekt beimaß."[143]

In einer Phase trübsinniger Grübelei trifft Leonce erstmals auf Valerio, der sich ihm unvermittelt in der 1. Szene des 1. Aktes als eine Art seelischer Verwandter zugesellt und ihm auf seine spritzige Art Trost zu spenden und neuen Lebensmut einzuflößen vermag. Vor der Begegnung des Prinzen mit Lena scheint Valerio der einzige Mensch zu sein, den Leonce trotz seiner königlichen Abstammung unhinterfragt an seiner Seite duldet. Er akzeptiert ihn, obwohl dieser sich zum Teil grobe Freiheiten gegenüber seinem „Herren"[144] herausnimmt und eine große Offenheit und Direktheit im Zwiegespräch mit dem Prinzen an den Tag legt. Diese Offenheit kann wohl nur unter der Voraussetzung einer großen Vertrauensbasis zwischen beiden geduldet werden. So versucht er beispielsweise bei ihm ein Ministeramt für sich auszuhandeln und ihm im Gegenzug eine Prinzenhochzeit als Tauschobjekt anzubieten. Wenn Leonce zu Beginn des Stücks heftig seinem allzu devoten Hofmeister entgegnet: „Mensch, warum widersprechen Sie mir nicht?"[145], so gilt Valerio dagegen als der vom Prinzen ersehnte gleichwertige Dialogpartner, der dazu befähigt ist, ihm im Zwiegespräch Paroli zu bieten. Auch die Tatsache, dass Leonce offen über Valerio herzieht, scheint auf eine engere Verbundenheit zwischen beiden hinzudeuten. Einerseits ist ihnen beiden das höhere intellektuelle Reflexionsniveau, der Freiheitsdrang und die Menschenliebe[146] gemeinsam, andererseits aber differieren ihre emotionalen Einstellungen zum Leben, ihre Interessen, Verhaltensformen und Eigenarten. Während in die-

---

[143] Daase, Christopher, »Da läugne einer die Vorsehung«. Zur komischen Bedeutung der Valerio-Figur in *Leonce und Lena*. In: (Hrsg.) Dedner, Burghard/Oesterle, Günter, Zweites Internationales Georg Büchner Symposium 1987, Frankfurt am Main 1990, S. 392.

[144] Mayer. S. 25/31.

[145] Ebd., S. 21.

[146] Vgl. Mayer. S. 86:
„Valerio. [...] es wird ein Dekret erlassen, daß wer sich Schwielen in die Hände schafft unter Kuratel gestellt wird, daß wer sich krank arbeitet kriminalistisch strafbar ist, daß Jeder der sich rühmt sein Brod im Schweiße seines Angesichts zu essen, für verrückt und der menschlichen Gesellschaft gefährlich erklärt wird".
Vgl. Mayer. S. 68:
„Leonce. Weißt Du auch, Valerio, daß selbst der Geringste unter den Menschen so groß ist, daß das Leben noch viel zu kurz ist, um ihn lieben zu können?"

sem Sinne Mac Ewen Valerio als „Leonce's alter ego"[147] betrachtet, setzt für Martens diese Figur „Kontraste zur prinzlichen Langeweile-Problematik: faul aus Vitalität, sinnenfroh-materialistisch, unbekümmerter Naturbursche neben hamletischem Grübler, ein Bruder Lustig neben dem blassen Melancholiker."[148] Das partnerschaftliche Verhältnis dieser beiden annähernd konkomitanten Figuren lebt also auch vom Kontrast und der Gegenrede, lässt aber trotzdem ein gutes, beinahe wortloses Verständnis füreinander nicht missen:

> „Valerio (stellt sich dicht vor den Prinzen, legt den Finger an die Nase und sieht ihn starr an). Ja!
> Leonce (eben so). Richtig!
> Valerio. Haben Sie mich begriffen?
> Leonce. Vollkommen."[149]

Der eindringliche Charakter dieser ersten Begegnung ergibt sich aus dem Zusammenspiel von Körpersprache und zurückgenommener Rede. Die wenigen Worte, die ausgetauscht werden, bestätigen nur, was in einem kurzen Augenblick tiefsten gegenseitigen Erkennens bereits allein durch Gestik und Mimik ihren sinnfälligsten Ausdruck findet: stillschweigendes, direktes gegenseitiges Einverständnis. Die beiden, die sich in unmittelbarster Nähe einander plötzlich gegenübertreten, verharren mit starrem Blick[150] scheinbar wie gebannt vor einem Spiegelbild. Leonce wiederholt die Geste seines Gegenübers und verlässt am Ende der Szene mit ihm „Arm in Arm"[151] die Bühne. Der Prinz wird auch späterhin die Fluchtbewegung, aus der heraus der Deserteur Valerio **in** den höfischen Bezirk einbricht, aufnehmen und sie durch die Flucht **über** dessen Grenzen hinaus fortführen.

Einen hohen intellektuellen Horizont und das Vermögen, einen Kontrapunkt zu setzen, zeichnet nicht nur – wie oben ausgeführt – Valerio, sondern auch allgemein den Hofnarren aus. Valerio scheint sich selbst einzugestehen, dass seine „Vernunft"[152] ihn daran hindert, ein natürlicher Narr in einem „Narrenhaus"[153] (bzw. in zweiter Bedeutung: ein einfacher Höfling im Hofstaat) zu werden. Nur

---

[147] Mac Ewen, Leslie, The Narren-motifs in the works of Georg Büchner, Bern 1968, S. 16.
[148] Martens, Wolfgang, Büchner. Leonce und Lena. In: (Hrsg.) Hinck, Walter, Die deutsche Komödie. Vom Mittelalter bis zur Gegenwart, Düsseldorf 1977, S. 157.
[149] Mayer. S. 25.
[150] Vgl. ebd., S. 23: „Valerio. (ihn [st<arr>] immer starr ansehend)"
[151] Ebd., S. 31.
[152] Ebd.
[153] Ebd., S. 29.

der künstliche Narr (Hofnarr) vermag Intelligenz und „Narrheit"[154] miteinander zu vereinen. In seiner „Rechtsgeschichte der Hofnarren"[155] bewertet Ameluxen es als einen „immer noch [...] verbreitete[n] Irrtum, daß alle Hofnarren Krüppel, missgestaltete Zwerge, Geistesschwache oder gar Geisteskranke gewesen seien. Die großen geschichtlichen Figuren dieser Zunft waren das keineswegs. Es befinden sich unter ihnen eminent kluge Männer, die sich bewußt unter der Narrenkappe tarnen und verstecken, weil sie sonst ihre Botschaft nicht verkünden, ihren Einfluß nicht gezielt ausüben könnten. Der bewußte Anschein der Torheit bringt sie ans Ziel."[156]

Ausgestattet mit der Narrenweisheit sowie dem „Rechtsprivileg des offenen Wortes und der Redefreiheit, auf dem die ganze historische Bedeutung des Hofnarrentums beruht"[157], kann Valerio sein Talent zum Wider-Spruch und Gegen-Bild scheinbar ungefährdet ausleben: „Valerio has freedom of movement, thought, and speech. These liberties comprise the essential element of his job."[158] So verhält er sich am Hofe unanständig[159] und bedient sich einer mitunter sehr zweideutigen Sprache.[160] Doch als Hofnarr ist es ihm in stärkerem Maße erlaubt, sich selbst treu zu bleiben und die sittlichen Normen zu verletzen, da er sich außerhalb der Etikette und den sozialen Ordnungen bewegt.

3.2. Valerio – der Individualist aus dem Volk

Valerio wird zwar nicht, wie schon kurz zuvor näher ausgeführt wurde, explizit einer gesellschaftlichen Schicht zugeordnet, doch gibt er sich als ein Mit-Leidender des Volkes zu erkennen. Seine Zugehörigkeit zum Volk zeigt sich unter anderem an seinen eher niederen Bedürfnissen und Verhaltensweisen.[161] Auch er ist zur Dienstbarkeit gegenüber den Herrschenden verpflichtet und muss beispielsweise im 2. Akt als „Pack"träger dem Prinzen zur Seite stehen. „Der Pack, den Valerio trägt, ist [...] das Ding, wodurch Leonce ihn in die Stellung des

---

[154] Ebd., S. 27.
[155] Ameluxen, Clemens, Zur Rechtsgeschichte der Hofnarren, Berlin/New York 1991.
[156] Ebd., S. 8.
[157] Ebd., S. 7.
[158] Mac Ewen, Leslie, The Narren-motifs in the works of Georg Büchner, Bern 1968, S. 15.
[159] Vgl. Mayer. S. 41: „Valerio. [...] Ich habe nur noch ein Stück Braten zu verzehren, das ich aus der Küche, und etwas Wein, den ich von ihrem Tische gestohlen."
[160] Vgl. ebd., S. 42: „Valerio. [...] Doch setzte er das Horn nicht so oft an die Lippen"
[161] z. B. Mayer. S. 41: „Leonce. Das schmatzt. [...] grunze nicht so mit deinem Rüssel, und klappre mit deinen Hauern nicht so."

Abhängigen und Leidenden bringt."[162] Aus der handschriftlichen Eingangsszene geht außerdem hervor, dass er zum Militärdienst verpflichtet ist und „schon seit 8 Tagen ein*em* Ideal von Rindfleisch nach[läuft], ohne es irgendwo in d. Realität anzutreffen."[163] Es sind vor allem die Vitalbedürfnisse und Ideale eines Schlaraffen (Nahrung, Wein, Muße), um die sein Denken und Handeln immer wieder kreisen und die ihn eher als einen Mann aus dem Volk ausweisen. Gerade die utopischen Entwürfe des Schlaraffenlands legen ihren Akzent auf die Fülle der Gaumengenüsse, die „*Kommunität der Nahrungsgüter*"[164] und den „*Triumph des Bauches*"[165]. „Von einem Land, wo *jeder zu essen habe*, wird dort geträumt, wo es ganz anders ist. Die Heimat der kulinarischen Schlaraffenland-Phantasien ist das *Land des Hungers*".[166] Die Schlaraffenlandutopie und Valerios Worte lassen sich gleichermaßen als Negation der Arbeit verstehen:

> „Valerio (mit Würde.) Herr, ich habe die große Beschäftigung, müßig zu gehen, ich habe eine ungemeine Fertigkeit im Nichtsthun, ich besitze eine ungeheure Ausdauer in der Faulheit."[167]

Richter betont, dass „in den Schlaraffenland-Schilderungen ein Motiv besonders hervorgehoben [wird]: das der *Faulheit* und des *Gewinnmachens* durch Faulsein".[168] Diese Topoi finden sich auch in Valerios folgenden Worten aus den Handschriftenfragmenten wieder:

> „Valerio.[...] Herr, es giebt nur drei Arten, sein Geld auf eine menschliche Weise zu verdienen, es finden, in der Lotterie gewinnen, erben oder in Gottes - Namen stehlen".[169]

Dass Valerio einem solchen Schlaraffenland-Ideal nachzuhängen scheint, klingt auch in Leonces Aufbruchsplan im 1. Akt an, wenn dieser die Figur des scheinbar glücklich lebenden Bettlers heraufbeschwört und ihr den Namen Valerios folgen lässt:

> „Leonce. [...] Ein Lazzaroni! Valerio! ein Lazzaroni!"[170]

---

[162] Sieß, Jürgen, Zitat und Kontext bei Georg Büchner. Eine Studie zu den Dramen „Dantons Tod" und „Leonce und Lena", Göppingen 1975, S. 65.
[163] Mayer. S. 24.
[164] Richter, Dieter, Schlaraffenland. Geschichte einer populären Phantasie, Köln 1984, S. 31.
[165] Ebd. S. 30.
[166] Ebd. S. 31.
[167] Mayer. S. 31.
[168] Richter, Dieter, Schlaraffenland. Geschichte einer populären Phantasie, Köln 1984, S. 39.
[169] Mayer. S. 23.
[170] Mayer. S. 48. Vgl. hierzu Neuer Kommentar, zu 48. 15-16 I/3: „Die Lazzaroni, »arme Leute, Bettler, Straßenpöbel in Neapel und Sicilien« (Heyse II, 30) [...] Volkmann hatte in seinen verbreiteten »Historisch-kritisch<n> Nachrichten aus Italien« (III, 146) mißbilli-

In Büchners „Dantons Tod" tritt in der 2. Szene des 2. Aktes eine solche glückliche Bettlergestalt tatsächlich auf:

> „Ein Bettler. *singt* Eine Handvoll Erde
> Und ein wenig Moos [...]
> Erster Herr. Kerl arbeite, du siehst ganz wohlgenährt aus.
> Zweiter Herr. Da! *Er giebt ihm Geld.* Er hat eine Hand wie Sammt. Das ist unverschämt.[...]
> Bettler. Ihr habt Euch gequält um einen Genuß zu haben, denn so ein Rock ist ein Genuß, ein Lumpen thut`s auch."[171]

Das „*Lob der faulen Haut*"[172] bzw. die gewinnbringende Faulheit sind Kennzeichen der Schlaraffenland-Entwürfe, die die Büchnerschen Figuren mitunter aufgreifen.

Es scheint mir nun, dass Valerio als gewitzter Schauspieler in einer modifizierten Form die Rolle des Volkes **bewusst** zu verkörpern und zu vergegenwärtigen versteht. Hunger, Dienstbarkeit und Unmanierlichkeit sind einige jener charakteristischen Merkmale des Volkes, die Valerio mitunter sehr auffällig zur „Schau" stellt. Er scheint den vitalen Bedürfnissen nicht bewusstlos und stumm ausgeliefert zu sein wie die Bauern, die sich entlang den Ausdünstungen der königlichen Küche widerstandslos aufstellen lassen. Er vermag statt dessen diese Bedürfnisse sprachlich, sogar sprachspielerisch-ironisch ins Bewusstsein zu heben. Im Gesamtwerk Georg Büchners vermögen die Repräsentanten des Volks wegen ihrer sozialen und politischen Bewusstlosigkeit – beispielsweise die Hauptfigur seines Dramas „Woyzeck"(1835)[173] – ihre unterdrückte gesellschaftliche Stellung zumeist nicht zu erkennen, geschweige denn zu verändern. Valerio hingegen vermag der eigenen Situation bewusst zu werden. Er legt sie jedoch nicht als ein nur klassenspezifisches Phänomen aus, sondern deutet sie als eine allgemein existentielle Gegebenheit:

> "Valerio. Teufel! da sind wir schon wieder auf der Gränze;[...] Sehen Sie Prinz ich werde philosophisch, ein Bild des menschlichen Lebens. Ich schleppe diesen Pack mit

---

gend festgestellt: »Es giebt in Neapel zwischen dreißig und vierzigtausend müßige Leute, welche keine bestimmten Geschäfte haben, und auch nicht verlangen. Sie brauchen einige Ellen Leinwand zur Kleidung, und etwa sechs Pfennige zu ihrem Unterhalt. In Ermangelung der Betten liegen sie des Nachts auf Bänken, und heißen daher spottweise Banchieri oder Lazaroni. Sie verachten alle Bequemlichkeiten des Lebens mit storischer Gleichgültigkeit.«".

[171] Lehmann I. S. 34 f.
[172] Richter, Dieter, Schlaraffenland. Geschichte einer populären Phantasie, Köln 1984, S. 39.
[173] Vgl. Wetzel, Heinz, *Dantons Tod* und das Erwachen von Büchners sozialem Selbstverständnis. In: Deutsche Vierteljahrsschrift für Literaturwissenschaft und Geistesgeschichte 50 (1976), S. 447.

wunden Füßen durch Frost und Sonnenbrand, weil ich Abends ein reines Hemd anziehen will und wenn endlich der Abend kommt, so ist meine Stirn gefurcht, meine Wange hohl, mein Auge dunkel und ich habe grade noch Zeit, mein Hemd anzuziehen, als Totenhemd."[174]

Mit dem Erreichen und Überschreiten der „Gränze", die hier zugleich politisch und epistemologisch konnotiert zu sein scheint, kann auch die eigene Befangenheit abgelegt und der größtmögliche Abstand gegenüber dem persönlichen und sozialen status quo ante eingenommen werden. Letztendlich kann auch ein Resümee nicht nur des eigenen bisherigen Lebens, sondern der menschlichen Existenz überhaupt gezogen werden. Unter seinem allegorisierenden Blick wird das Tragen des Packs zu einer symbolischen Geste, mit der Valerio das Leben der leidtragenden Menschen beklagt. Ihm ist bewusst, dass der Mensch sich knechten lässt in der Erwartung einer glücklicheren Zukunft, die durch die erduldende und passive Haltung beständig in die Ferne rückt und so letztendlich ein unerreichbares Ziel darstellt. Einen ähnlichen Gedanken äußert auch die Hauptfigur in Büchners Erzählung „Lenz":

> "Immer steigen, ringen und so in Ewigkeit Alles was der Augenblick giebt, wegwerfen und immer darben, um einmal zu genießen; dürsten, während einem helle Quellen über den Weg springen."[175]

Ein fernes Glück vermag durch das fortwährende eigene Opfer nicht erkauft und erhofft zu werden. Die leidvolle Gegenwart dauert unablässig. Deswegen rückt für Lenz der Eigenwert und Selbstzweck des Jetzt und das momentane Ich mit seinen individuellen Bedürfnissen ins Zentrum seiner Gedanken. Auch Valerio verspürt das für das wirkliche Volk völlig fremde Selbstbewusstsein. Er sucht jede günstige Gelegenheit auszunutzen, die ihm eine unmittelbare oder baldige Verwirklichung seiner eigenen gegenwärtigen Interessen verspricht. So getraut er sich beispielsweise ein „Stück Braten"[176] aus der königlichen Küche zu stehlen und ein Ministeramt für sich auszuhandeln, indem er zugleich den (Tausch-)Wert seiner Kupplerdienste ins Bewusstsein des Prinzen rückt: „Valerio versteht sich aufs Tauschen, und der tauschbare Besitz gilt außerhalb des Hofes mehr als Rang und Name. Er tritt dem Leonce nicht mehr als Diener gegenüber, sondern als Gleicher; der dem Herrn Dienste schuldete, kann jetzt sein Können und seine Erfahrung als Besitz in den Tausch geben."[177]

---

[174] Mayer. S. 55 f.
[175] Lehmann I. S. 89.
[176] Mayer. S. 41.
[177] Sieß, Jürgen, Zitat und Kontext bei Georg Büchner. Eine Studie zu den Dramen „Dantons Tod" und „Leonce und Lena", Göppingen 1975, S. 88.

Valerio begreift die Notwendigkeit der Macht, um die gesellschaftliche Ordnung und den Stellenwert der eigenen Persönlichkeit in ihr zu verändern. Er verkörpert einen gewitzten Individualisten aus dem Volk, der die gegenwärtige soziale Ungerechtigkeit erkennt und den gesellschaftlichen Einfluss zu erringen sucht, um seine persönliche Lage zu verbessern. Er macht politische Karriere, um vielleicht auch gesamtgesellschaftlich wirken bzw. die Missstände bekämpfen zu können. „Valerio, der die Zusammenhänge in ihren praktischen Auswirkungen begreift, hat einen Zynismus anderer Art entwickelt; bei ihm verbindet er sich mit einem aufs Praktische gerichteten Opportunismus. Er setzt der Immoralität des brutalen Systems diejenige des erfindungsreichen Individuums entgegen, dessen Lebenswille durch die akute materielle Not angestachelt ist."[178] Das Ministeramt stellt diese erstrebte Machtposition dar. Valerio zeichnet sich also durch einen starken Willen zur politischen Teilnahme aus. Sein politischer Habitus wird auch in der Wahl seiner Lieder kenntlich gemacht:

> „Valerio. [...] Seht, Herr, ich könnte mich in eine Ecke setzen und singen vom Abend bis zum Morgen: "Hei, da sitzt e Fleig' an der Wand! Fleig' an der Wand! Fleig' an der Wand!" und so fort bis zum Ende meines Lebens."[179]

Voss verweist auf die „politisch[e] Relevanz d[ies]es Liedes"[180], das zu Büchners Zeiten offensichtlich von Oppositionellen beim plötzlichen Auftauchen der Polizei gesungen wurde. Nur im Spiel des Narren kann der Widerstand bzw. die Kritik an höfischen und bürgerlichen Werten und Normen[181] gefahrlos vorgeführt werden.

Während sich die Bauern und die Diener des Königs dem Willen der Autorität knechtisch unterzuordnen scheinen, wagt Valerio, seine Meinung frei zu äußern. Zum Schutz der eigenen Person scheint Valerio seine wahre Identität niemals vollends preiszugeben. Die nicht enden wollende Demaskierung im letzten Akt enthüllt nicht seine Persönlichkeit, sondern stellt allenfalls die sozialen Rollenzwänge und die Unnatürlichkeit der Verhaltensmaßregeln bloß.

---

[178] Wetzel, Heinz, Das Ruinieren von Systemen in Büchners *Leonce und Lena*. In: Georg Büchner Jahrbuch 4 (1984), S. 157.
[179] Mayer. S. 25.
[180] Voss, E. Theodor, Arkadien in Büchners *Leonce und Lena*. In: (Hrsg.) Dedner, Burghard, Georg Büchner. Leonce und Lena. Kritische Studienausgabe. Beiträge zu Text und Quellen von Jörg Jochen Berns/Burghard Dedner/Thomas Michael Mayer/E. Theodor Voss, Frankfurt am Main 1987(künftig zitiert: Voss (1987)), S. 340.
[181] Vgl. hierzu das Kapitel V.1. dieser Arbeit.

3.3. Valerios Bild des Königtums

In diesem Kapitel soll die Fragestellung erörtert werden, welches Bild und welches Urteil sich Valerio von seinem Königtum, dessen Regierung und Oberhaupt macht.

In der 1. Szene des 2. Aktes versucht Valerio die politische Struktur seines Landes bildhaft zu veranschaulichen:

> „Valerio. Teufel! da sind wir schon wieder auf der Gränze; das ist ein Land wie eine Zwiebel, nichts als Schaalen, oder wie ineinandergesteckte Schachteln, in der größten sind nichts als Schachteln und in der kleinsten ist gar nichts."[182]

Diese Umschreibung der Aufteilung des Landes in mehrere offenbar kleinstaatliche Territorien kann als satirische Anspielung Büchners auf den lose gefügten deutschen Staatenbund bzw. die Zergliederung Deutschlands in 30 Einzelstaaten verstanden werden.[183] In der geschichtlichen Realität setzte sich diese territoriale Zergliederung auch auf der Ebene eines Großherzogtums wie Hessen fort und zeitigte Konsequenzen in Administration, Rechtsprechung und Gesetzgebung:

> „A. Verwaltungs=Eintheilung. 1. Administrativ=Verwaltung. Der Lage nach zerfällt das Großherzogthum in drei, sehr ungleiche Theile, welche den Namen Provinzen führen; nemlich: 1) Provinz Starkenburg, 2) - Rheinhessen, 3) - Oberhessen. [...] Einer jeden dieser drei Provinzen ist eine Administrativ=Behörde vorgesetzt, welche den Namen Provinzial=Regierung führt. Jede Provinz besteht wieder aus Unterabtheilungen, die diesseits Landraths=Bezirke, jenseits Cantone heißen. Das Ganze besteht aus 40 solcher Abtheilungen"[184]

Es liegt somit die Vermutung nahe, dass Büchner das politisch-historische Phänomen der Vielstaaterei in der genannten Textpassage literarisch verarbeitet. Mit dem Durchschreiten der einzelnen Territorien (bzw. der „Zwiebelringe" und der einzelnen Schichten der „Schachtelung") werden auch die politischen Grenzen überschritten, die diese staatlichen Gebilde und deren jeweilige Gesetzgebungen voneinander trennen. Auch die Rechtssprechung im Deutschen Bund ist keine einheitliche, sondern sie ist vielmehr gebunden an die Machthabenden der Teilländer und wird von diesen unterschiedlich ausgeübt.[185] Der Landesherrscher, der

---

[182] Mayer. S. 55.
[183] Vgl. Neuer Kommentar, zu 55. 11: *Land wie Zwiebel]* „Satire auf die Aufteilung Deutschlands in Kleinstaaten."
[184] Wagner, Georg Wilhelm Justin, Statistisch=topographisch=historische Beschreibung des Großherzogthums Hessen, Darmstadt 1831, S. 171.
[185] Vgl. Spangenberg, Ilse, Hessen-Darmstadt und der Deutsche Bund 1815-1848, Darmstadt 1969, S. 20: „Die schärfste Trennungslinie stellte die Verschiedenheit der Justiz- und Verwaltungsgesetzgebung zwischen Rheinhessen einerseits und den Provinzen Starkenburg und Oberhessen andererseits dar."

zugleich das Richteramt übernimmt, urteilt nach Gesetzen, die vornehmlich den Interessen der Herrschenden und weniger dem Wohl des Volkes dienen.

In der 3. Szene des 1. Aktes äußert Valerio seine Auffassungen über das Amt des Königs und dessen Aufgaben:

> „Valerio. Nun Sie sollen König werden, das ist eine lustige Sache. Man kann den ganzen Tag spazieren fahren und den Leuten die Hüte verderben durch`s viele Abziehen, man kann aus ordentlichen Menschen ordentliche Soldaten ausschneiden, so daß Alles ganz natürlich wird, man kann schwarze Fräcke und weiße Halsbinden zu Staatsdienern machen"[186]

Valerio imaginiert an dieser Stelle das Leben des Königs als ein müheloses und unbeschwertes, fern von körperlicher Arbeit.[187] Das Abziehen der Hüte ist weniger als ein Akt der Ehrerbietung denn als eine eingeschliffene, fast reflexartige Geste zu verstehen. Zu dieser Geste sieht sich das Volk verpflichtet und gezwungen. Er führt sie zum Selbstschutz aus. So wie dem König in der Kutsche während seines Passierens der Menge die einzelnen Menschen und deren spezifische Belange schnell wieder aus dem Blickfeld geraten, so entschwinden sie ihm auch von der „Höhe" seines Amtes aus.

Valerio macht in dieser Replik auch auf den Uniformzwang für alle Staatsdiener aufmerksam. In diesem Zusammenhang gilt die Aufmerksamkeit des Königs allenfalls noch der Menschenmenge und ihrer gleichförmigen Funktionalisierung für den Staat, ihrer „Maßschneiderung" für staatstragende Aufgaben. Der König vermag Teilen des Volks seine Rollen zuzuweisen und sie würdelos nach eigenem Gutdünken „zuzuschneiden".

Die Eigenarten der Macht und die Bedeutung des Titels werden von Valerio in einer seiner Narrenphantasien karikiert:

> „Valerio.[...] Ha, ich bin Alexander der Große! Wie mir die Sonne eine goldne Krone in die Haare scheint, wie meine Uniform blitzt! Herr Generalissimus Heupferd, lassen Sie die Truppen anrücken! Herr Finanzminister Kreuzspinne, ich brauche Geld! Liebe Hofdame Libelle, was macht meine theure Gemahlin Bohnenstange? Ach bester Herr Leibmedicus Cantharide, ich bin um einen Erbprinzen verlegen. Und zu diesen köstli-

---

[186] Mayer. S. 46 f.
[187] Neuer Kommentar, zu 46. 15: „*Man kann den ganzen Tag spazieren fahren und den Leuten die Hüte verderben durch`s viele Abziehen [...]*: eine Darmstädter Reminiszenz: Ausgedehntes Spazierenfahren bei jedem Wetter war eine der Angewohnheiten in den letzten Lebensjahren des am 6. April 1830 75 jährig verstorbenen Großherzogs Ludewig I. von Hessen-Darmstadt. In einem Nekrolog (Dresden-Leipziger Abendzeitung 26./27. Apr. 1830; auch als Separatum Darmstaat 1830) heißt es: „Unvergeßlich wird uns der Anblick des verehrten fürstlichen Greises seyn, wie er, nach seiner Gewohnheit, unbedeckten, gebeugten Hauptes links und rechts noch mühselig dankend, so oft grüßend durch die Straßen fuhr."

chen Phantasieen bekommt man gute Suppe, gutes Fleisch, gutes Brod, ein gutes Bett und das Haar umsonst geschoren – im Narrenhaus nämlich"[188]

Mit der imaginierten Aneignung des Herrschertitels vollzieht sich zugleich eine ausgedehnte Metamorphose des Träumers und seines Umfeldes. Die in der Fantasievorstellung gewandelte Umwelt ist um die Gestalt des Titelträgers zentriert. Indem sie sich ihm beiordnet bzw. seine Äußerungen, Anliegen und Befehle entgegennimmt, stellt sie seine Gestalt zugleich in den Mittelpunkt der Traum-Szenerie.

Valerios Narrenphantasien stellen die Lächerlichkeit und Unmenschlichkeit[189] des Hofstaates bloß und ironisieren die Unmäßigkeit der Machtausübung, deren Zweck nur in sich selbst zu liegen scheint. Die Selbstbeweihräucherung des Herrschers vollzieht sich mit der gleichzeitigen Verfügung über die anderen. Er glaubt sich an keine Pflicht und moralische Ordnung gebunden und trägt kein Verantwortungsbewusstsein, das jede geordnete Staatsführung zu lenken hätte, fordert aber andererseits bedingungslosen Gehorsam und Pflichterfüllung von seinen Mitmenschen. Mit dem Königstitel wird dem fantasierenden Valerio zugleich seine Macht verliehen. Die Wahrnehmung und Empfindung der Natur wandelt sich mit der sozialen Stellung des Wahrnehmenden. In Valerios Imagination erscheint die Sonne und ihre Strahlung nicht nur als ein natürlicher Tatbestand der fiktiven Welt, sondern sie ist zugleich als ein emotional aufgeladenes und sinnbildhaft bedeutendes Element mit der Alexanderfigur in Relation gesetzt. Die Sonnen-Bildlichkeit auratisiert, segnet und krönt den Titelträger wie eine Aureole. In dieser veranschaulichten Idealisierung und Vergöttlichung des Herrschers drückt sich die ideologische Vorstellung seines Gottesgnadentums aus. Die Ständeordnung wird als eine von Gott gewollte Seinsweise betrachtet, denn die Gliederung der Gesellschaft in Stände hat nicht nur die politischen, sondern auch die theologischen Betrachtungen durchdrungen. Im Kontrast dazu erscheint dem Bauernvolk das Naturphänomen der Sonne weniger als ein zusätzlicher Bedeutungsträger oder als sein positives Attribut, sondern es rückt nur durch

---

[188] Mayer. S. 27/29.

[189] Neuer Kommentar, zu 27.7 *Generalissimus Heupferd*] ein literarisches Vorbild ist nicht nachgewiesen, jedoch galten Heupferde- bzw. Heuschreckenschwärme im Volksglauben als Vorboten des Kriegs.
zu 27. 9 *Finanzminister Kreuzspinne*] als blutsaugendes Tier häufiger in Fürstensatiren [...].
- Vgl. mit derselben satirischen Bedeutung HL (MA 50/51): *Der Fürst ist der Kopf des Blutigels*.

die negative Einflussnahme bzw. die Hitze der Sonne auf seine körperliche Verfassung ins Bewusstsein.[190]

In dem großen Saal des Schlosses trägt Valerio in der 3. Szene des 3. Aktes vor dem König und den anwesenden „geputzten Herren und Damen" folgende Bitte vor:

„Valerio. [...] verstecken sie ihre blanken Knöpfe etwas"[191]

In dieser Aufforderung, die wohl auch dem König gilt, spielt Valerio vermutlich auf die Verstellungsstrategien der Macht an. Die prachtvolle Aufmachung der Herrschaft und das Glamouröse ihrer äußeren Hülle verfälscht und „blendet" den Blick auf ihre verborgene und wahre Identität. Büchner äußert sich über den Schmuck und Prunk der Macht auch in „Der Hessische Landbote":

"mit Orden und Bändern decken sie ihre Geschwüre und mit kostbaren Gewändern bekleiden sie ihre aussätzigen Leiber."[192]

Auch die Titulierung, die Standeszugehörigkeit und der Beruf vermögen das wahre Wesen einer Person zu verhüllen. Durch den Königstitel wird die Wahrnehmung und Beurteilung seines Trägers manipuliert, der sich hinter der öffentlichen Fassade seines Titels verbirgt. Valerio hingegen will die eigentliche Persönlichkeit des Königs unabhängig von seiner sozialen Stellung und ihren Konnotaten aufdecken und beurteilen.

In seiner Tagtraumerzählung stellt Valerio Momente eines königlichen Schlaraffenlebens bildlich vor Augen. Valerio kann als Repräsentant des hungernden Volkes das angenehme Leben der Mächtigen nur im außergesellschaftlichen Bezirk der Phantasie genießen und ausleben. Die residualen Bedürfnisse können nur in der Imagination befriedigt werden. Die Mangelzustände im Volk rücken währenddessen nicht ins Bewusstsein der Mächtigen, da sie jenseits ihrer Vorstellungssphäre liegen und nie selbst von ihnen erfahren wurden.

---

[190] Mayer. S. 72: „Schulmeister. Sie halten sich so gut in ihren Leiden [...], sonst könnten sie sich in der Hitze unmöglich so lange halten."
[191] Ebd., S. 79.
[192] Lehmann II. S. 44.

V. DIE RESTRIKTIVEN NORMEN DER GESELLSCHAFT

1. Valerios Schaustellung und Beurteilung der höfischen bzw. bürgerlichen Werte und Normen

In dem folgenden fünften Kapitel dieser Arbeit sollen die in Büchners Lustspiel vielfältig aufgegriffenen höfischen und bürgerlichen Verhaltensmaßregeln und die mit ihnen verknüpften Werte präziser bestimmt werden. Außerdem sollen die Beziehungen der einzelnen Figuren zu den Kodizes bzw. den reglementierten Umgangsformen der Hofgesellschaft näher erörtert werden.

Als ein erster plausibler Anknüpfungspunkt eignet sich der Dialog zwischen dem König und Valerio in der letzten Szene des Stücks. In diesem Dialog bringt Valerio sein Verständnis der höfischen und bürgerlichen Umgangsformen nicht nur mehr oder weniger explizit zur Sprache, er illustriert es auch durch eine spektakuläre Performance.

In einer Teichoskopie wird die Annäherung der Figurengruppe (Valerio, Leonce, Lena und die Gouvernante) an das königliche Schloss von dem Ersten Bediensteten aufmerksam beobachtet und berichtet. Kurz danach stellt der König mit dem darauf folgenden Ein- und Auftritt des maskierten Valerio in den höfischen Bezirk des Schlosses gleich zu Beginn des Dialogs die kurze und bündige Frage nach seiner Identität:

„Peter. Wer seyd Ihr?
Valerio. Weiß ich's? (Er nimmt langsam hintereinander mehrere Masken ab.) Bin ich das? oder das? oder das?[...]
Peter. (Verlegen.) Aber – aber etwas müßt Ihr dann doch seyn?[...]
Peter. Der Mensch bringt mich in Confusion, zur Desperation. Ich bin in der größten Verwirrung."[193]

In den zwischenmenschlichen und (hof)gesellschaftlichen Beziehungen erfüllt der Name und die Herkunft der Kommunikationsteilnehmer eine wichtige Funktion. Offensichtlich „braucht der Mensch als Glied der Gesellschaft Namen im Rahmen der zwischenmenschlichen Verständigung."[194] Die vom König geforderte Preisgabe des Namens bzw. der nationalen, sozialen und kulturellen Her-

---

[193] Mayer. S. 79 f.
[194] Laur, Wolfgang, Der Name. Beiträge zur allgemeinen Namenkunde und ihrer Grundlegung, Heidelberg 1989, S. 157.

kunft soll dem eingedrungenen Fremden die Aura des Dubiosen und Virulenten nehmen und ihn für den König und seinen Hof taxierbar machen. Doch Valerio verweigert sich der Identifikationshandlung. Er unterläuft die Enthüllung seines „wahren Gesichtes" durch den Akt der fortwährenden Entmaskierung, bei dem sich beständig jede scheinbare äußere **Ent**hüllung zugleich als neue **Ver**hüllung herausstellt. Mit dem strikten Vorenthalten des eigenen Namens, des eigenen Gesichtes und seiner Herkunft entzieht er sich zunächst als weiterhin „anonyme" und „vielgesichtige" Gestalt dem ideellen Zugriff auf seine Person und einer näheren kommunikativen Verständigung. Der Prozess der Kontaktierung scheint zunächst gestört. Der König gerät in Verwirrung durch die befremdende Rede Valerios. Er wird des Fremdlings nicht habhaft, denn „ohne Namen gibt es für uns keinen rechten Zugriff [...]. Von einem in anonymer Dunkelheit verharrenden Gegenstand oder Wesen könnten wir nicht recht sprechen. Wir könnten es auch nicht richtig erfassen. In der Welt, in der wir uns vorfinden und mit der wir umgehen, gehören Namen dazu. Sonst bliebe sie [...] für uns im Dunkeln."[195]

Anstatt der eigenen Identität erhellt Valerio unter der vorläufigen Maske des Fremdlings in seinem anschließenden Monolog und durch die „Automaten"-Performance das Menschenbild der höfischen und bürgerlichen Welt:

> „Valerio. Aber eigentlich wollte ich einer hohen und geehrten Gesellschaft verkündigen, daß hiermit die zwei weltberühmten Automaten angekommen sind und daß ich vielleicht der dritte und merkwürdigste von beiden bin, wenn ich eigentlich selbst recht wüßte, wer ich wäre [...] man könnte sie eigentlich zu **Mitgliedern der menschlichen Gesellschaft** machen."[196]

Valerios Darbietung und Kommentierung der „Automaten" macht seine eigene Person für den König scheinbar „hoffähig", da ihm nach seiner Präsentation und längeren Replik keine Frage mehr gestellt, vielmehr seine Anwesenheit am Hofe unhinterfragt hingenommen wird. Diese stillschweigende Initiation des „mit schnarrendem Ton"[197] vortragenden „Automaten" Valerio (sowie der beiden anderen „Automaten") in den höfischen Bereich erklärt sich vermutlich aus dem Umstand, dass er zum Wohlwollen des Königs seine eigene Rede und sein eigenes Auftreten mit höfischen Ideologemen anreichert. Berns stellt in diesem Zusammenhang fest, dass es „durchaus kein genuin bürgerliches Pläsier [war], das sich in den veristischen, menschengleich gekleideten und agierenden Puppen realisierte. Mindestens schon seit dem 16. Jahrhundert traten im Zusammenhang höfischer Solennitäten roboterhafte Figuren in Erscheinung.[...] Die Faszination,

---

[195] Ebd., S. 102.
[196] Mayer. S. 80. Hervorhebungen von mir.
[197] Ebd.

die solche Kunstmenschen gerade bei Hofe erregen konnten, bestand wohl darin, daß die höfischen Menschen sich in ihnen spiegeln konnten. Die Automatenrollen, die Valerio dem Prinzen und der Prinzessin zudenkt, gehorchen solchen Regeln. Eben weil sie sich so höfisch-höflich gebärden können, sind diese Automaten in die höfische Gesellschaft zu integrieren."[198] Das höfische, auf Repression, Disziplinierung und Kontrollierung beruhende ideale Menschenbild wird also durch Valerios Verhalten scheinbar bekräftigt und vorgeführt. Zudem bringt er den König auf den Plan der Hochzeit in effigie, in den sofort die „zwei weltberühmten Automaten" eingespannt werden.

Die Büchnersche Gestaltung einer erfolgreichen Aufnahme der Automaten in die höfische Gesellschaft ähnelt E.T.A. Hoffmanns Schilderung der erstmaligen öffentlichen Präsentation der „Tochter" Spalanzanis, des Automaten „Olimpia", in seiner Erzählung „Der Sandmann" von 1815. Die Initiation Olimpias in die hohe Gesellschaft gelingt auch hier, da das Automatenhafte von der Umwelt als Ausdruck ihrer sozialen Normierung gedeutet und damit letztendlich auch als das ihnen Eigene entdämonisiert und sanktioniert wird:

> „da erfuhr er [Nathanael] denn von Siegmund, daß Spalanzani morgen ein großes Fest geben wolle, Konzert und Ball, und daß die halbe Universität eingeladen sei. Allgemein verbreitete man, daß Spalanzani seine Tochter Olimpia, die er so lange jedem menschlichen Auge recht ängstlich entzogen, zum erstenmal erscheinen lassen werde. [...] Die Gesellschaft war zahlreich und glänzend. Olimpia erschien sehr reich und geschmackvoll gekleidet. [...] In Schritt und Stellung hatte sie etwas abgemessenes und steifes, das manchem unangenehm auffiel; man schrieb es dem **Zwange zu, den ihr die Gesellschaft auflegte.**"[199]

Es ist die Karikatur ihrer selbst, die die Festteilnehmer ahnungslos in ihren Kreis mit aufnehmen und in die sich Nathanael verliebt.

Valerio scheint sich jedoch seinen „zwei weltberühmten Automaten", die sinnbildlich den Idealtypus des angepassten Hofmitglieds und Bürgers zur Anschauung bringen und in die das soziale Regelwerk erfolgreich „einprogrammiert" wurde, nicht gleichstellen zu wollen. Statt dessen distanziert er sich von diesem sozialen Typus und bekundet damit indirekt, dass er nicht gewillt ist, sich nach den vorgeschriebenen höfischen Verhaltensmaßregeln zu richten. Schmidt behauptet im Zusammenhang der Automaten-Metaphorik in Büchners Werken, dass „im Bereich der sozialen Thematik [...] das Bild von Marionette und Automat eindeutig negativ [ist]: der Staat als Maschine, die Menschen als Automaten

---

[198] Berns (1987), S. 233-235.
[199] E.T.A. Hoffmann, Der Sandmann. In: (Hrsg.) Steinecke, Hartmut, E.T.A. Hoffmann Nachstücke. Klein Zaches. Prinzessin Brambilla. Werke 1816-1820, Frankfurt am Main 1985, S. 38.

und so weiter. [...] Die automatenhafte Darstellung des Hofes in *Leonce und Lena* bedeutet dessen Kritik als überkommene Staatsform, die von den Automatismen der Konvention am Funktionieren gehalten wird."[200] Valerios distanzierte Haltung zu den höfischen Normen, die auch in seinem sonstigen Verhalten immer wieder durchscheint, ist verschmolzen mit einer Kritik an bürgerlichen Gepflogenheiten (Verhaltensnormen von Mann und Frau, Kleidung etc.). Die Amalgamierung von Höfischem und Bürgerlichem lässt sich als ein prinzipielles Charakteristikum des Lustspiels bestimmen. Es sind die beiden Soziosphären Hof und Bourgeoisie, die immer wieder im Zentrum der Kritik stehen. In diesem Sinne behauptet auch Dedner, dass „Büchner das Puppen- und Marionettenbild durchgängig [nutzt], um das normale Leben der **bürgerlichen und höfischen** Gesellschaft zu beschreiben."[201]

Die Anpassung an die höfischen und bürgerlichen Regeln beispielsweise durch die Aneignung korrekter Umgangsformen und eines disziplinierten Auftretens wird von Valerio als ein vollendeter Prozess der Automatisation verstanden. „Büchner läßt keinen Zweifel daran, daß es gerade die Künstlichkeit der Automaten ist, die ihr b[r]uchloses, passives Einfügen in die nach gleichen Regeln funktionierende menschliche Gesellschaft ermöglicht. Das Determinierende – und für den Menschen Entwürdigende – liegt in der Unterwerfung unter ein disziplinierendes System."[202] Der höfischen und bürgerlichen Welt entspricht in diesem Sinne idealiter der von allen höfischen und bürgerlichen Unarten purifizierte, gleichgeschaltete, willenlose, steuer- und formbare Menschentypus. Dieser bleibt kalkulierbar und damit beherrschbar, sofern er sich in den regelgeleiteten sozialen Rahmen einfügt und darin „funktioniert". Das durch das höfische und bürgerliche Gesetz reglementierte und kontrollierte Subjekt ist nur noch als ein reduziertes, depersonalisiertes und mechanisiertes vorstellbar. Die Automatenmetaphorik verweist somit auch auf die Ausblendung individueller Selbstbestimmung zugunsten der Fremdbestimmung durch das höfische Zeremoniell. Berns bestimmt letzteres als ein „systeminhärentes Zeichenmodell des Absolutismus", das „zu Büchners Lebzeiten – auch und gerade [...] in Darmstadt – noch

---

[200] Schmidt, Axel, Tropen der Kunst. Zur Bildlichkeit des Kunstbegriffs in Georg Büchners „Dantons Tod", „Lenz" und „Leonce und Lena", Neuwied 1991, S. 87.

[201] Dedner, Burghard, Bildsysteme und Gattungsunterschiede in Leonce und Lena, Dantons Tod und Lenz. In: (Hrsg.) Dedner, Burghard, Georg Büchner. Leonce und Lena. Kritische Studienausgabe. Beiträge zu Text und Quellen von Jörg Jochen Berns/Burghard Dedner/Thomas Michael Mayer/E. Theodor Voss, Frankfurt am Main 1987, S. 199. Hervorhebungen von mir.

[202] Ueding, Cornelie, Denken Sprechen Handeln. Aufklärung und Aufklärungskritik im Werk Georg Büchners, Frankfurt am Main 1976, S. 84.

immer vital [war]. [...] Als an a l l e Sinne appellierendes Zeichensystem demonstriert es absolutistische Macht und übt sie ein. Es ist ein Zeichensystem, mittels dessen Herrschaft von Menschen über Menschen versinnlicht, signalhaft demonstriert und ermeßbar gemacht wird."[203] Das höfische und bürgerliche Leben vollzieht sich nach bestimmten gesellschaftlichen Verhaltensregeln, die vom höfischen und bürgerlichen Mitglied im Laufe seiner Sozialisation angeeignet werden müssen. Sofern es sich diesen Regeln gemäß verhält, gilt es als „sehr edel", „sehr moralisch" und „sehr gebildet". Es zeichnet sich als Höfling und Bourgeois mit Prädikat aus:

> „Sie sind **sehr** edel, denn sie sprechen hochdeutsch. Sie sind **sehr** moralisch, denn sie stehen auf den Glockenschlag auf, essen auf den Glockenschlag zu Mittag, und gehen auf den Glockenschlag zu Bett, auch haben sie eine gute Verdauung, was beweist, daß sie ein gutes Gewissen haben. Sie haben ein feines sittliches Gefühl, denn die Dame hat gar kein Wort für den Begriff Beinkleider, und dem Herrn ist es rein unmöglich, hinter einem Frauenzimmer eine Treppe hinauf oder vor ihm hinunterzugehen. Sie sind **sehr** gebildet, denn die Dame singt alle neuen Opern und der Herr trägt Manschetten.[...], der Mechanismus der Liebe fängt an sich zu äußern, der Herr hat der Dame schon einigemal den Shawl getragen, die Dame hat schon einigemal die Augen verdreht und gen Himmel geblickt. Beide haben schon mehrmals geflüstert: Glaube, Liebe, Hoffnung! beide sehen bereits ganz accordirt aus, es fehlt nur noch das winzige Wörtchen: Amen."[204]

Valerio verwendet in dieser Replik wie zuvor der Prinz[205] das Intensitätsadverb „sehr" zur ironischen Kennzeichnung der vortrefflichen Charaktereigenschaften eines höfischen und bürgerlichen Mitglieds. Dieses gilt als „vortrefflich", sofern es den Ansprüchen seiner gesellschaftlichen Sphäre vollends genügt und sich der Etikette fügt. Durch diese soziale Anpassung grenzt es sich zugleich durch seine äußere Erscheinung und sein Verhalten von der außerhöfischen Lebenssphäre ab. Es profiliert sich damit als besondere und sozial höherstehende Person. Doch gerade die Unterscheidungsmerkmale, anhand derer das Hofmitglied und der Bourgeois sich von den übrigen sozialen Bezirken und Schichten abhebt, bestimmen es zugleich als nahezu automatisierte Lebensform. Der ideale Höfling und Bourgeois ist zugleich erlesen und schematisiert, er ist der privilegierte Mechanismus.

Valerio verweist in seiner Rede auch auf spezifische Sprachformen, die innerhalb der Hofgesellschaft gepflegt werden. Die höfische Sprache dient nicht nur der zwischenmenschlichen Kommunikation, sondern soll vor allem den sozialen

---

[203] Berns (1987), S. 223.
[204] Mayer. S. 81. Hervorhebungen von mir.
[205] Mayer. S. 21: „Leonce.[...], daß sie sehr rechtlich und sehr nützlich und sehr moralisch würde?"

Status der Sprachbenutzer signalisieren. Die Normierungen und Standardisierungen der höfischen Umgangsformen greifen auch auf den Sprachgebrauch über: das mundart- und dialektfreie „Hochdeutsch" als von der Umgangssprache deutlich abgehobene Standardsprache gilt als Sprachnorm. Der Hof versucht sich somit auch durch die in ihr kursierenden sprachlichen Erscheinungsformen von der außerhöfischen Sphäre abzugrenzen, indem er die weniger kultivierten niederen Umgangssprachen meidet. Die Sprachschicht signalisiert zugleich die soziale Schicht der Sprechenden.

Die moralische Bewertung des Höflings und des Bourgeois bemisst sich vor allem am Ausmaß seiner Automation bzw. am Funktionieren seiner inneren und äußeren „Mechanik": die schematisierte strenge Ausrichtung und Segmentierung seiner Tagesaktivitäten nach dem zeitlichen Turnus der „Glockenschläge" zeichnet ebenso wie eine „gute Verdauung" seine Moralität aus. Chaos und Krankheit indizieren Immoralität, während Struktur, Disziplin und Gesundheit als Inbegriffe höfischer Moral verstanden werden können. Sittlichkeit, Bildung und Moral referieren weniger auf innere und ideelle Werte, sondern bemessen sich vornehmlich an Äußerlichkeiten.

Auch die Geschlechterbeziehung und die Standeszugehörigkeit des Höflings werden vor allem durch äußere Erscheinungsformen bestimmt. Insbesondere die Bekleidung hat in diesem Zusammenhang eine tragende Bedeutung. Das Verständnis der Geschlechterrollen und die durch sie festgesetzten Machtkonstellationen, die „überlegene Männlichkeit" und „gefügige Weiblichkeit", spiegeln sich in der höfischen Kleiderordnung wider. Man weiß, was getragen werden darf und was nicht, wie man es zu tragen hat und wie vor allem die Bekleidung zu bewerten ist. Die Glaubensvorstellungen, die mit der Geschlechterscheidung verbunden sind, schlagen sich somit auch in der Bekleidung nieder. Diese Unterscheidungen werden durch die höfische Sitte und durch religiöse Gebote geregelt.

Auch die emotionale und sexuelle Beziehung zwischen Frau und Mann vollzieht sich nach bestimmten Regeln. Valerio spricht in diesem Sinne von dem „Mechanismus der Liebe". „Selbst die Liebe der Automaten ist den Hofkonventionen angepaßt".[206] Die Gefühle können nicht frei und selbstbestimmt ausgesprochen und entfaltet werden, vielmehr ist das Gebaren der Liebespartner auf reglementierte und konventionalisierte (sprachliche) Gesten eingeschränkt. Die tradierten Geschlechterrollen – z. B. die Aktivität des Mannes und die Passivität der Frau – werden hierbei bekräftigt. Die Bindung der Mann-Frau-Beziehung an das „feine

---

[206] Berns (1987), S. 235.

sittliche Gefühl" bzw. an höfische und bürgerliche Wertvorstellungen äußert sich im Ausblenden alles Sexuellen und Naturhaften im Umgang miteinander oder in spezifischen sprachlichen oder nonverbalen Kommunikationsformen der Liebespartner.

Letztendlich wird die Liebesbeziehung nicht allein durch die Zuneigung der Partner gerechtfertigt, sondern nur durch die kirchliche Zustimmung, ihr „Amen" sanktioniert. Der „Mechanismus der Liebe" schließt die Heirat und den kirchlichen Segen als notwendige Bedingungen mit ein:

"Valerio.[...] Glaube, Liebe, Hoffnung! beide sehen bereits ganz accordirt aus, es fehlt nur noch das winzige Wörtchen: Amen."[207]

Der ironische Verweis Valerios auf die kirchliche Absegnung der Liebesbeziehung kann auch als Kritik an der kirchlichen Institution verstanden werden.

Als vorläufiges Fazit lässt sich festhalten, dass Valerio die Lebensformen des Hofs, implizit auch die des Bürgertums, als restriktive und auf Äußerlichkeiten bedachte entlarvt, karikiert und kritisiert. „Der Auftritt der Automaten am Hofe des König Peter ist das Bild für die Verzerrung der menschlichen Vermögen und Kräfte als „machine humaine"".[208] Der Höfling bzw. Bürger wird aufgrund seiner Abstammung in die reglementierten Existenzformen seiner Soziosphäre hineingeboren und darin automatisiert. Der Möglichkeit einer individuellen Lebensgestaltung wird dabei der Boden entzogen. Auch die im Hof geachteten Werte orientieren sich vornehmlich an der äußeren Fassade. Standardisierte Sprache, regelgeleitetes Verhalten und vorbestimmte Kleidung sind stets mit sozialen und moralischen Qualitäten aufgeladen und bestimmen auch das Verhältnis der Geschlechter zueinander. In dem „Reich Popo, in dem die Menschen ausschließlich als Funktionsträger erscheinen und a l s   s o l c h e weder Freiheit noch Würde, noch überhaupt Individualität haben"[209], versucht Valerio durch seine Rede und Performance insbesondere das Ideologische und Maskenhafte der in ihm herrschenden Werte hervorzukehren.

---

[207] Mayer. S. 81.
[208] Mosler, Peter, Georg Büchners „Leonce und Lena". Langeweile als gesellschaftliche Bewusstseinsform, Bonn 1974, S. 53.
[209] Wetzel, Heinz, Das Ruinieren von Systemen in Büchners *Leonce und Lena*. In: Georg Büchner Jahrbuch 4 (1984), S. 158.

2. Die Verhaltensnormen der Hofmitglieder

2.1. Die Königsfamilie

Leitmotivisch werden in „Leonce und Lena" die weitgreifenden höfischen Zwänge und die aus ihnen sich ergebenden Rollenkonflikte der Figuren immer wieder mit markantem Bezug auf das Kleiderzeremoniell gestaltet. „Das Kleidersignalement ist im Lustspiel [...] durchgängig bedeutsam."[210] Die Bekleidung wird nicht nur bloß als dem höfischen Regelsystem zugehörig thematisiert, sondern nahezu als Inbegriff höfischer Normierungen und Repressionen hervorgehoben. Es zeigt sich damit für die fiktive höfische Welt in Büchners Lustspiel, dass dort „die Mode ein soziales Regelungssystem eigener Natur darstellt, das sich von anderen Regelungssystemen (wie dem des Brauches, der Sitte, der Konvention, der Moral und des Rechts) nur dem Grad und nicht dem Wesen nach unterscheidet".[211] Sie hat auch entscheidenden Einfluss auf das Gemütsleben der höfischen Mitglieder. Die Standesunterschiede manifestieren sich in den unterschiedlichen Ausprägungen der Bekleidung. Hoftracht und Gesellschaftsrobe bleiben noch lange Zeit verhältnismäßig starr vorgeschrieben. Die Spielräume einer individuellen Einkleidung sind relativ eng.[212]

Die Kleidung ist ein Indikator der sozialen Position ihrer Träger. Die gesellschaftlichen Unterschiede manifestieren sich in der Bekleidung. Dies zeigt sich deutlich an einer bestimmten Stelle im Lustspiel: Den durchlöcherten Jacken und Hosen der Bauern **vor** dem königlichen Schloss werden unmittelbar und kontrastiv die „Geputzte[n] Herren und Damen"[213] **im** Schloss werden unmittelbar und kontrastiv gegenübergestellt. In diesem szenischen Aufeinanderprallen gesellschaftlicher Gegensätze offenbart sich deutlich die „Kleidung als distinktives Merkmal einer gesellschaftlichen Zugehörigkeit".[214] Durch eine betont vornehme Bekleidung sucht sich der Adel von anderen Gesellschaftsschichten abzugrenzen,

---

[210] Berns (1987), S. 239.
[211] König, René, Menschheit auf dem Laufsteg. Die Mode im Zivilisationsprozeß. Mit 34 Abbildungen, Frankfurt am Main/Berlin 1988, S. 51.
[212] Vgl. Petrascheck-Heim, Ingeborg, Die Sprache der Kleidung. Wesen und Wandel von Tracht, Mode, Kostüm und Uniform, 2. neubearbeitete Aufl., Baltmannsweiler 1988, S. 87: „Der Sinn einer Uniform als äußeres Zeichen eines bestimmten Standes ist demnach: Den einzelnen in eine straff von oben gelenkte Gemeinschaft einzuordnen und den individuellen Sinn zu brechen."
[213] Mayer. S. 74.
[214] Amtmann, Juliane, Mode und Moral. Ästhetik und soziale Normen der bürgerlichen Gesellschaft im Spiegel der literarischen Darstellung der Kleidermode des 19. Jahrhunderts, Augsburg 1991, S. 63.

d. h. „die Kleidung übernimmt im gesellschaftlichen Wertegefüge die Funktion, die Lage der sozialen Klassen innerhalb der gesellschaftlichen Struktur und das Verhältnis der einzelnen Schichten zueinander zu symbolisieren."[215] Die Kleidung besitzt besonders im aristokratischen Raum nicht nur ästhetischen Wert, sondern sie signalisiert auch Rangunterschiede und ist mit anderen sozialen Konnotaten aufgeladen.[216] Sie ist Zeichen eines bestimmten Sozialstatus, ein Standesabzeichen und Signum einer inneren Haltung, die mit sittlichen Maßstäben zu messen ist.

Es ist auffallend für Büchners Lustspiel, dass alle Mitglieder der Königsfamilie in einem prekären und schwierigen Verhältnis zu ihrer vorgeschriebenen Kleidung stehen. In der 2. Szene des 1. Aktes wird beispielsweise für den nackten König der Akt seiner Einkleidung selbst zum Problemfall. „Unverkennbar spielt die Szene auf das absolutistische *Lever*, das feierliche Ankleiden des Herrschers an, wie es am Hofe Ludwig XIV. in Versailles zu differenziertester und prunkvollster Entfaltung gekommen war."[217] Nervös verlangt der König nach seinen Bekleidungsstücken, die er sogleich mit der Moral zu verknüpfen scheint:

„Peter.[...], wo ist mein Hemd, meine Hose?[...] Wo ist die Moral, wo sind die Manschetten?"[218]

Die ersehnte Einkleidung kann für ihn nicht schnell genug vonstatten gehen, da sie ihn nicht nur mit den notwendigen Kleidungsstücken ausstaffiert, sondern ihm zugleich auch seine Standesattribute, die Herrschaftszeichen und die „Moral" verleiht.[219] Mit der Einkleidung vollzieht sich für ihn die Rekonstitution und Montage seiner Pseudo-Identität als König, denn die Bekleidung, die in diesem Fall auch der eines Bürgers zu ähneln scheint, besitzt auch für ihn hohen Repräsentations- und Öffentlichkeitswert.

---

[215] Ebd.
[216] Petrascheck-Heim, Ingeborg, Die Sprache der Kleidung. Wesen und Wandel von Tracht, Mode, Kostüm und Uniform, 2. neubearbeitete Aufl., Baltmannsweiler 1988, S. 92: „Aber innerhalb der Aristokratie gab und gibt es auch Rangunterschiede. Diese können bei der Kleidung berücksichtigt werden. In dem Begriff Hofstaat kommt zum Ausdruck, daß er in sich abgeschlossen ist und auch seine eignen Lebensgesetze hat. Wohl gab es keine eignen Adjustierungsvorschriften oder Gesetze, aber die Einhaltung der Etikette ist denen gleich zu setzen."
[217] Berns (1987), S. 240 f.
[218] Mayer. S. 32.
[219] Vgl. Röhrich, Lutz, Das große Lexikon der sprichwörtlichen Redensarten, Bd. 2, Basel/Freiburg/Wien 1992, S. 997: „'Manschetten haben' (die zur Tracht der Adeligen gehörten)"

Insbesondere für Lena ist die höfische Bekleidung weniger eine ersehnte existentielle Notwendigkeit als der Inbegriff äußerer Zwänge und Ausdruck drohender „*Entfremdung: der Verlust der Subjektivität, Ausdruck der Ohnmacht des Menschen, er selbst zu sein, was ihn schließlich vor die Gefahr stellt, seine Identität zu verlieren*"[220] (vgl. das Kapitel II. 3. dieser Arbeit). Sie ist als höfisches Mitglied schon von der Hochzeit bestimmten Bekleidungsregeln unterworfen, d.h. die Kleidung kann nicht nach ihren individuellen Vorlieben ausgewählt werden: sie ist kein natürlich hervorgewachsener Ausdruck ihres Inneren. Während der Ehering sie „wie eine Natter"[221] zu stechen scheint, sieht sie sich selbst mit ihrem Haarkranz und ihrer Kleidung als eine ausgeschmückte Leiche und Gekreuzigte. Die negative Konnotierung ihrer äußeren Hülle wird durch den unmittelbaren negativ aufgeladenen Kontext und durch ein kompliziertes Netz von sprachlichen Bildern[222], auch wenn diese nicht direkt aufeinander bezogen sind, heraufbeschworen. Im Zusammenhang einer bestimmten Bilderkette erscheinen ihre Einkleidung und ihr Schmuck als die einer Toten:

„Kranz im Haar" – (Todes-)„Glocken" – „Rasen [...] über mich" – „eingekleidet" – „Rosmarin"(-zweige als Schmuck bei Begräbnissen) – „Kirchhof" – „Armes Kind" – „bleich" – „blitzenden Steinen"[223]

Lena ahmt auch die Körperhaltung einer aufgebahrten Leiche nach:

„(Sie lehnt sich zurück und schließt die Augen.)"[224]

Zugleich wird die Einkleidung und Schmückung mit einer Kreuzigung assoziiert:

„Kranz im Haar" – „einen Nagel durch zwei Hände" schlagen – „dieser Ring sticht mich" – „Opferlamm" – „gekreuzigter Heiland" – „Dornenkrone" – „Nägel und Speere" – „es tödtet dich"[225]

Die Einkleidung und Schmückung ist für Lena also zugleich Tötungsakt und Todesschmuck. Als Gegenentwurf schwebt ihr offensichtlich eine Bekleidung vor, die ihr wirkliches inneres Wesen wie selbstverständlich nach außen kehren und

---

[220] König, René, Menschheit auf dem Laufsteg. Die Mode im Zivilisationsprozeß. Mit 34 Abbildungen, Frankfurt am Main/Berlin 1988, S. 335.

[221] Mayer. S. 50.

[222] Vgl. hierzu Scheidweiler, Gaston, Die Kontextabhängigkeit der Konnotation, nachgewiesen anhand des semantischen Differentials. In: Muttersprache. Zeitschrift zur Pflege und Erforschung der deutschen Sprache 93 (1983), S. 331: „Die Konnotation variiert unter dem Einfluß der Kontexte. In einem positiv aufgeladenen Kontext wird das Reizwort positiv, in einem negativ befrachteten Kontext negativ eingefärbt."

[223] Mayer. S. 49.

[224] Ebd.

[225] Mayer. S. 49-51.

ausströmen lässt wie ein eigener „Duft und Glanz".[226] Für sie ist eine mit ihrem eigenen Wesen und Wünschen kompatible Kleidung entscheidend. Sie soll ihr das Gefühl des Selbstseins vermitteln. Statt dessen jedoch verliert mit der aufgezwungenen Brautkleidung ihre Identität ihr äußeres Korrelat. Die äußere Hülle ist keine Emanation, ein Von-Innen-nach-Außen-Gekehrtes, sondern Reflexion, ein Von-Außen-Aufgesetztes:

> „Bin ich denn wie die arme, hülflose Quelle, die jedes Bild, das sich über sie bückt, in ihrem stillen Grund abspiegeln muß?"[227]

In Mussets „Fantasio" glaubt sich der König vor dem Fürsten für die unhöfische Bekleidung seiner Tochter entschuldigen zu müssen, denn offenbar liegt ein Verstoß gegen die offizielle Kleiderordnung vor:

> "DER KÖNIG: Fürst, das ist meine Tochter. Verzeiht Ihr dieses Gartenkleid; Ihr seid hier bei einem Bürger, der über andere Bürger herrscht, und unsere Etikette ist für uns ebenso nachsichtig wie für sie.[...]
> ELSBETH: [...] Ich werde Euch, glaube ich, in angemeßnerem Kleid heute abend bei der Vorstellung sehen. *Ab.*
> DER FÜRST: Die Prinzessin hat recht; das nenn ich eine göttliche Schamhaftigkeit."[228]

Diese Nachsichtigkeit der Etikette wird der Prinzessin in Büchners Stück offensichtlich nicht gewährt.

Leonce scheint sich auch der Signalwirkung der Kleidung im höfischen Lebenskontext bewusst zu sein und verweist ebenfalls auf die Assoziierung von höfischer Moral und Mode. In einem kurzen Augenblick schwebt dem Prinzen als für ihn unerreichbare Lebensalternative die unproblematische soziale Eingliederung vor Augen. Diese Eingliederung vollzieht sich durch die Wahl der Kleidung:

> „Leonce.[...] Warum kann ich mir nicht wichtig werden und der armen Puppe einen Frack anziehen und einen Regenschirm in die Hand geben, daß sie sehr rechtlich und sehr nützlich und sehr moralisch würde?"[229]

---

[226] Ebd., S. 50.
[227] Ebd.
[228] Alfred de Musset, Fantasio. In: (Hrsg.) Pustet, Friedrich, Alfred de Musset. Dramen, Übersetzung von Neumann, Alfred/Hahn, Martin/Jacob, Hans/Hauser, Otto/Ronte Liselotte, München 1981, S. 136.
[229] Mayer. S. 21.
Vgl. hierzu auch Thiel, Erika, Geschichte des Kostüms, 7. Aufl., Berlin (O) 1980, S. 312: „Herrscher wie der französische »Bürgerkönig« Louis Philippe tauschten ihren Staats- und Uniformrock gegen den Leibrock ihrer Untertanen und ihren Degen gegen den Regenschirm."

Mit der Puppenmetaphorik wird kritisch die Einkleidungsszene des Königs vorweggenommen, in der dem König die Einkleidung **widerfährt**. Während König Peter jedoch diese Einkleidung begrüßt und herbeisehnt, wird sie für Leonce zum persönlichen Problemfall.

2.2. Der Präsident des Staatsrates, der Hofmeister und der Hofprediger

Auch die höfischen Beamten und Bediensteten sind an die Etikette gebunden. Sie haben sich ihren untergeordneten Rang besonders gegenüber den Mitgliedern der Königsfamilie stets zu vergegenwärtigen. Außerdem sollen sie durch ein entsprechendes untergebenes Verhalten und Auftreten ihnen gegenüber die hierarchischen Strukturen bekräftigen. Die Machtkonstellationen bzw. die soziale Hierarchie manifestieren sich im höfischen Zeremoniell auch in den Regeln der Sitzordnung, der Körperhaltung und der Sprache.

In der 3. Szene des 1. Aktes bringt Leonces Aufforderung, sich zu ihm auf den Boden zu setzen, den Präsidenten des Staatsrates in Verlegenheit. Er muss als die sozial niedrigere Person vor dem Prinzen – obwohl dieser ihn gegen die Regel zu einem anderen Verhalten einlädt – eine bestimmte Haltung einnehmen und vorgeschriebene Gesten vollführen. Gehorsam, Ehrerbietung und Untertänigkeit sollen sich in allen möglichen Bereichen des äußeren Verhaltens niederschlagen. Dadurch werden den die sozialen Hierarchien fortwährend auch äußerlich bestätigt.

Gestische Normen und vorgeschriebene Verhaltensweisen werden am Beispiel des dienerischen Verbeugens vor den Standeshöheren zum Ausdruck gebracht wie bei der Begegnung des Hofmeisters mit dem Prinzen in der Eingangsszene von „Leonce und Lena":

> „Leonce.[...] Mein Herr, ich gratuliere Ihnen zu der schönen Parenthese, die Ihre Beine machen, wenn Sie sich verbeugen."[230]

Leonce verspottet hier sichtlich das regelkonforme Verhalten des Hofmeisters.

Das Verhalten des Predigers ist ebenfalls auf vorbestimmte (Sprach-) Gesten reduziert. Valerio versucht den schematisierten Ablauf des kirchlichen Heiratszeremoniells zu verkürzen. Diese Szene ähnelt dem Auftritt des Präsidenten des Staatsrates bei seinem Botendienst in der 3. Szene des 1. Aktes. Sowohl hier wie dort lässt sich eine bestimmte Dialogfolge beobachten, die sich in folgende Phasen gliedert: Ansetzen eines standardisierten Sprechaktes – Störung des Sprachmechanismus durch Zwischenbemerkungen – Stocken der Sprache/Systemfehler

---

[230] Mayer. S. 21.

– Verspottung des „Sprachgestörten" – Fassung und Restabilisierung der Sprache:

„(Der Hofprediger tritt vor, räuspert sich, blickt einigemal gen Himmel.)
Valerio. Fang an! Laß Deine vermaledeiten Gesichter und fang an! Wohlauf!
Hofprediger. (In der größten Verwirrung.) Wenn wir, oder, aber [...]
Peter. Machen Sie es nur kurz, Bester.
Hofprediger. (Sich fassend.) Geruhen Eure Hoheit Prinz Leonce vom Reiche Popo und geruhen Eure Hoheit Prinzessin Lena vom Reiche Pipi, und geruhen Eure Hoheiten gegenseitig sich beiderseitig einander haben zu wollen, so sagen Sie ein lautes und vernehmliches Ja. [...]
Hofprediger. So sage ich Amen.
Valerio. Gut gemacht, kurz und bündig"[231]

Als Funktionsträger der kirchlichen Institution, die er repräsentiert, teilt sich der Hofprediger nur in schematisierten verbalen oder nonverbalen Gesten und Verlautbarungen mit. Die scheinbare Komplexität seiner Replik erweist sich als eine bloße Aufeinanderfolge von Parallelismen._Valerio scheint ihn zu verspotten, weil seine Handlungen nur dem Automatismus seiner Rolle gehorchen und eine bloße Pflichtübung sind, und sucht seinen Auftritt und seine Rede zu verkürzen.

---

[231] Mayer. S. 82 f.

VI. VON DER FEIER ZUM FEST – Büchners Dynamisierung der Festivität

Die sozialen und kulturellen Phänomene des Festes und der Feier lassen sich nach Heilfurth im allgemeinen dadurch charakterisieren, dass sie „im menschlichen Sein den Gegenpol zum Arbeitsalltag [bilden], von dem sie sich als das ganz Andersartige abheben."[232] Diese beiden idealtypischen Kategorien Fest und Feier können in einigen wesentlichen Punkten, denen auch im Bezug auf Büchners Lustspiel „Leonce und Lena" erhebliche Bedeutung zugemessen werden kann, voneinander abgegrenzt werden: „Für das Fest gilt, daß für seinen Zeitraum Verstöße gegen alltägliche Regeln und Normen erlaubt sind, daß die alltäglichen Ordnungen aufgehoben sind und daß soziale Unterschiede eingeebnet wenn nicht sogar umgedreht sind. Für die Feier gilt dies nicht. Im Gegenteil. Die Feier sprengt die alltägliche Sozialordnung nicht wie das Fest, sie überhöht sie vielmehr und bestätigt sie dadurch."[233] Außerdem ist die Feier „im Gegensatz zum Fest ein bis ins kleinste Detail geregeltes und durchorganisiertes Geschehen. Anfangspunkt, Verlauf und Endpunkt sind exakt festgelegt".[234] Sie grenzt sich „deutlich gegen die wilde Ausgelassenheit des Festes ab".[235] Als ihre zentralen Bestandteile gelten „das gesprochene Wort, Symbole und symbolische Akte, musikalische Umrahmung, feierliche Kleidung und stilisierte Bewegungen und Bewegungsabläufe."[236]

In diesem Zusammenhang lässt sich in Büchners Lustspiel „Leonce und Lena" ein bedeutsamer Umschwung beobachten, der sich mit dem Ablauf des dramatischen Geschehens vollzieht. Die einschneidende Wendung betrifft den Charakter der im Drama einkalkulierten und vollzogenen Festivität: die vom König aufoktroyierte Feier scheint sich am Ende des Stücks in der Form eines Festes zu realisieren. Es scheint mir, dass dieser Umschlag von einer Feier zu einem Fest in seiner Dynamik erhebliche Bedeutung in sich trägt. In den folgenden Kapiteln sollen zum einen die Eigenarten und Funktionalisierungen der vom König anbe-

---

[232] Heilfurth, G., Fest und Feier. In: (Hrsg.) Bernsdorf, Wilhelm, Wörterbuch der Soziologie, Stuttgart 1969, S. 276.
[233] Gebhardt, Winfried, Fest, Feier und Alltag. Über die gesellschaftliche Wirklichkeit des Menschen und ihre Deutung, Frankfurt am Main/Bern/New York/Paris 1987, S. 69.
[234] Ebd., S. 64.
[235] Ebd., S. 63.
[236] Ebd., S. 65.

raumten Feier erläutert und das sonderbare Projekt der Hochzeit „in effigie" analysiert werden. Zum anderen soll der plötzliche Umschlag zu einem Fest nachgezeichnet und in seinem symbolischen Gehalt abgemessen werden.

1. Der König und seine Feier

Die vom König Peter anberaumte Festivität kann in ihrem reglementarischen und konservativen Charakter sowie in der Abneigung gegen alles Spontane und Exzessive eher als eine Form der Feier bewertet werden. Diese Deutung erfolgt gemäß der oben dargelegten begrifflichen Unterscheidung zwischen Fest und Feier. Sie soll im folgenden näher erläutert werden. Außerdem scheint diese Festivität vom König auch zu machtpolitischen Zwecken instrumentalisiert zu werden.

Die Idee dieser Feier entspringt genauso wie ihr Anlass, die Hochzeit der Königskinder, dem alleinigen diktatorischen Willen des Königs. Da die Feier durch königliche Befehlsgewalt, also von oben oktroyiert wird, ähnelt sie den „Zwangs- und Pseudo- [...] Feiern [...] in totalitären Systemen."[237]

Der festgesetzte Hochzeitstermin scheint wegen der Abwesenheit der Braut und des Bräutigams gefährdet zu sein. Daraufhin gilt die einzige Sorge Peters dem Ansehen und der Durchsetzungsfähigkeit seines königlichen Machtwortes. Durch dieses Machtwort wurden zuvor die Hochzeitsfeier und die eigene Freude terminlich genauestens festgelegt:

> „Peter. Aber, Staatsrath, habe ich nicht den Beschluß gefaßt, daß meine königliche Majestät sich an diesem Tag freuen und daß an ihm die Hochzeit gefeiert werden sollte? War das nicht unser festester Entschluß? [...]
> Peter. Habe ich nicht mein königliches Wort gegeben?"[238]

Das feierliche Spektakel ist die vom König diktierte Form, in der er seine Autorität, seine Würde und seinen Ruhm zur Schau stellen und seine terminierte Freude ausleben, nach außen tragen und sie expandieren kann. Die Freude des Königs soll von den Untertanen geteilt werden. Die Feier ist darauf angelegt, emotionale Übereinstimmung zu erzielen. Auch die Gefühle der Untertanen wollen also von ihm mobilisierbar und beherrschbar sein:

> „Präsident. Wir theilen sämmtlich die Gefühle Eurer Majestät, so weit es für Unterthanen möglich und schicklich ist.[...]

---

[237] Heilfurth. G., Fest und Feier. In: (Hrsg.) Bernsdorf, Wilhelm, Wörterbuch der Soziologie, Stuttgart 1969, S. 277.
[238] Mayer. S. 76 f.

Präsident. Alle Unterthanen werden aufgefordert die Gefühle Ihrer Majestät zu theilen."²³⁹

Gefühl und Politik stehen in „Leonce und Lena" in einem engen Bezug zueinander. Emotionale Zustände gewinnen erheblichen Einfluss auf die staatliche Führung. Die Politik wird emotionalisiert, d. h. sie präsentiert sich als kein vornehmlich durch die Vernunft geleitetes Handeln. Die Feier und die durch sie erhoffte Mobilisierung und Kanalisierung der Emotionen ist ein Politikum bzw. die Fortsetzung der Politik mit anderen Mitteln.

In Tiecks „Der gestiefelte Kater" wird das Abhängigkeitsverhältnis zwischen der emotionalen Befindlichkeit des Herrschers und seiner politischen Führungsweise vom König selbst offen zur Sprache gebracht. Die Politik scheint auch dort weitgehend der Willkür der Gefühle überlassen zu sein:

> „KÖNIG Man kann nicht genug dahin arbeiten [...], daß ein König, dem das Wohl eines ganzen Landes und unzähliger Untertanen auf dem Halse liegt, immer bei guter Laune bleibe; denn wenn er in eine üble Laune gerät, so wird er gar leicht ein Tyrann, ein Unmensch"²⁴⁰

Die Ausrichtung der politischen Aktivitäten und die Organisation von Staatsakten unterliegen der Gemütslage des Machthabenden und weniger den Vernunftschlüssen aufgeklärter Staatsführung. So trifft auch König Peter im überschwänglichen Gefühl seiner Freude scheinbar freigebige Entscheidungen:

> „Peter. O ich weiß mir vor Freude nicht zu helfen. Ich werde meinen Kammerherrn rothe Röcke machen lassen, ich werde einige Cadetten zu Lieutenants machen"²⁴¹

Diese königlichen Entscheidungen sind kostspielig und gehen letztendlich steuerlich zu Lasten des Volks. Die nur äußerlich großzügigen Beschlüsse, die von König Peter aus dem Bauch heraus gefällt werden, betreffen die Uniformierung seiner Beamten. Es geht ihm auch um die Erhebung einiger seiner Soldaten in einen höheren Dienstgrad. Die Beschlüsse betreffen nicht die Verteilung freigebiger Geschenke, sondern die Funktionalisierung der Menschen für die bestehende Macht. In diesen Entscheidungen wird somit vornehmlich die absolute Verfügungsgewalt über seine Untertanen ausgespielt.

Die Durchschlagskraft seiner Befehlsgewalt, die damit verknüpfte Würde und Autorität des Königs stehen durch die Abwesenheit des Brautpaares für König Peter jedoch plötzlich auf dem Spiel. Die Hauptakteure haben sich dem Staatsakt

---

[239] Mayer. S. 77 f.
[240] Tieck, Ludwig, Der gestiefelte Kater. In: (Hrsg.) Frank, Manfred, Ludwig Tieck. Phantasus, Frankfurt am Main 1985, S. 520.
[241] Mayer. S. 77.

entzogen und damit dem Befehl des Königs widersetzt. Der eigentliche Anlass der Feier verliert damit jedoch nicht ihre Relevanz:

> „Peter.[...] Lautet die andere Hälfte des Beschlusses nicht, daß die Hochzeit gefeiert werden sollte?"[242]

Um den eigenen Gesichtsverlust zu verhindern und die Verbindlichkeit seines Machtwortes zu gewährleisten, hält der König strikt am vorbestimmten Termin fest und ersetzt zum Zwecke des pünktlichen Vollzugs der Feier den eigentlichen Anlass durch eine Hochzeit in effigie.

Zur Realisierung der Feier bedarf es festgesetzter Lokalitäten. Als Feierplätze dienen der freie Platz vor dem Schloss (III, 2) und ein großer Saal innerhalb des Schlosses (III, 3). Dieser Raumkonstellation entspricht die Zuordnung bestimmter Figurengruppen: auf dem freien Platz werden die paradierenden Bauern unter der Leitung des Schulmeisters postiert und im großen Saal stehen „sorgfältig gruppiert"[243] der König, die Beamten und die höfischen Mitglieder. „Das Fest kennt – wenigstens in seiner idealtypischen Reinform – keinen Unterschied zwischen Hoch und Nieder, die Feier kennt ihn wohl."[244] Die sozialen Unterschiede schlagen sich also in der lokalen Verteilung der Teilnehmer der Feier nieder.

Der Zeitpunkt und die Dauer des Spektakels sind präzise festgelegt. Auch die Gefühlslage des Königs soll dem zeitlichen Kalkül unterworfen werden. Die Emotionen sollen planbar sein bzw. nicht den ungeschriebenen Gesetzen der inneren, sondern den mechanischen Gesetzen der äußeren Uhr folgen:

> „Peter. Und ich hatte beschlossen mich so zu freuen, grade mit dem Glockenschlag zwölf wollte ich anfangen und wollte mich freuen volle zwölf Stunden"[245]

Das Bedürfnis des Königs nach strikter Selbstkontrolle äußert sich in seinem Versuch der Programmsteuerung und Mechanisierung eigener Emotionalität. Die Beherrschbarkeit des Selbst soll durch die Automatisierung und zeitliche Terminierung eigener Gefühle und Affekte erzielt werden. Es scheint mir, dass für den König die Feier somit die Versicherung der eigenen Selbstkontrolle ermöglichen soll, da sie seine Gefühle und deren zeitliche Kontrolle widerzuspiegeln hat.

Auch die Form, der Charakter und der Ablauf der Feier scheinen bis ins kleinste Detail durchorganisiert zu sein. Sein Inszenierungscharakter wird durch die pro-

---

[242] Ebd.
[243] Mayer. S. 74.
[244] Gebhardt, Winfried, Fest, Feier und Alltag. Über die gesellschaftliche Wirklichkeit des Menschen und ihre Deutung, Frankfurt am Main/Bern/New York/Paris 1987, S. 69.
[245] Mayer. S. 78.

grammatischen Forderungen offensichtlich. Die für diese Feier entworfene Fassade und das Bild von Mensch und Gesellschaft sind an der alltäglichen Realität des Volkes nicht mehr orientiert:

> „Landrat. Gebt Acht, Leute, im Programm steht: sämmtliche Unterthanen werden von freien Stücken reinlich gekleidet, wohlgenährt, und mit zufriedenen Gesichtern sich längs der Landstraße aufstellen."[246]

Auch sprachliche Disziplinierungen werden im Vorfeld der Feier durchgeführt. Die feierliche Sprache unterscheidet sich von der Alltagssprache: „Es gehört zur feierlichen Sprache eine korrekte und gehobene Sprechweise, zugleich mit vernehmlicher und feierlicher Stimme gesprochen."[247] Diese feierliche Sprache wird zum Anlass der Hochzeitsfeier in „Leonce und Lena" durch „Lektion" bzw. Sprachdiktat erzwungen:

> „Schulmeister.[...] Könnt Ihr noch Eure Lection? He! Vi!
> Die Bauern. Vi!
> Schulmeister. Vat!
> Die Bauern. Vat!
> Schulmeister. Vivat!
> Die Bauern. Vivat!"[248]

Wenn den Bauern für die Feier der lateinische Hochruf eingepaukt wird, so offenbaren sich darin die geltenden Wertmaßstäbe im Bezug auf die Sprache. Die Nationalsprache Deutsch wird als dem feierlichen Anlass nicht angemessen bewertet.

Die Inszenierung eines homogenen und königstreuen Volkskörpers erfolgt durch den aufgebürdeten Akt des gemeinsamen Hochrufs.

Es lässt sich also generell feststellen, dass der König dieses bis ins kleinste Detail vorgeplante und prachtvoll ausgestattete Ereignis der Feier insbesondere zur Herrschaftssicherung, zur Verbreitung seines Ruhmes und zur Selbstkontrolle instrumentalisieren will. Sie funktioniert als eine politische Feier, auf der die Macht des Königs zugleich ausgespielt und ausgestellt wird. Durch ihren Zwangscharakter wird gleichermaßen die Machtfülle dieser Herrschaft realisiert, wie sie auch durch den Vollzug der Feier zur Anschauung gebracht wird. Als höfisches Ereignis spiegelt die Feier die Position, die der König in der gesell-

---

[246] Mayer. S. 72 f.
[247] Bollnow, Otto Friedrich, Neue Geborgenheit. Das Problem einer Überwindung des Existentialismus, 4. Aufl., Stuttgart/Berlin/Köln/Mainz 1979, S. 229.
[248] Mayer. S. 73.

schaftlichen Totalität einnimmt und durch den beeindruckenden Effekt des Spektakels stabilisieren will.

2. Die Hochzeit „in effigie"

Das Motiv der Hochzeit findet in einer auffallend komplexen und vielschichtigen Form Einzug in Büchners Lustspiel „Leonce und Lena". Die Hochzeit ist nämlich nicht nur einer der Hauptkonfliktgegenstände der Dramenhandlung, sondern sie wird auch als (für die Dramengattung der Komödie sehr typische) Konfliktbewältigungsform von den Protagonisten erwogen und am Ende vollzogen.

Mitten auf der Flucht vor einer Zwangsheirat wird der Plan einer (vermeintlich) anderen Hochzeit geschmiedet. Valerio versichert in der 1. Szene des 3. Aktes, den verliebten Leonce noch „heute vor ihrem Vater mit der Unaussprechlichen, Namenlosen, mittelst des Ehesegens"[249] zu verbinden. Mit diesen Worten wird eine Taktik angekündigt und in Gang gesetzt, die zum Ende des Dramas das gesetzte Ziel erreicht: das „Erschwindeln" der Hochzeit des Liebespaares durch dessen Maskierung. Das Gelingen dieses kunstvollen Plans verdankt sich jedoch nicht allein seiner bravourösen Ausführung und Valerios Durchtriebenheit, sondern ungewollt auch demjenigen, der ausgetrickst werden soll, d. h. dem König Peter.

Im folgenden soll in einem ersten Untersuchungsschritt dargelegt werden, mit welchen Zielsetzungen König Peter auf seine Weise die „Hochzeit in effigie" zu instrumentalisieren versucht. Es wird sich dabei herausstellen, dass die Signifikanz, die Komplexität und Komik der Maskierten-Hochzeit sich unter anderem aus dem ambivalenten Charakter der Hochzeit erschließt: sie folgt zwei verschiedenen Strategien (der des Königs und der Leonces/Lenas/Valerios), sie ist das Instrument für zugleich rein machtpolitische und privat-politische Zwecke, und sie wird zugleich „in effigie" und real vollzogen.

Im Bezug auf den Kenntnisstand der Figuren lassen sich während der Hochzeitsszene im 3. Akt die markanten „Unterschied[e] zwischen Figureninformiertheit und Zuschauerinformiertheit"[250] anführen. „Die Struktur des Informationsvorsprungs erlaubt es dem Zuschauer, die Diskrepanzen im Informiertheitsgrad der Figuren untereinander zu erkennen und vermittelt ihm so das Bewußtsein der **Mehrdeutigkeit** jeder Situation".[251] Die Hochzeit der Schlussszene ist anfangs

---

[249] Mayer. S. 70.
[250] Pfister, Manfred, Das Drama. Theorie und Analyse, 9. Aufl., München 1997, S. 79.
[251] Ebd., S. 82. Heraushebungen von mir.

als eine solche „mehrdeutige" Situation konzipiert aufgrund der unterschiedlich gearteten Informationsdefizite der beteiligten Figuren und des Informationsvorsprungs des Rezipienten. Erst durch eine Folge von Entmaskierungen werden die Erkenntnisdefizite zwischen König Peter und Leonce/Lena sowie auch zwischen den beiden Königskindern selbst aufgehoben. Nach und nach enthüllen die Figuren einander das, was der Leser (zum Teil über weite Strecken der Dramenhandlung) längst schon weiß: ihre eigenen Identitäten. Die Momente dieser Entmaskierungen und die dabei hervorgerufenen Reaktionen der beteiligten Figuren sollen in einem zweiten Untersuchungsschritt näher beleuchtet werden.

2.1. Das königliche Wort und die Hochzeit in effigie

Obwohl sein Sohn Leonce und die Prinzessin Lena ihre bevorstehende Zwangsvermählung innerlich ablehnen, hält König Peter strikt und hartnäckig insbesondere aus dynastischen Erwägungen an ihr fest.

Prinzipiell dient die Heirat der Königskinder zum einen der Fortpflanzung und Zeugung legitimer Erben, um so dem eigenen Geschlecht weiterhin Besitz und Herrschaft zu sichern. Zum anderen bezweckt sie den Gütererwerb durch die Arrondierung von Besitz mit friedlichen Mitteln, den Machtausbau durch reale Besitz- und Territoriumserweiterung und die Gewinnung starker Bundesgenossen. Dadurch, dass sich die Machtmittel der beiden beteiligten Geschlechter vermehren, führt dies zu einem größeren gesellschaftlichen Ansehen, zu mehr Ehre und damit zur Aufwertung ihrer Herrschaft. „Die feudale Ehe hat bekanntlich eine öffentlich-politische Funktion; Standesrücksichten, dynastische und wirtschaftliche Erwägungen sind entscheidend für die Wahl der Ehepartner, nicht etwa persönliche Zuneigung oder subjektive Glücksvorstellungen."[252] Die Heirat ist als eine staatspolitische Unternehmung zu verstehen, die zum Ausbau und zur Sicherung der Macht des Königsgeschlechtes und damit auch der eigenen königlichen Würde dient.

In Bezug auf „Leonce und Lena" betont Horst Wetzel, dass „die arrangierte Heirat [...] Teil der umfassenden systematischen Planung [ist], der König Peters »Denken« gilt: sie soll den Fortbestand der Monarchie im Reiche Popo sichern."[253] Schon der alleinige Akt der autoritären Festsetzung der Heirat durch

---

[252] Wenzel, Horst, Fernliebe und Hohe Minne. Zur räumlichen und zur sozialen Distanz in der Minnethematik. In: (Hrsg.) Krohn, Rüdiger, Liebe als Literatur. Aufsätze zur erotischen Dichtung in Deutschland, München 1983, S. 187.

[253] Wetzel, Heinz, Das Ruinieren von Systemen in Büchners *Leonce und Lena*. In: Georg Büchner Jahrbuch 4 (1984), S. 157.

König Peter bzw. das entschiedene Ausspielen seiner Entscheidungsbefugnisse dient der Vergewisserung und der Hervorhebung seiner Ehre, Würde und Macht.

Durch das Verschwinden des Brautpaares werden mit der Heirat auch ihre einkalkulierten staatspolitischen und ideellen Folgewirkungen plötzlich in Frage gestellt. Auch das Ansehen des Königs und die Verbindlichkeit seiner Befehle scheinen mit einem Schlag gefährdet zu sein:

> „Peter. Und würde ich mich nicht kompromitiren, wenn ich meinen Beschluß nicht ausführte?"[254]

> „Peter.[...] Aber mein Wort, mein königliches Wort!"[255]

Die Missachtung der königlichen Gebote untergräbt die Geltung des Machthabers: sie ist als ein Verstoß gegen die Ehre und Autorität des Königs bzw. als Ansehensverlust seiner Person zu bewerten. Das „königliche Wort" ist unversehens kein „Machtwort" mehr: es mangelt ihm an direktiver und deklamatorischer Wirkung. Es zeitigt kein Handeln mehr und schafft keine neue Realität, sondern bleibt einflusslos auf sich selbst zurückgeworfen als bloßes „Ding, – das nichts ist."[256]

Es ist nun zu vermuten, dass dieser offene Verstoß der Königskinder gegen die Verbindlichkeit seiner Befehle für den König sehr schwer wiegen. Er selbst ist nämlich fortwährend bemüht, seine eigenen „Wörter" bzw. Pläne und Beschlüsse ins Bewusstsein zu heben, sie für sich zu rekonstruieren und präsent zu halten. Diese Erinnerungsarbeit vollzieht sich als ein Kampf gegen die eigene fortschreitende Amnesie:

> „Peter.[...] an was wollte ich mich erinnern?"[257]

> „Peter.[...] Also von was war eigentlich die Rede? Von was wollte ich sprechen?"[258]

> „Peter.[...] War das nicht unser festester Entschluß?"[259]

Es bedarf sogar stets anderer „Speichermedien" und Gedächtnisstützen wie eines Knopfes am Schnupftuch, des Präsidenten des Staatsrates oder des Protokolls, um die „königlichen Wörter" vor dem Vergessen und damit vor der Unverbindlichkeit zu bewahren. An dem Erfolg des Kraftaktes der Rekonstruktion und Reaktivierung der „Wörter" hängt das Schicksal ihrer zukünftigen Wirksamkeit und

---

[254] Mayer. S. 76.
[255] Ebd., S. 78.
[256] Ebd.
[257] Ebd., S. 32.
[258] Ebd., S. 34.
[259] Ebd., S. 76.

Geltung. Leonce und Lena bringen jedoch durch ihre Abwesenheit nicht nur den Hochzeitsplan, sondern damit auch die „königlichen Worte" zu Fall, die Peter für sich selbst fortwährend und umständlich noch zu fassen und zu kontrollieren sucht. Dem mühevollen Prozess des **Inne**werdens stellt sich das provozierende **Außer**-Acht-Lassen der königlichen Beschlüsse entgegen. König Peters Kampf um das eigene Gedächtnis wird durch die Art und Weise, wie die nächste Generation das väterliche „Wort" missachtet, ins Lächerliche und Sinnlose gewendet. Das Bestreben Peters um die Erinnerung dessen, was längst dem Vergessen und der Vergangenheit anheim zu fallen bestimmt ist, d. h. seiner „Wörter" und deren politischem und ideologischem Kontext, wird konterkariert durch die bewusste Abwendung von den „Wörtern" durch die Kinder.

Man könnte unter diesem Blickwinkel die These aufstellen, dass Büchners Stück den allmählichen Geltungsverlust und Verfall des „königlichen Wortes" und einer Welt gestaltet. Diese Welt müht sich unzulänglich damit ab, dieses „Wort" zu sprechen, zu speichern, zu erinnern und es in Handlungen umzumünzen. Der König versucht das eigene und das fremde Handeln strikt an seine mitunter protokollarisch aufgezeichneten Beschlüsse zu binden. Das einmal geäußerte und festgelegte „königliche Wort" ist auch für ihn selbst verbindlich und unwiderruflich. Mitunter scheint er dabei zum Sklaven seiner eigenen Beschlüsse zu werden. Seine eigene Sprache tendiert dazu, ihn zu versklaven:

> „Peter. Und ich hatte beschlossen mich so zu freuen, grade mit dem Glockenschlag zwölf wollte ich anfangen und wollte mich freuen volle zwölf Stunden – ich werde ganz melancholisch."[260]

Der König versucht somit in eigener Person noch mühevoll das zu verkörpern, was die folgende Generation verweigert: den Gehorsam gegenüber dem „königlichen Wort". Der erzwungenen Selbstdisziplinierung Peters, die ihn zur Karikatur werden lässt, stehen die Königskinder entgegen, die ihre eigenen Wege zu beschreiten beginnen.

Erst vor diesem Sinnhorizont ist nun die Frage, warum König Peter den obskuren Beschluss einer „Hochzeit in effigie" fällt, annähernd in ihrer Komplexität zu beantworten. Dieser Beschluss des Königs fällt in der letzten Szene des Lustspiels:

> „Peter.[...] wenn man einen Menschen in effigie hängen läßt, ist das nicht eben so gut, als wenn er ordentlich gehängt würde?[...]

---

[260] Mayer. S. 78.

> Peter. Jetzt hab' ich's. Wir feiern die Hochzeit in effigie. (Auf Leonce und Lena deutend.) Das ist der Prinz, das ist die Prinzessin. Ich werde meinen Beschluß durchsetzen, ich werde mich freuen."[261]

Allenfalls die Inszenierung einer Schein-Hochzeit als Notlösung und Täuschungsmanöver verspricht ihm noch in seiner Notlage die eigene Ehrenrettung. Nur durch sie kann er seine emotionale bzw. geistige Integrität und seine Autorität sichern und seine Herrscherqualitäten behaupten. Die Verbindlichkeit der „königlichen Worte" und des auf diese „Worte" vertrauenden Königs sowie die Rechtfertigung des von diesen „Worten" abhängigen gesellschaftlichen Zustands ist nur noch im Modus des Fiktiven aufrechtzuerhalten.

Im Schauspiel der Hochzeit „in effigie" wird das entlaufene und damit unloyale Brautpaar durch ein scheinbar getreueres, kalkulierbareres und den hofgesellschaftlichen Anforderungen genügendes Duo ersetzt: „Der Automat denkt nicht, er funktioniert; er läuft nicht weg, und kein Trieb kann in ihm erwachen. Alle Bewegungen sind vorausberechnet."[262] Die Rücksichtslosigkeit und Gleichgültigkeit des Königs offenbart sich im Akt der gewissenlosen Substitution des eigentlichen Brautpaares, ihrer skrupellosen Ablösung durch die „Automaten". Selbst der eigene Sohn wird ersetzbar zum Zwecke eigener Macht- und „Wort"erhaltung.

Die befremdende Assoziierung von Hinrichtung und Hochzeit „in effigie" in der Rede des Königs ist eine im Stück bewusst angelegte, denn die arrangierte Hochzeit wird in ihrem Zwangscharakter und ihrer „Abtötung" individueller Bedürfnisse wiederholt mit einer bevorstehenden Kreuzigung und Hinrichtung in Bezug gesetzt:

> „Gouvernante.[...] es tödtet dich."[263]

Die Hochzeit „in effigie" zielt nicht mehr auf eine Vereinigung, sondern auf die Abschaffung und Ablösung des Menschen zugunsten von „Automaten", die nicht den unkontrollierbaren und subversiven Trieben und individuellen Interessen, sondern einer steuerbaren Mechanik folgen. Kurz vor den Schlusswendungen des Stücks scheint somit der Staatsakt durch die Disziplinierung der Bauern und die Automatisierung des Brautpaares ihre vollkommene, weil vollständig berechenbare mechanische Form erlangt zu haben. Das Fest hat seine eigenen Gesetze, die nicht diejenigen der Feier sind, auf die Spitze getrieben.

---

[261] Mayer. S. 81 f.
[262] Sieß, Jürgen, Zitat und Kontext bei Georg Büchner. Eine Studie zu den Dramen „Dantons Tod" und „Leonce und Lena", Göppingen 1975, S. 91.
[263] Mayer. S. 51.

2.2. Die Wendung zum Fest: die Entmaskierung von Leonce und Lena

In der letzten Szene ereignen sich unmittelbar nach dem Vollzug der Eheschließung durch den Hofprediger die entscheidenden Schlusswendungen des Stücks: vor den Augen des Königs demaskiert sich der Bräutigam als sein eigener Sohn Leonce. Kurz darauf erkennen die beiden frisch Verheirateten einander als die einst durch väterlichen Befehl aufoktroyierten und verschmähten Partner. Diese Kette von Demaskierungen legt noch einmal sinnbildhaft in ihrer Negation die hofgesellschaftliche Ansprüche der Verstellung und die übermäßige höfische Wertschätzung von Äußerlichkeiten bloß. Die Enthüllungen rufen bei den betroffenen Figuren die unterschiedlichsten emotionalen Regungen hervor: die Emotionsskala reicht von Erstaunen und Empörung über ambivalente Empfindungen, dem Schicksal oder Zufall ausgeliefert zu sein, bis hin zu Gefühlswallungen des Triumphs, der Rührung und des Glücks. Dieser vormals nur ersehnten oder bloß eingeschränkt erlaubten, nun aber freien Aussprache und Entbindung der Gefühle korrespondiert eine friedliche Beilegung der Konflikte, die für alle Konfliktparteien letztendlich scheinbar positiv bewertet werden kann.

Der Umschlag des Geschehens wird nicht ohne Grund durch Handlungen der Demaskierung initiiert. Der Akt der Demaskierung kann als die gestisch vollzogene Ablehnung dessen, was abgenommen wird, also der Maske und dessen Physiognomie des idealen Höflings, gedeutet werden:

„(Leonce nimmt die Maske ab.)
Alle. Der Prinz![...]
Gouvernante. (Nimmt der Prinzessinn die Maske ab, triumphirend<.>) Die Prinzessin!"[264]

Mit diesen Gesten der Maskenabnahme findet die durchgängige Bildlichkeit der Demaskierung und der Transparenz ihren Abschluss und Höhepunkt. Diese Motivik versucht sich mit Ablauf des Dramengeschehens immer stärker als Ausdruck einer gegenläufigen Dynamik gegenüber den fortwährenden hofgesellschaftlichen Ansprüchen des Verstellens und Maskierens zu profilieren. Kurz nach der Amtsübergabe des Königs wird von seinen Nachfolgern dasjenige abgelehnt, was den Schein und die Verstellung als dessen konstitutive Elemente für sich in Anspruch nimmt:

„Leonce.[...] Wollen wir ein Theater bauen? (Lena lehnt sich an ihn und schüttelt den Kopf.)"[265]

---

[264] Mayer. S. 83.
[265] Mayer. S. 86.

Auch diese Ablehnung des Theater kann als entgültige Aburteilung eines höfischen Lebens, das den Äußerlichkeiten und strengen Reglementierungen eine allzu große Bedeutung zumisst, gewertet werden.

Des Weiteren ist zu bemerken, dass die Demaskierung des Prinzen beim König Peter kein Gefühl der Scham oder Reue, sondern zuerst bloße Empörung hervorruft. Die Inszenierung der Hochzeit „in effigie", die der König anfangs als eine von ihm selbst ersonnene und beschlossene, damit also als beherrschbare Aktion zu bewerten glaubt, erweist sich im Nachhinein als eine Unternehmung mit doppeltem Boden. Sie war ein abgekartetes Spiel, das dem König selbst von Anfang an nur die Rolle einer Marionette zumaß. König Peter als der scheinbare Initiator und Erfinder einer trügerischen Handlung muss sich selbst in dem Moment als betrogen und manipuliert betrachten, als die Figuren der Automatenperformance sich als die eigentlichen Spielleiter zu erkennen geben:

„Peter. Der Prinz! Mein Sohn! Ich bin verloren, ich bin betrogen!"[266]

Der versuchte Betrug einer Hochzeit „in effigie" steigt dem König nicht ins Bewusstsein. Er nimmt die darin sich ausprägende Geringschätzung des eigenen Sohnes durch die Erwägung seiner Ersetzbarkeit nicht ernst. Die höfischen Denkschablonen und die Machtgier behaupten sich über die Befragung des eigenen Gewissens. Seine ersten Gedanken wenden sich sogleich dem Problem der Ebenbürtigkeit der Braut als eine der entscheidenden Bedingungen der Verheiratung seines Sohnes zu. Sein Schreckgespenst einer nicht standesgemäßen Heirat lässt ihn die Trauung zuerst widerrufen:

„Peter.[...] (Er geht auf die Prinzessin los.) Wer ist die Person? Ich lasse Alles für ungültig erklären."[267]

Die Befürchtung einer nicht standesgemäßen Braut erweist sich im Nachhinein als unbegründet. Sogleich wird die Verbindung unmittelbar nach der Identifizierung der Prinzessin Lena als uneingeschränkt positiv und gültig bewertet:

„Peter.[...] Ich bin der glücklichste Mann!"[268]

Letztendlich hängen also Glück und Unglück des Königs von dem Gelingen einer standesgemäßen Heirat ab, durch die die Frage der Machterhaltung und -erweiterung für die Zukunft entschieden wird. Die anschließenden Entscheidungen des Königs folgen dem tradierten Prozedere. Mit der Abtretung seines Kö-

---

[266] Ebd., S. 83.
[267] Ebd.
[268] Mayer. S. 84.

nigsamtes an seinen nun verheirateten „geliebten Erbprinzen"²⁶⁹ fügt sich König Peter dem Mechanismus hofgesellschaftlicher Regeln:

> "Peter.[...] Ich lege aber auch hiermit feierlichst die Regierung in deine Hände, mein Sohn"²⁷⁰

Wie Büchner in einem Brief an seine Braut bemerkt, ist auch in seinem Lustspiel „die Größe ein bloßer Zufall"²⁷¹ und setzt keine besonderen Fähigkeiten der vom Zufall begünstigten voraus. Prinz Leonce wird trotz seines Fluchtversuchs aus dem königlichen Schloss auch unter Mitwirkung zufälliger Begebenheiten auf der Flucht seine vorbestimmte Braut treffen, sie heiraten und damit letztendlich doch das Königsamt übernehmen.

Die Reihe unvorhersehbarer Enthüllungen in der Schlussszene macht auch vor Leonce und Lena nicht halt. Die überraschende Identifizierung des jeweils anderen Geliebten enthüllt zugleich die Macht und die Ironie des Schicksals oder Zufalls: die beiderseitige Flucht voreinander hat die beiden letztendlich ungewollt zueinander geführt. Diese unvorhergesehene Begegnung und Bindung wird von beiden Protagonisten einer höheren Macht zugeschrieben:

> „Leonce. O Zufall!
> Lena. O Vorsehung!"²⁷²

Rudolf Drux spricht in diesem Zusammenhang von einer „Invokation, mit der Lena ihre Erlebnisse einer höheren Fügung zuschreibt bzw. als von Gott vorherbestimmt bekundet und die Leonce' Ausruf gegenüber zwar keinen gnoseologischen, jedoch einen religiösen Mehrwert besitzt".²⁷³

Die der Enthüllung des Paares vorangehenden dramatischen Geschehnisse, d. h. die Fluchtbewegungen aus der Sphäre höfischer Zwänge, die Begegnung im außerhöfischen Bezirk und Valerios Plan ihrer Verheiratung, sind jedoch nicht im Nachhinein als Stationen eines unnötigen Umwegs abzuurteilen. Sie sind keine bloßen Verkomplikationen und Retardationen dessen, was man durch Folgsamkeit gegenüber den höfischen Pflichten früher hätte erreichen können. Denn erst die Simultanität frontal aufeinandergerichteter Fluchtbewegungen lassen die beiden letztendlich in Liebe zueinander finden. Erst die äußerlichen Umstände der Begegnung im außerhöfischen Bezirk und die Ähnlichkeit ihrer Wünsche

---

²⁶⁹ Ebd., S. 75.
²⁷⁰ Ebd., S. 84.
²⁷¹ Lehmann II. S. 425.
²⁷² Mayer. S. 84.
²⁷³ Drux, Rudolf, Marionette Mensch. Ein Metaphernkomplex und sein Kontext von E.T.A. Hoffmann bis Georg Büchner, München 1986, S. 141.

und Verzweiflungen schweißen die beiden zusammen. Kluge behauptet, dass Leonce und Lena am Ende des Lustspiels „nicht auf Befehl [heiraten] und weil die Staatsräson es so will, sondern weil **sie** es wollen und weil sie sich lieben. Wenn auch kein ganzer, so ist es doch ein halber Akt der Freiheit; wenn der Plan des Königs auch aufgeht, so doch anders als gedacht. Leonce und Lena sind weniger unfrei als andere Gestalten Büchners".[274] Beide binden sich **nicht** in ihrer Rolle als Höflinge, Königskinder und Erbprinz/essin aneinander, sondern als Flüchtlinge und Individuen, die aus ihrer gesellschaftlichen Rolle auszubrechen suchen, ihre persönlichen Gefühle einander mitteilen und somit schließlich die anberaumte Zwangsheirat als eine Liebesheirat realisieren.

3. Die neue Welt?

Auf dem ersten Blick scheint Büchners Lustspiel mit einem Happy-End zu schließen: einerseits werden durch die gegenseitige Erhellung und letztgültige Entmaskierung der Figurenidentitäten deren Informationsdefizite aufgehoben. Andererseits wird offenbar ein deutlich markiertes Schlusssignal durch eine allseitige und friedliche Beilegung der persönlichen Konflikte gesetzt. Es scheint, dass diese Konfliktlösung durch die Hochzeit der Königskinder für jede der beteiligten Figuren letztendlich positiv zu bewerten ist. Sowohl die Wünsche des Königs, als auch diejenigen Valerios, Leonces und Lenas können demnach ihre Verwirklichung finden oder zumindest eine erhöhte Realisierbarkeit beanspruchen. Wie im Kapitel 6.2. dargelegt wurde, sieht der König überglücklich seine vornehmlich dynastischen und machtpolitischen Interessen durchgesetzt. Außerdem wird die erwünschte Liebesheirat Leonces und Lenas offiziell vollzogen und findet letztendlich auch die Akzeptanz des Königs.

Auch andere längst gehegte persönliche Bedürfnisse Leonces und Lenas scheinen vor ihrer Erfüllung zu stehen: Lena wird zukünftig womöglich die größere Freiheit besitzen, ihr natürliches Wesen ohne einschneidende Restriktionen stärker als bisher entfalten zu können. Wie Leonce ist auch sie nicht mehr völlig ohnmächtig fremden Beschlüssen ausgeliefert, sondern mit einem Schlag mit eigenen Entscheidungsrechten und -kompetenzen ausgestattet. Nur zaghaft und noch stumm bedient sich die zuvor nahezu mundtot gemachte Prinzessin als neue Königin ihrer hinzugewonnenen Freiheiten. An sie, die einst „weniger, als eine

---

[274] Kluge, Gerhard, »...Das war die Flucht in das Paradies«. Zu einer Metapher in Büchners >Leonce und Lena<. In: Jahrbuch des freien deutschen Hochstifts 1995, S. 280.

Blume"[275] zu sein glaubte, werden nun die wichtigen Entscheidungsfragen gerichtet:

> „Leonce. Nun Lena [...]? Was wollen wir [...]? Wollen wir [...]? Oder wollen wir [...]? Oder hast du Verlangen [...]? Wollen wir [...] (Lena lehnt sich an ihn und schüttelt den Kopf.)"[276]

Im gleichen Maße also, wie das alte „königliche Wort" allmählich an Geltung verliert, werden die Gesten und „Wörter" der zukünftigen Königin offenbar aufgewertet.

Auch Leonces sehnsüchtiger Wunsch, sein eigener Herr zu sein und sich selbst als die eigene Kontroll- und Machtinstanz setzen zu können, scheint mit seiner Übernahme der königlichen Herrschaft Wirklichkeit werden zu können. Schon zu Beginn des Stücks trifft man auf zahlreiche Äußerungen des Prinzen, in denen die Neubestimmung des Ichs sehnsüchtig herbeigewünscht wird:

> „Leonce.[...] Dann – habe ich nachzudenken, wie es wohl angehn mag, daß ich mir einmal auf den Kopf sehe. – O wer sich einmal auf den Kopf sehen könnte!"[277]
>
> „Leonce.[...] O wer einmal jemand Anderes sein könnte! Nur 'ne Minute lang."[278]

Leonces Sehnsucht richtet sich auf die Extension bzw. Neukreation des eigenen Ichs, seiner gleichzeitigen Behauptung als Subjekt und Objekt. Es wäre zu diskutieren, ob in seiner ersten Äußerung nicht unterschwellig auch eine gewandelte Machtkonstellation zur Debatte gestellt wird. In dieser Konstellation werden das Subjekt und das Objekt ausgeübter Herrschaft stärker miteinander vermittelt. Fremdbestimmung und Selbstbestimmung schließen einander nicht mehr partout aus.

Die an die Verheiratung des Prinzen sich anschließende Abdankung der alten Macht und ihre Substitution wird noch einmal sinnfällig gemacht durch die letzten szenischen Räumungen des Stücks:

> „(Er [Peter] entfernt sich mit dem Staatsrath.)[...]
> (Alle entfernen sich, Leonce, Lena, Valerio und die Gouvernante ausgenommen.)"[279]

Die dramatische Szenerie entledigt sich vor allem derjenigen Figuren, die die alte abgedankte Macht repräsentieren. Die Selektion durch die Regieanweisungen lässt nur noch das Hauptpersonal des scheinbar Neuen auf der Bühne agieren.

---

[275] Mayer. S. 50.
[276] Ebd., S. 85 f.
[277] Mayer. S. 19.
[278] Ebd., S. 21.
[279] Ebd., S. 85.

Durch Wort und Gestik scheint sich das neue Königspaar vor den abschließenden programmatischen Äußerungen Leonces und Valerios der alten Welt symbolisch zu entledigen. Ein letztes Mal, aber nicht mit vollem Ernst zieht es diese alte Welt in Erwägung und distanziert sich mit einer stillen Geste entgültig von ihr. Sie wird regelrecht abge"schüttelt":

> „Leonce. Nun Lena, siehst Du jetzt, wie wir die Taschen voll haben, voll Puppen und Spielzeug? Was wollen wir damit anfangen? Wollen wir ihnen Schnurrbärte machen und ihnen Säbel anhängen? Oder wollen wir ihnen Fräcke anziehen, und sie infusorische Politik und Diplomatie treiben lassen und uns mit dem Mikroskop daneben setzen? [...] (Lena lehnt sich an ihn und schüttelt den Kopf)."[280]

Leonce und Lena scheinen sich der willkürlichen und tyrannischen Verfügbarkeit über ihre Untertanen, ihrer Formung und Manipulation nach persönlichen Interessen verweigern zu wollen. Die Zielrichtung der neuen Regierung bestimmt sich also zuerst durch die Negation des Alten. Der Machtwechsel soll sich somit nicht nur auf persönlicher, sondern auch auf gesamtgesellschaftlicher und politischer Ebene auswirken. Die Programmatik der neuen zukünftigen Herrschaft wird nun wie folgt umrissen:

> „Leonce.[...] Aber ich weiß besser was Du willst, wir lassen alle Uhren zerschlagen, alle Kalender verbieten und zählen Stunden und Monden nur nach der Blumenuhr, nur nach Blüthe und Frucht. Und dann umstellen wir das Ländchen mit Brennspiegeln, daß es keinen Winter mehr gibt, und wir uns im Sommer bis Ischia und Capri hinauf destilliren, und wir das ganze Jahr zwischen Rosen und Veilchen, zwischen Orangen und Lorbeern stecken."[281]

Dem Ideal der neuen Herrschaft entspricht ein gewandeltes, nicht-mechanisches Zeitverständnis. Die neue Zeitmessung soll sich am Biorhythmus der Natur orientieren. Zugleich soll der Winter aus dem Jahreszeitenwechsel getilgt werden. Dieses Zeitkonzept ähnelt dem der Schlaraffenlandvorstellung. In seiner historischen Studie über die populäre Utopie des Schlaraffenlands stellt Dieter Richter heraus, dass dort „nicht nur gefeiert [wird], es herrscht, da die Arbeit fehlt, *ewige Festzeit* [...]. Der Kalender des Kirchenjahres, der die Festzeiten streng limitierte und sie durch Symbolhandlungen [...] von der Alltags-Zeit der Besinnung und der Arbeit abgrenzte, ist in Schlaraffenland also außer Kraft gesetzt – ebenso wie die natürliche Zeit des Jahreslaufes in der ewigen Fruchtbarkeit der Natur zum Stillstand gekommen ist. In Schlaraffenland gibt es keine Zeit, weil es keine Arbeit und keinen Tod gibt. So herrscht im »Neuen Kalender« dieses Landes ein ewiges Fest."[282]

---

[280] Mayer. S. 85 f.
[281] Mayer. S. 86.
[282] Richter, Dieter, Schlaraffenland. Geschichte einer populären Phantasie, Köln 1984, S. 72.

Die neue Bestimmung des Zeitmaß und des Klimas kann auch als eine in die Metaphorik des Meteorologischen und Vegetativen übersetzte Ankündigung einer gewandelten gesellschaftlichen Epoche und eines neuen politischen „Klimas" verstanden werden. Das angekündigte „Zeitmaß der Blumenuhr ist unmechanisch. So vermag es auch keine Menschen mehr zu mechanisieren. Und deshalb ist es unzeremoniell."[283] Die hier bis ins „Regierungsprogramm" eingedrungene Naturbildlichkeit steht wie auch in anderen Passagen des Stücks eher antithetisch zu der Kleidermetaphorik. Letztere wird immer wieder zur Charakterisierung hofgesellschaftlicher Reglementierungen herangezogen.

Valerio, dem das in der 1. Szene des dritten Aktes für sich ausgehandelte Staatsministeramt bevorsteht, hält eine inhaltlich etwas anders geartete Rede, die den Interessen des Volkes näher steht. Die Bedürfnisse des kleinen Mannes werden hier angesprochen, d. h. auf Themen wie Arbeit und Nahrung wird stärker Bezug genommen:

> „Valerio. Und ich werde Staatsminister und es wird ein Dekret erlassen, daß wer sich Schwielen in die Hände schafft unter Kuratel gestellt wird, daß wer sich arbeitet kriminalistisch strafbar ist, daß Jeder der sich rühmt sein Brod im Schweiße seines Angesichts zu essen, für verrückt und der menschlichen Gesellschaft gefährlich erklärt wird und dann legen wir uns in den Schatten und bitten Gott um Makkaroni, Melonen und Feigen, um musikalische Kehlen, klassische Leiber und eine komm<o>de Religion!"[284]

Aus dieser Replik lassen sich wieder einige Bezüge zur Schlaraffenlandtradition festmachen. Auch Dedner liest Valerios Schlussmonolog als „eine Anknüpfung an die Schlaraffenlandtradition, und die Schlaraffenlandtradition ist eine Utopie des Volkes."[285] Das „Schlaraffenland [...] kennt die Arbeit überhaupt nicht. Wer arbeitet, wird dort ausgepeitscht, kommt ins Gefängnis oder wird sogar aufgehängt."[286] In Valerios Schlaraffenlandsvision drückt sich die Egalitätsphantasie auch in kulinarischen Bildern aus: „Kommunität der Nahrungsgüter heißt in Schlaraffenland nicht nur: keiner muß hungern, sondern auch: *alle haben vom Besten*. Die kulinarischen Privilegien der feinen Leute sind abgeschafft".[287] Laut

---

[283] Berns (1987), S. 272.
[284] Mayer. S. 86 f.
[285] Dedner, Burghard, Büchners Lachen: „Leonce und Lena". In: (Hrsg.) Fabitius, Jürgen, Wuppertaler Büchner Tage. Zum 150. Todestag von Georg Büchner am 19. Februar 1987. 19. bis 22. Februar 1987 im Schauspielhaus, Frankfurt am Main 1988, S. 87. Vgl. auch Wetzel, Heinz, Das Ruinieren von Systemen in Büchners *Leonce und Lena*. In: Georg Büchner Jahrbuch 4 (1984), S. 164: „Ganz am Ende des Lustspiels steht Valerios Utopie eines Schlaraffenlandes".
[286] Richter, Dieter, Schlaraffenland. Geschichte einer populären Phantasie, Köln 1984, S. 38.
[287] Ebd., S. 35.

Richter verdankt sich „die Gleichheit aller Menschen [...] in Schlaraffenland [...] jenen Bildern von Fülle und Überfluß, die die Bewohner *im Konsum* gleichmacht."[288] Auch Voss nimmt den Begriff des Schlaraffenlands in Anspruch: „Für einen Staatsminister sollten »Makkaroni«, selbst zusammen mit »Melonen und Feigen« [...], kein besonders kühner Nahrungswunsch sein. Für einen Vagabunden, der den Hunger kennt [...], wären sie das Paradies bzw. das Schlaraffenland."[289] In Valerios letztem Satz drückt sich das grenzenlose und scheinbar naive Vertrauen in die All-Güte eines die Seinen immer versorgenden Gottes aus. Dies entspricht dem grenzenlosen Vertrauen auf die immerspendende Natur im Schlaraffenland. In Valerios Entwurf ist der Fluch über Adam (‚Im Schweiße deines Angesichts sollst du dein Brot essen!) aufgehoben. Auch Richter verweist auf die engen Bezüge zwischen den Paradiesvorstellungen und den Schlaraffenlandentwürfen: „Eng verbunden mit der Vorgeschichte des Schlaraffenland-Stoffes sind schließlich die jüdischen, christlichen und islamischen Vorstellungen vom *Paradies*.

Der alttestamentliche Bericht vom Sündenfall (1. Mose 3) deutete Arbeit als Strafe, als göttlichen Fluch über den Menschen. (»Im Schweiße deines Angesichts sollst du dein Brot essen!«). Der verlorene Urzustand der Menschen im Garten Eden war danach also der Zustand ohne Arbeit. Die späteren jüdischen Exegeten haben dies so gedeutet, daß damals die Erde ihre Güter von selber hervorgebracht habe."[290] Auch in anderen Passagen der letzten Szene des Lustspiels wird ein paradiesischer Zustand immer wieder heraufbeschworen. Die Evokationen des neuen Paradieses heben an mit dem Abschluss der Trauung der Königskinder:

„Valerio.[...] so wäre denn das Männlein und das Fräulein erschaffen und alle Thiere des Paradieses stehen um sie."[291]

„Leonce. Ei Lena, ich glaube das war die Flucht i n das Paradies."[292]

Es scheint mir nun, dass Valerio in seinem Schlussmonolog die alte Welt unterschwellig als einen Unrechtsstaat verurteilt. An dieser Stelle sei nochmals auf die „Bezüge [des Lustspiels] zur gesellschaftlich-politischen Wirklichkeit in der Zeit Büchners" hingewiesen: Wolfgang Martens behauptet, dass das „ganze Staats- und Hofwesen im Reiche Popo [...] Karikatur [ist] – Karikatur von Duodezfürs-

---

[288] Ebd., S. 43.
[289] Voss (1987), S. 312 f.
[290] Richter, Dieter, Schlaraffenland. Geschichte einer populären Phantasie, Köln 1984, S. 21.
[291] Mayer. S. 83.
[292] Ebd., S. 84.

tentümern, wie sie auch nach 1815 noch in Deutschland existierten".[293] Valerio scheint in seiner abschließenden Rede zu erkennen geben, dass er zu Gesetzesänderungen zugunsten des Teils der Bevölkerung, aus dem er kommt und den er vertritt, entschlossen ist. Die bis dato herrschenden Rechte und Gesetze werden eindeutig zur Disposition gestellt.

Auf dem ersten Blick ließe sich also das Fazit ziehen, dass die durch Valerio, Leonce und Lena vage angedeutete neue Gesellschaft und ihre Führung sich von der damaligen Gesetzgebung, den höfischen Werten und Weltanschauungen zu emanzipieren verlangt.

Der Stellenwert der letzten Szene des Stücks soll noch etwas genauer erfasst werden. Hierfür soll an dieser Stelle an die zu Beginn des 5. Kapitels meiner Arbeit behauptete These wieder angeknüpft werden. Diese These bezog sich auf die Wendung des Dramas im Bezug auf den Charakter der einkalkulierten Festivität. Schon die kurze Ankündigung des Schulmeisters in der 2. Szene des 3. Aktes, „heut Abend einen transparenten Ball"[294] zu veranstalten, kann als ein früheres Indiz eines bevorstehenden Umschlags von einer Feier zu einem Fest gedeutet werden. Auch die dem Fest innewohnenden Elemente des Rauschhaften, Ekstatischen und „Wilden" tauchen in dieser Szene auf:

„Schulmeister.[...] Sie gießen brav Spiritus <i>n sich"[295]

„Schulmeister.[...] und schlagen uns mit unseren Fäusten Cocarden an die Köpfe."[296]

Auch in den abschließenden programmatischen Äußerungen Leonces und Valerios scheint sich der Wechsel von einer Feier zu einem Fest anzukündigen.

Für Gebhardt liegt ein „entscheidendes Merkmal des Festes [...] in der interessanten und höchst bedeutsamen Beobachtung, daß für den Zeitraum des Festes Verstöße gegen die alltäglich geltenden Ordnungen und Normen erlaubt sind, ja manchmal sogar die alltägliche Ordnung völlig außer Kraft gesetzt und auf den Kopf gestellt wird.[...] Diese Aufhebung alltäglicher Normen betrifft alle Bereiche der sozialen Beziehungen, von den sexuellen über die der geselligen Umgangsformen bis hin zu den Herrschaftsbeziehungen."[297]

---

[293] Martens, Wolfgang, Georg Büchner. Leonce und Lena. In: (Hrsg.) Hinck, Walter, Die deutsche Komödie. Vom Mittelalter bis zur Gegenwart, Düsseldorf 1977, S. 147.
[294] Mayer. S. 73.
[295] Ebd., S. 72.
[296] Ebd., S. 73.
[297] Gebhardt, Winfried, Fest, Feier und Alltag. Über die gesellschaftliche Wirklichkeit des Menschen und ihre Deutung, Frankfurt am Main/Bern/New York/Paris 1987, S. 56 f.

Es wäre nun zu diskutieren, ob nicht auch am Dramenschluss in „Leonce und Lena" das Fest als Aufhebung, Kritik und Befreiung aus der bisherigen alltäglichen sozialen Wirklichkeit durch die letzten Figurenreden in Erwägung gezogen wird. Dieses Fest wäre dann als eine auf „morgen" vertagte und ins Subversive gewendete Form des Staatsaktes zu bestimmen:

> „Leonce. (Zu den Anwesenden.)[...] Gehn Sie jetzt nach Hause [...] morgen fangen wir in aller Ruhe und Gemüthlichkeit den Spaß noch einmal von vorn an. Auf Wiedersehn!"[298]

Dieser angekündigte Neuanfang soll sich nach dieser Deutung womöglich als Bruch mit dem Althergebrachten vollziehen. Er ist nicht als reine Wiederholung der anberaumten Feier, auf der die Bestätigungen und Überhöhungen der Sozialordnung gepflegt werden, gedacht. Statt dessen ist der Neuanfang als eine Kreation und Neuschöpfung zu verstehen, in der „die Aufhebung der alltäglichen Sozialordnung und der in ihr festgeschriebenen Herrschaftsverhältnisse"[299] vollzogen wird. Diese Aufhebung soll allerdings nicht als ein zeitlich und räumlich eingrenzbares und außeralltägliches Ereignis ohne Bezug auf die gesellschaftliche Wirklichkeit vollzogen werden. Sie ist vielmehr die besondere Entäußerungsform einer umfassenden sozialen und politischen Umwälzung. Die Umkehrung ist nicht zeitlich einzugrenzen, denn „weder der genaue Zeitpunkt des Beginns, noch die exakte Dauer eines Festes [ist] eindeutig bestimmt."[300] Das Zerschlagen der mechanischen Uhren und ihre Ersetzung durch die Blumenuhr erinnert an das spezifische Zeitverständnis des Festes: „Feste sind ursprünglich Feste der Übergänge, des Wechsels, angelehnt an jahreszeitliche Zyklen, in denen das Sterben und die Wiederauferstehung der **Natur** gefeiert wird. Das Fest ist somit eine Unterbrechung der linearen Chronologie."[301] Gerade an diese chronologische Zeitrechnung hat sich König Peter immer wieder streng zu orientieren versucht:

> „Peter. Und ich hatte beschlossen mich so zu freuen, grade mit dem Glockenschlag zwölf wollte ich anfangen und wollte mich freuen volle zwölf Stunden"[302]

---

[298] Mayer. S. 85.
[299] Gebhardt, Winfried, Fest, Feier und Alltag. Über die gesellschaftliche Wirklichkeit des Menschen und ihre Deutung, Frankfurt am Main/Bern/New York/Paris 1987, S. 58.
[300] Ebd., S. 54.
[301] Küchenhoff, Joachim, Das Fest und die Grenzen des Ich. In: (Hrsg.) Haug, Walter/Rainer, Warning, Poetik und Hermeneutik (XIV). Das Fest, München 1989, S. 117. Hervorhebungen von mir
[302] Mayer. S. 78.

Des Weiteren bleibt das Fest nicht eingeschränkt auf die Bühne des Theaters. Während die alte Welt der Narrenfreiheit nur dort ihren Freiraum zubilligte, lehnt Lena Leonces Vorschlag eines Theaterbaus ab. Die Institution Theater verhindert, dass diejenigen Elemente, die auf eine radikale Veränderung der Gesellschaft drängen, praktisch wirksam werden können. Vielmehr soll das Fest die räumlichen Grenzen des Theaters sprengen und auf die außerästhetische Sphäre übergreifen.

Es scheint mir also, dass sich auf den ersten Blick das Stück für die Möglichkeit eines totalen Festes und einer universellen Karnevalisierung öffnet, bei der die hergebrachten Standesklassen und Schichtengrenzen überschritten werden: „Der Karneval ist das Fest der allvernichtenden und allerneuernden Zeit"[303] und „umgestülpte Welt"[304].

Es stellt sich zwar die wichtige Frage, was konkret an die Stelle der alten Welt treten soll, denn „wie [...] der Weg ins Paradies zu finden und auszuschreiten sei, darüber schweigen die neuen Politiker sich aus".[305] Auch Hiebel verweist auf die Unzulänglichkeiten des utopischen Entwurfs: „Die Frage, woher denn die (Arbeits-)Produkte auf den Tisch der Müßiggänger kommen sollen, bleibt [...] offen. Die Utopie ist a-topisch, ort-los, un-möglich. Nicht ein Wachstum der Produktivkräfte und ein Ausgleich der Produktionsverhältnisse nach Maßgabe des Möglichen wird imaginiert. Entweder werden die Arbeitenden schlechthin als Nicht-Menschen (als Werkzeuge [...]) begriffen und als Arbeits-Tiere der Utopie vorausgesetzt – oder es bleibt ganz einfach eine Lücke bzw. Leerstelle im utopischen System."[306] Doch diese inhaltliche Unbestimmtheit entspricht dem Wesen des Festes und des Karnevals: „das Ergebnis eines Festes ist grundsätzlich offen"[307], und der „Karneval feiert den Wechsel, den Vorgang der Abfolge – nicht das, was der Wechsel jeweils bringt. Der Karneval ist funktionell und nicht substantiell."[308] Deshalb tritt der Pathos und der bloße Wille der Revolutionierung in

---

[303] Bachtin, Michail, Literatur und Karneval. Zur Romantheorie und Lachkultur, Übersetzung von Alexander Kämpfe, Frankfurt am Main/Berlin/Wien 1985, S. 50.
[304] Ebd., S. 48.
[305] Berns (1987), S. 272.
[306] Hiebel, Hans H., Das Lächeln der Sphinx. Das Phantom des Überbaus und die Aussparung der Basis: Leerstellen in Büchners *Leonce und Lena*. In: Georg Büchner Jahrbuch 7 (1988/89), S. 143.
[307] Gebhard, Winfried, Fest, Feier und Alltag. Über die gesellschaftliche Wirklichkeit des Menschen und ihre Deutung, Frankfurt am Main/Bern/New York/Paris 1987, S. 54.
[308] Bachtin, Michail, Literatur und Karneval. Zur Romantheorie und Lachkultur, Übersetzung von Alexander Kämpfe, Frankfurt am Main/Berlin/Wien 1985, S. 51.

den schwärmerischen Reden Leonces und Valerios stärker in den Vordergrund als ihre inhaltliche Füllung. Die neue Welt nimmt allenfalls die Konturen einer schlaraffischen Wunschwelt an, in der es „um die Wiederherstellung des verlorenen paradiesischen Status der Unschuld [geht]; der neue [...] Mensch hat mit den Gesetzen der alten Welt gebrochen und trägt die Ordnung des neuen Äons schon in sich. In den freien Beziehungen der Menschen untereinander soll das paradiesische Leben realisiert werden."[309] Es „waren [...] schließlich die *populären Feste*, insbesondere der Karneval, wo Schlaraffenland wirklich zu werden schien."[310] Vorerst werden in provokativer und übertriebener Form die Geltungsansprüche etablierter Werte und Ordnungen in Frage gestellt. Hinterfragt werden also die ungerechte Verteilung der Arbeit und Nahrung sowie die Beraubung individueller Freiheiten durch die (auch zeitliche) Reglementierung der Lebensformen.

Zu dem Problem, wie dieser Schluss in „Leonce und Lena" zu bewerten sei bzw. ob ihm das Prädikat „Happy-End" berechtigterweise zugesprochen werden kann, hat man sich in der Forschung immer wieder und wohl zurecht sehr skeptisch geäußert. So behauptet Hiebel, dass „das Happy End einer Versöhnung von freier individueller Geschlechtsliebe und Zweckheirat [...] in Frage gestellt und subtil zum *Trug-Schluß* eines *scheinbaren Happy Ends* umfunktioniert"[311] wird. Meier glaubt, dass „vom neuen König Leonce [...] trotz seiner anfänglichen Unzufriedenheit keine Reform zum Nutzen der Bauern zu erwarten [ist]. Zwar entwirft er zusammen mit Valerio in der Schlußutopie die Vision eines neuen, alle Bedürfnisse befriedigenden Staates, der nur noch Lust, aber keine Arbeit mehr kennt. Wenn aber Valerio die Arbeit polizeilich verbieten lassen will, dann heißt das nur, daß beabsichtigt ist, die bisherige privilegierte Situation des von körperlicher Arbeit befreiten Feudalherren per Dekret auf die Gesamtheit des Volkes auszuweiten. Gewalt wird dabei nicht ausgeschlossen – in Leonce' Schlußutopie wird also der Feudalismus nicht überwunden, sondern ein für allemal zementiert, da er sich absolut setzt. Der Wechsel auf dem Königsthron hebt nicht Herrschaft als solche auf, da deren ideologische Grundlage nur durch eine neue Legitimation ersetzt wird."[312] Leonces letzte offiziellen Worte an die noch „Anwesenden" der festlich versammelten Hofgesellschaft sind, folgt man diesen skeptischen Deu-

---

[309] Richter, Dieter, Schlaraffenland. Geschichte einer populären Phantasie, Köln 1984, S. 56.
[310] Ebd., S. 70.
[311] Hiebel, Hans H., Das Lächeln der Sphinx. Das Phantom des Überbaus und die Aussparung der Basis: Leerstellen in Büchners *Leonce und Lena*. In: Georg Büchner Jahrbuch 7 (1988/89), S. 139.
[312] Meier, Albert, Georg Büchners Ästhetik, München 1983, S. 67.

tungen, eher ernüchternd als erhebend. Sie kündigen keinen Neu-Anfang, sondern die Wiederholung des Alten an: das Lustspiel „hat daher trotz des scheinbar so stringenten Ablaufs keine wirkliche lineare Handlungsentwicklung: das Lustspiel führt kreisförmig wieder an seinen Ausgangspunkt zurück."[313]

Die letzte szenische Räumung des Stücks lässt nur noch die Hauptfiguren des scheinbar Neuen auf der Bühne agieren. Diese „Entfernung" ist notwendig, denn was den verbleibenden „vier Musketieren" visionär vorschwebt, sind rein persönliche Träumereien, die allen offiziellen Verlautbarungen und Regierungsmaßnahmen widerstreben. Es werden „Versprechen gemacht, ohne Publikum und also ohne Verbindlichkeit. [...] Die aktuelle Uneinlösbarkeit dieses Programms diskreditiert zwar den Realitätssinn derer, die unter solchen Wünschen sich zusammentun, nicht damit aber auch die Qualität des Gewünschten. Das nämlich bleibt, unbedingt, wünschenswert."[314] Vorläufig kann aber nur im privaten Gedanken- und Rollenspiel die Neue Welt schwärmerisch und in weltfremde Szenerien vorgestellt werden. Diese Welt ist gleichsam „exterritorial" und von der Außenwelt abgeschirmt, sie bedarf noch des Ausschlusses der Anderen.

---

[313] Ebd., S. 64.
[314] Berns (1987), S. 272.

VII. FUNKTION UND BEDEUTUNG DER LITERARISCHEN NAMENGEBUNG IN „LEONCE UND LENA"

In seinen Beiträgen zur allgemeinen Namenkunde stellt Wolfgang Laur einige wichtige Überlegungen an, die für die folgenden Interpretationsansätze von nicht unerheblicher Bedeutung sind: „Vergegenwärtigen wir uns [...] die Rolle, die der Eigenname in manchen Märchen, in abergläubischen, aber auch in religiösen Vorstellungen spielt, so zeigt sich, daß er für den Namenträger mehr bedeutet als bloß eine Benennung [...]. Dabei erkennt man, daß der Name irgendwie zum Wesen des Namenträgers selbst gehört."[315]

Laurs Feststellungen treffen darüber hinaus und im besonderem Maße auch für die literarische Onomastik zu. Was die Gesamtstruktur und die einzelnen Elemente eines literarischen Textes im allgemeinen auszeichnet, gilt in vielen Fällen auch für die Benennung fiktiver literarischer Figuren: ihre Mehrdeutigkeit und Polyvalenz, ihre Nichtreduzierbarkeit auf lediglich eine Funktion und Bedeutungsebene, sondern ihre Offenheit für sekundäre, konnotative oder gar polyseme Strukturen. Der Eigenname literarischer Figuren erschöpft sich zumeist nicht auf seine bloße Identifizierungsfunktion. Er ist des Öfteren auch polyfunktional ausgerichtet und kann die unterschiedlichsten „Semantisierungen"[316] vornehmen.

Georg Büchners poetische Namengebung in seinem Lustspiel „Leonce und Lena" ist in diesem Zusammenhang besonders aufschlussreich: die fiktionalen Eigennamen erschöpfen sich in diesem Stück nicht ausschließlich darin, bloße Identifikationsmarken zu sein. Sie werfen darüber hinaus auf mitunter stark verschlüsselte und subtile Weise ein akzentuierendes und charakterisierendes Licht auf die jeweiligen Namenträger und auf bestimmte Figurenkonstellationen. Die folgenden Interpretationsansätze verstehen sich als ein Versuch, die unterschiedlichen Spielarten der poetischen Namengebung in „Leonce und Lena" zu entfalten und ihre jeweiligen semantischen Funktionen ansatzweise zu entschlüsseln.

Die Liste der dramatis personae führt fünf Figuren auf, die mit einem Eigennamen belegt werden (drei von ihnen werden zusätzlich mit einem Titel versehen):

---

[315] Laur, Wolfgang, Der Name. Beiträge zur allgemeinen Namenkunde und ihrer Grundlegung, Heidelberg 1989, S. 24 f.
[316] Vgl. Birus, Hendrik, Vorschlag zu einer Typologie literarischer Namen. In: Zeitschrift für Literaturwissenschaft und Linguistik 67 (1987), S. 45.

König Peter, Prinz Leonce, Prinzessin Lena, Valerio und Rosetta. Die übrigen Figuren und Figurengruppen des Personals bleiben anonym. Sie werden lediglich mit Titeln, Berufsbezeichnungen oder Kollektiva in das Stück eingeführt. Diese begrenzte Verteilung der Eigennamen entspricht den Dominanzrelationen innerhalb des Personals: die zentralen Figuren des Stücks (alle auftretenden Mitglieder der Königsfamilie/n, der engste Vertraute und eine Geliebte[317] des Prinzen) verfügen über einen Eigennamen, während die mehr oder weniger periphere Position einer Figur oder Figurengruppe (Hofangestellte, Hofbeamte, Bauern) zusätzlich durch ihre Anonymität unterstrichen wird.

Die poetische Namengebung als ein subtiles literarisches Selektionsverfahren findet sich auch in anderen Werken Büchners wieder. So versucht Mosler die Bedeutsamkeit der eingegrenzten literarischen Namengebung im „Woyzeck"-Drama herauszuarbeiten: „Im „Woyzeck" haben nur die armen Leute einen Namen, Ausdruck ihrer persönlichen Subjektivität. Die anderen, Hauptmann, Doktor, Tambourmajor sind die zum Beruf, zur Klasse grotesk verzerrte Individualität."[318] Die mit diesem Zitat angesprochenen Phänomene der Entindividualisierung, der Depersonalisation und Automatisation können als mögliche aber nicht alleinige Motive figuraler Anonymität in „Leonce und Lena" ebenfalls in Erwägung gezogen werden. Namenlosigkeit steht unter diesem Blickwinkel „im Zusammenhang mit einer Identitäts- und Individualitätsproblematik".[319] Im Gegensatz zum „Woyzeck" sind diesmal nur die sozial am höchsten positionierten Figuren und deren engste Vertraute mit Namen identifizierbar – sie sind die „Namhaften" im doppelten Sinne. Zudem ist auffällig, dass die Eigennamen nur dem Prinzen oder denjenigen Figuren zukommen, die in einer engeren (verwandtschaftlichen, freundschaftlichen, intimen) Beziehung zu ihm stehen. Die Vertrauten des Königs (z. B. Präsident des Staatsrates) und der Prinzessin (Gouvernante) hingegen werden ohne Namen in das Stück eingeführt. Die namentlich genannten Figuren scheinen sich also um Leonce zu gruppieren. Er bildet das Zentrum der Gruppe von Namenträgern – außerhalb dieses privilegierten Personenkreises herrscht Anonymität.

---

[317] Im anschließenden Kapitel dieser Arbeit soll dargelegt werden, dass auch der Nebenfigur Rosetta eine wichtige Funktion in diesem Stück zukommt.

[318] Mosler, Peter, Georg Büchners »Leonce und Lena«. Langeweile als gesellschaftliche Bewusstseinsform, Bonn 1974, S. 49.

[319] Lamping, Dieter, Der Name in der Erzählung. Zur Poetik des Personennamens, Bonn 1983, S. 60.

Ohne unmittelbaren Bezug auf die einzelnen Eigennamen lässt sich also bereits folgende generelle Feststellung treffen: allein schon der Zuteilung der begrenzten Anzahl an Eigennamen auf die im Stück auftretenden Figuren kommt womöglich eine akzentuierende und konstellierende Funktion zu. Von der Schar der anonymen Figuren heben sich die namentlich genannten ab. Die literarische Namengebung markiert den Kreis der wichtigsten und/oder sozial privilegiertesten Figuren und verweist auf das Netz der zentralen personalen Beziehungen der Handlung.

Werden nun in einem zweiten Analyseschritt die einzelnen Eigennamen des Stücks fokussiert, so lässt sich vorab die generelle Behauptung aufstellen, dass „ein literarischer Name [...] eine Figur nicht nur bezeichnen, sondern auch kennzeichnen [kann]: er kann sie material charakterisieren."[320] Diese von Lamping konstatierte Charakterisierungsfunktion literarischer Eigennamen kann mehr oder weniger allen Figurennamen in „Leonce und Lena" zugeschrieben werden. Auch der Eigenname des Königs eröffnet durch die ihm eingeschriebene lexikalische Bedeutung einen neuen Sinnhorizont. Drosdowski versucht den Namen „Peter" etymologisch wie folgt zu entschlüsseln: „Peter: männl. Vorn., der sich aus der lateinischen Namensform Petrus entwickelt hat. Lateinisch Petrus ist griechischen Ursprungs und bedeutet eigentlich „der Fels" (griech. Pétros, identisch mit *pétros* „Felsblock, Stein")."[321] Der etymologische Bezug des Namens auf das Wortfeld: Fels, Felsblock, Stein kann eventuell für eine Charakterisierung des Königs mit herangezogen werden: zeichnet dieser sich doch vor allem durch ein profilloses und unförmiges Wesen, durch gedankliche Trägheit sowie durch Hartherzigkeit und Starrsinn aus.[322]

In diesem Zusammenhang sei auch auf die appellativische und abwertende Verwendungsweise des Eigennamens Peter hingewiesen. Das Grimmsche Wörterbuch benennt folgende semantische Besetzungen: „*dummer, fauler, steifer, langweiliger, verdrieszlicher mensch* [...], *näher charakterisiert durch ein adj.* dummer, fauler, hölzerner, ungefälliger Peter *u. s. w.*"[323] Auch Drosdowski geht kurz auf die evaluative Verwendungsweise dieses Eigennamens ein: „Da der Name überaus häufig vorkam, wurde er in Deutschland auch als Bezeichnung für eine

---

[320] Ebd., S. 41.
[321] Drosdowski, Günther, Duden. Lexikon der Vornamen, Mannheim 1968, S. 168.
Des Weiteren: Pierre (frz.) = Peter, Stein.
[322] An dieser Stelle sei auf die nach ästhetischen und poetologischen Gesichtspunkten sich orientierende Deutung des Königs im anschließenden Kapitel verwiesen.
[323] Grimm, Jacob/Grimm, Wilhelm, Deutsches Wörterbuch, Bd. 7, Leipzig 1889, Sp. 1577.

nicht näher bekannte Person, vor allem für einen ungeschickten Menschen, gebraucht, daher Struwwelpeter, Schwarzer Peter, Umstandspeter usw."[324]

Weiterhin wäre auch eine Anspielung des königlichen Namens auf Pierrot (frz.= Peterle), einer Typenfigur der Comédie italienne in Paris des 17. Jahrhunderts, denkbar. Pierrot vertritt darin den Typus des dümmlich-zaghaften und träumerisch-melancholischen Dieners. König Peter scheint gewisse Charaktereigenschaften dieser komödiantischen Figur wiederzuspiegeln.

Diesem breiten Spektrum möglicher Sinnbezüge, das durch den Eigennamen Peter aufgefächert wird, scheint sich die Figurenkonzeption des Königs einzupassen. Der Name antizipiert und verdichtet die entscheidenden Charakterzüge der Königs.

Der Eigenname des Prinzen kann ebenso wie der des Königs als eine Mischform zwischen zwei Namentypen, d. h. als ein „verkörperter"[325] bzw. „präfigurierte[r]"[326] und als ein „redender" Name bewertet werden: er charakterisiert den Namenträger durch eine dem Namen eingeschriebene Wortbedeutung und durch seine verschlüsselte Anspielung auf eine andere literarische Figur. Dedner dechiffriert den Namen „Leonce" wie folgt: „Der Name kommt vom spanischen ‚leon' = der Löwe, und ‚leonce', die Verkleinerungsform, das ist der kleine Löwe. Das Motiv hat Büchner aus einer anderen romantischen Komödie, von Clemens Brentano, die Komödie heißt „Ponce de Leon". Sie sehen, wie Büchner den Titel verschränkt: Von ‚Ponce' zieht er das ‚ce' zu ‚Leon' = ‚Leonce'. Wir haben also diesen kleinen Löwen, und dieser kleine Löwe gehört in eine bestimmte Tradition, nicht so sehr des Märchenprinzen, sondern des Tierprinzen: der Prinz, der als Tier verkleidet ist."[327]

---

[324] Drosdowski, Günther, Duden. Lexikon der Vornamen, Mannheim 1968, S. 169.

[325] Vgl. Birus, Hendrik, Vorschlag zu einer Typologie literarischer Namen. In: Zeitschrift für Literaturwissenschaft und Linguistik 67 (1987), S. 45.

[326] Vgl. Lamping, Dieter, Der Name in der Erzählung. Zur Poetik des Personennamens, Bonn 1983, S. 46.

[327] Dedner, Burghard, Büchners Lachen: „Leonce und Lena". In: (Hrsg.) Fabitius, Jürgen, Wuppertaler Büchner Tage. Zum 150. Todestag von Georg Büchner am 19. Februar 1987. 19. bis 22. Februar 1987 im Schauspielhaus, Frankfurt am Main 1988, S. 81.
Vgl. auch Majut, Rudolf, Studien um Büchner. Untersuchungen zur Geschichte der problematischen Natur, Berlin 1932, S. 71: „‚Leonce" (lat. Leontius) ist französischen Ursprungs und findet sich daher außer bei Büchner anscheinend nur in französischen Dichtungen. Der Name tritt [...] an wesentlicher Stelle zuerst in Frau von Staëls „Delphine" auf (1802) [...] Dagegen darf im Rahmen dieser Erörterung nicht übersehen werden, daß der Held einer das Büchnersche Lustspiel entscheidend beeinflussenden Dichtung Brentanos einen an Leonce stark anklingenden Namen trägt: Ponce. Vertauscht man das P des Vor-

Ergänzend sei noch auf eine weitere Bedeutungsebene des Prinzennamens hingewiesen, die sich auf die seit der Antike überlieferte und in Volkserzählungen verbreitete Motivik vom Löwen als den König der Tiere bezieht: „Seine ungewöhnliche Kraft, majestätische Gestalt und sein angsteinflößendes Gebrüll ließen ihn als König der Tiere erscheinen."[328] Nun tritt Leonce zwar nicht als König auf, noch zeichnet er sich durch „löwenhafte" Charaktereigenschaften aus. Erst in Kombination mit dem zusätzlichen Diminutivsuffix ‚ce' wird auf das verwiesen, was ihn als Figur eigentlich auszeichnet: er ist **noch** der „kleine" König, d. h. der wehleidige und melancholische Sohn des Königs und der Thronfolger.

„Lena" ist die Kurzform der weiblichen Vornamen „Helene" und „Magdalene". Auch in diesem Fall haben wir es vermutlich mit einem literarischen Eigennamen zu tun, „deren Semantisierung vornehmlich auf der Kontiguitätsassoziation eines bereits (real oder fiktional) existierenden Trägers dieses Namens und dessen Eigenschaften beruht".[329] Vermutlich greift Büchner hier entfernt auf eine aus religiösen Vorstellungen überlieferte Frauengestalt des NT zurück: Maria Magdalena. „Lk (8, 2f) weiß v. Frauen, die Jesus von bösen Geistern u. Krankheiten geheilt hatte, die mit ihm wanderten u. ihn unterstützten [...]. An erster Stelle wird M. genannt [...], die von bes. starker Besessenheit („sieben Dämonen") befreit

---

namens mit den ersten beiden Buchstaben des Familiennamens de Leon, so ergibt sich abermals Leonce."

Vgl. auch Dedner, Burghard, Legitimationen des Schreckens in Georg Büchners Revolutionsdrama. In: Jahrbuch der deutschen Schillergesellschaft 29 (1985), S. 359 f:
„Als Prinz trägt Leonce Züge des absolutistischen Höflings, des Kunstmärchens, zugleich aber auch des intellektuellen Melancholikers, in der Tradition des Hamlet, des Werther, des Ponce de Leon und des Fantasio von Musset."

Ph. Chasles schreibt 1830 mit Bezug auf Mme de Staëls Held Leonce in ihrem Roman „Delphine": „Les poésies de feu Joseph Delorme sont consacrées à la peinture détaillée, quoique incomplète, d'un caractère tout individuel, appartenant spécialement à notre époque. Vous reconnaissez **l'enfant perdu de la famille** des Réné, des Werther, des Falkland, **des Léonce**; c'est un de ces fruits étranges des sociétés modernes, qui n'auraient pu éclore, et que l'on n'aurait point compris dans les *cités* antiques. Esprit rêveur; ame tendre, faible et découragée, timide et gauche au milieu des hommes; plein de désirs, d'orgueil secret et de susceptibilité cachées, il va mourir jeune et disparaître d'un monde où il n'a pu obtenir sa place." Chasles, Ph.: De la poésie en France au dix-neuvième siècle. Vie et poésie de Josephe Delorme. – Contes d'Espagne et d'Italie, par M. Alfred de Musset. – Traduction du Dante, par M. Antoni Deschamps. Deuxième article. In: Revue de Paris 1830 I, 12, S. 167. Hervorhebungen von mir.

[328] (Hrsg.) Brednich, Rolf Wilhelm, Enzyklopädie des Märchens, Bd. 8, Berlin/New York 1996, Sp. 1207.

[329] Birus, Hendrik, Vorschlag zu einer Typologie literarischer Namen. In: Zeitschrift für Literaturwissenschaft und Linguistik 67 (1987), S. 45.

worden war".³³⁰ „Daß ntl. Frauenlisten sie stets an erster Stelle nennen, belegt ihre Bedeutung als Jüngerin. M. Magdalena beobachtet Kreuzigung, Kreuzesabnahme u. Grablegung [...]. Nach synopt. Trad. [...] geht M. Magdalena zus. mit anderen Frauen z. Grab. Engel offenbaren, daß Jesus auferstanden ist, u. beauftragen sie, dies den Jüngern mitzuteilen. [...] Mt 28, 9f. u. der sekundäre Mk-Schluß berichten zudem v. einer Begegnung mit Jesus selbst, der M. Magdalena u. die Frauen erneut ausdrücklich mit der Osterbotschaft betraut. In der joh. Trad. (Joh 20, 1-10) kommt M. Magdalena alleine z. Grab, findet es leer u. berichtet Petrus u. dem Lieblingsjünger davon. Zum Grab zurückgekehrt, begegnet sie Jesus [...]. Dabei erfährt sie zugleich Jesu Nähe u. Distanz: „Noli me tangere!" Das μή μου ἅπτου, zu übersetzen mit „Halt mich nicht fest!" betont, daß Jesus *auf neue Weise* lebt."³³¹ „In der späteren Überl. wird M. mit Maria v. Bethanien u. der Sünderin Lk 7 identifiziert [...] u. ihre Besessenheit auf das Lasterleben der Sünderin gedeutet."³³² In der Figur Lenas lassen sich entfernte Anklänge an die Maria-Magdalena-Gestalt ausmachen. Dadurch, dass ihr häufig eine christlich gefärbten Sprachbildlichkeit in den Mund gelegt wird, erscheint sie mitunter wie in eine mythologische Form gekleidet. Der Augenblick ihrer Erlösung wird von ihr selbst antizipiert:

> „Lena.[...] Mein Gott, mein Gott, ist es denn wahr, daß wir uns selbst erlösen müssen mit unserem Schmerz?"³³³

Letztendlich ist es der Prinz Leonce, der sie von ihrem Leid erlöst, und dem sie sich als treue Gefährtin anvertraut.

„Valerio" kann wiederum als ein „redender" Name beurteilt werden, denn in ihm findet sich das Lexem *valere* (lat.= kräftig sein, gesund sein, sich wohl befinden, Einfluß haben, Erfolg haben, wert sein etc.) wieder. Diese dem Namen eingeschriebenen Wortbedeutungen entsprechen der Figurenkonzeption des Namenträgers: Valerio ist das energetische Zentrum innerhalb des Personals. „An ihm wird unter den gegebenen gesellschaftlichen Bedingungen die Selbstverständ-

---

[330] (Hrsg.) Höfer, Josef/Rahner, Karl, Lexikon für Theologie und Kirche, Bd. 7, 2. Aufl., Innsbruck/Freiburg 1962, Sp. 39.
[331] (Hrsg.) Kasper, Walter mit Baumgartner, Konrad/Bürkle, Horst/Ganzer, Klaus/Kertelge, Karl/Korff, Wilhelm/Walter, Peter, Lexikon für Theologie und Kirche, Freiburg/Basel/Rom/Wien 1997, Sp. 1340.
[332] (Hrsg.) Höfer, Josef/Rahner, Karl, Lexikon für Theologie und Kirche, Bd. 7, 2. Aufl., Innsbruck/Freiburg 1962, Sp. 39.
[333] Mayer. S. 50 f.

lichkeit praktisch sinnvollen Handelns demonstriert."[334] Valerio hebt sich durch seine Vitalität, seine Gewitztheit und Frechheit von dem übrigen trübsinnig gestimmten und/oder statisch gezeichneten Personal ab. Letztendlich ist es ihm zu verdanken, dass aus dem „kleinen" Löwen Leonce ein König wird und er selbst sein ersehntes Staatsministeramt erhält. Letztendlich reaktiviert und vitalisiert er den lebensmüden Prinzen für seine neue Aufgabe.

Leonce verweist in der dritten Szene des 1. Aktes auf weitere Bedeutungsnuancen seines Namens:

> „Leonce. Mensch, du bist nichts als ein schlechtes Wortspiel. Du hast weder Vater noch Mutter, sondern die fünf Vokale haben dich miteinander erzeugt."[335]

Die Vokale und ihre Reihung in dem Namen „Valerio" haben auf dem zweiten Blick tatsächlich etwas sehr spielerisches. Alle Hauptvokale des Alphabets (liest man das V als U) sind dem Namen eingeschrieben und folgen (bis auf das V bzw. U) der alphabetischen Reihenfolge:

(V) – A – E – I – O

Valerio hat nicht nur einen „läufigen Lebenslauf"[336], er besitzt auch einen „Vokallauf" in seinen Namen. Dass gerade diese Vokale ihn „miteinander erzeugt" haben sollen, ist nicht nur eine Anspielung auf seine Wurzellosigkeit und mögliche Elternlosigkeit. Das Bewegliche und Passagere seines Charakters ist – folgt man dem Wortspiel Leonces – von dem Lauf der Vokale „ererbt".

Der Name Rosetta kann ebenfalls als ein „redender" verstanden werden. Die choreographische Grundbewegung und die gesamte Performance der Tänzerin in der 3. Szene des 1. Aktes lässt sich als ein flüchtiges Auf- und Abblühen einer kleinen[337] Rose(tta) bildlich umschreiben:

> „Leonce.[...] Rückt die Rosen näher [...] Wo ist die Rosetta?"[338]

> „Rosetta.[...] O meine heißen Wangen, ihr müßt glühen/Im wilden Kosen,/Und möchtet lieber blühen/Zwei w e i ß e Rosen."[339]

---

[334] Klingmann, Ulrich, Ich wollte mich an mein Volk erinnern. Utopie und Praxis in Georg Büchners „Leonce und Lena". In: Germanisch-Romanische Monatsschrift 37 (1987), S. 284.
[335] Mayer. S. 45.
[336] Ebd., S. 28.
[337] Auffallend ist, dass die Namen Leonce und Rosetta Diminutivsuffixe aufweisen.
[338] Mayer. S. 35.
[339] Ebd., S. 37.

„Leonce.[...] Wie ihr das Roth von den Wangen stirbt"[340]

„Leonce.[...] einige verwelkte Rosen [...] auf dem Boden"[341]

Dieter Lamping geht in seiner „Poetik des Personennamens"[342] auf eine weitere wichtige Funktion literarischer Namengebung ein: innerhalb des literarischen Diskurses ist es möglich, „mit Hilfe des Namens Figurenkonstellationen anzuzeigen".[343] Diese Strategie literarischer Onomastik lässt sich allgemein wie folgt umschreiben: „Sind Verschiedenheiten und Gegensätze von Namen Mittel der Kontrastierung, so dienen Namensgleichheiten und –ähnlichkeiten als Mittel der Korrespondierung von Figuren".[344] Büchners poetische Namengebung in „Leonce und Lena" scheint in unterschiedlichster und subtilster Weise ebenfalls bestimmte Figurenkonstellationen anzuzeigen. Folgende Spielarten lassen sich hierbei anführen:

A) „Zu den Lautkorrespondenzen gehören [...] Reim und Alliteration, die als Mittel der Korrespondierung häufig Verwendung finden, um Geschwister, vorzugsweise Zwillinge, Liebende und Freunde zu kennzeichnen."[345] In „Leonce und Lena" signalisieren die alliterierenden Namen der Königskinder ihre Seelenverwandtschaft und Liebe füreinander:

LEonce – LEna.[346]

B) Die Namen des Prinzen und der Prinzessin beinhalten Kurzformen der Namen Magdalene/-lena und Helene/-lena:

LEoNcE – LENA.

Die Einschreibung und „Inkorporation" des Eigennamens der Prinzessin in den Wortkörper des Prinzennamens scheint auf onomastischer Ebene Leonces Worte unmittelbar nach seiner ersten Begegnung mit der Prinzessin in der 2. Szene des 2. Aktes wiederzuspiegeln. Die Wirkung ihrer Stimme und ihrer Gestalt auf ihn wird als eine zugleich im Inneren und an der Oberfläche des Selbst sich entfaltende und schöpfende Kraft imaginiert:

---

[340] Ebd., S. 38.
[341] Ebd., S. 40.
[342] Lamping, Dieter, Der Name in der Erzählung. Zur Poetik des Personnamens, Bonn 1983.
[343] Ebd., S. 63.
[344] Ebd., S. 64.
[345] Ebd., S. 66.
[346] Auch in dem Wortpaar Pipi/Popo – den Namen der beteiligten Königreiche – wird auf phonologischer und semantischer Ebene eine Verbindung angekündigt.

„Leonce.[...] **Sie ruht auf mir** wie der Geist, da er über den Wassern schwebte, eh' das Licht ward. Welch Gähren in der Tiefe, **welch Werden in mir**, wie sich die Stimme durch den Raum gießt."[347]

Immer wieder stößt in „Leonce und Lena" der introspektive Blick des Prinzen auf dasjenige, was die Erscheinung Lenas zu antizipieren scheint. Bereits das dem 2. Akt vorangestellte Motto, ein freies Zitat aus Adelbert von Chamissos Gedicht „Der Blinde", nimmt dieses Leitmotiv auf:

„Wie ist mir **eine Stimme doch erklungen**
Im tiefsten Innern,
Und hat mit Einemmale mir verschlungen
All mein Erinnern."[348]

In ihm, Leonce, ruht also – auch auf onomastischer Ebene – Lena, sein Ideal:

„Leonce.[...] Ich habe das Ideal eines Frauenzimmers **in mir** und muß es suchen."[349]

C) Des weiteren erwähnt Lamping „lexikalische[...] Namensentsprechungen, um eine Figurenkonstellation deutlich zu machen."[350] Diese Spielart poetischer Namengebung betrifft die Namen des Prinzen, seines Freundes und (mit Einschränkungen) der Prinzessin :

LEONce – vaLErio (– LENa).

Man erkennt, dass sich in den Namen dieser zwei (drei) Hauptfiguren das Wort „leo(n)" = span./lat. Löwe verbirgt. Die Identität der Namen, die in „leo(n)" konvergieren, liegt allerdings nicht offen zutage. Sie wird in einer mehr oder weniger anagrammatisch verschlüsselten Form nahegelegt. Diese Konvergenz antizipiert das Ende des Lustspiels, an dem alle drei Figuren als die höchsten Repräsentanten einer neuen kommenden Herrschaft in Szene gesetzt werden. Aus dem „kleinen" wird ein großer „Löwe" bzw. ein König, Lena wird Königin und Valerio Staatsminister.

Generell lässt sich also die Behauptung aufstellen, dass in „Leonce und Lena" die literarische Namengebung nicht nur die einzelnen Figuren identifizierbar und benennbar macht, sondern zudem als eine „explizit-„ und „implizit-auktoriale

---

[347] Mayer. S. 62. Hervorhebungen von mir.
[348] Ebd., S. 53. Hervorhebungen von mir.
[349] Ebd., S. 55. Hervorhebungen von mir.
[350] Lamping, Dieter, Der Name in der Erzählung. Zur Poetik des Personennamens, Bonn 1983, S. 65.

Charakterisierungstechnik"[351] funktioniert, mit der die Figuren akzentuiert, charakterisiert und miteinander auf bestimmte Weise in Beziehung gesetzt werden.

---

[351] Pfister, Manfred, Das Drama. Theorie und Analyse, 9. Aufl., München 1997, S. 262 f.

VIII. FIGUR UND FORM – DER ÄSTHETISCHE GEHALT

1. Der „entformte" König

Betrachtet man die Figurenkonzeption des Königs unter formal-ästhetischen Gesichtspunkten und unter dem Aspekt literarischer Selbstreflexivität, so lassen sich weitere interessante Sinnhorizonte des Textes erschließen. Die defizitäre Durchgestaltung der Königsfigur erweist sich aus diesem Blickwinkel heraus als eine kalkuliert eingesetzte literarische Strategie. Durch diese Gestaltungsweise des Autors findet nicht nur der Persönlichkeitsverlust einer Figur, sondern auch Büchners Herrschaftskritik ihren adäquaten Ausdruck.

Bemerkenswerterweise verfügt die ungestalte Figur des Königs über ein Problembewusstsein der eigenen Unzulänglichkeit: sie ist zugleich Objekt, Zeuge und Kommentator ihrer eigenen *Ent*formung. Damit greift die Problematik des Verhältnisses zwischen Form und Inhalt unmittelbar auf die Ebene der dramatischen Handlung über: der Mangel an Form wird zum eigenständigen Thema der Fabel und bestimmt auch den interpersonalen Konflikt des Königs.

Bei seinem ersten Auftritt wird König Peter „von zwei Kammerdienern angekleidet"[352], wobei er „**fast nackt** im Zimmer herum[läuft]."[353] Es ist auffällig, dass der König ausgerechnet bei seinem bedeutsamen Debütauftritt, seiner eigentlichen „Geburt" im Stück in „fast nackter" Gestalt in Szene gesetzt wird. Offensichtlich soll damit auch äußerlich demonstriert werden, dass er nicht stillschweigend und ad hoc als eine integrale literarische Figur in das Drama und dessen fiktionale Welt eingeführt wird. Er präsentiert sich nicht von Beginn an als eine in die literarische Welt eingepasste Figur, die mit einer Identität, einem bestimmten Eigenschaftsspektrum und einer Persönlichkeitsstruktur ausgestattet bzw. „bekleidet" ist. Vielmehr wird durch die eigentümliche expositorische Inszenierung des Königs sein besonderer Status als fiktive Figur bzw. als ein intentionales **Konstrukt** kenntlich gemacht und problematisiert. So erhält keine Ad-hoc-Bildung, sondern vielmehr eine Figur in statu nascendi, ein „Rohprodukt" bzw. noch nicht vollständig realisiertes Projekt „König Peter" in der 2. Szene des 1. Aktes Einzug in das Drama.

---

[352] Mayer. S. 32.
[353] Ebd. Hervorhebungen von mir.

Im Initialstadium des Stücks verkörpert und veranschaulicht diese Figur die vorläufige und noch unvollständige Bilanz am Anfang jedes Prozesses der Bedeutungskonstitution, die durch den literarischen Text, seinen Leser und Autor vollzogen wird. Eine literarische Figur ist zu Beginn jedes Textes mehr oder weniger unbestimmt. Ihre komplexe Identität etabliert sich erst sukzessive durch den fortwährenden Zusatz neuer fiktionaler Aussagen und im Verlauf der verstehenden Lektüre. Jede Figur ist dem literarischen Schaffensprozess durch den Autor bzw. dem künstlerischen Akt immer subtiler werdender Formung und Durchgestaltung unterworfen. Die „Geburt" einer Figur im Stück, ihre anfängliche „Nacktheit" bzw. semantische Vagheit als solche wird nun in der Gestalt des Königs offen und deutlich zur Schau gestellt. Der Leser vermag der Königsfigur keine kohärente Form, keine individuelle Bestimmtheit und Plastizität zu verleihen. Sie verdichtet sich nicht zu einem Charakter mit einem spezifischen Profil, sondern spiegelt allenfalls das wider, was als lexikalische Bedeutung ihrem Eigennamen bereits von Anfang an eingeschrieben ist: einen kaum geformten, roh behauenen Stein oder Felsblock (= frz. Pierre). Die Kontur der Figur verflüchtigt und verwischt sich durch ihre fortwährende Bewegung:

„Peter.[...] Er läuft [...] im Zimmer herum."[354]

„Peter. (Läuft auf und ab.)"[355]

Auch die parataktisch gefügte, gehetzt und staccatohaft vorgetragene Rede seiner ersten Replik präsentiert sich kaum als eine thematisch zusammenhängende Folge von Aussagen. Peter hebt an in einem hochtrabenden Bildungsjargon: er reiht in einer verwirrenden Weise Formulierungen und Termini aneinander, die zum Teil philosophischen Diskursen entnommen sind bzw. „eklektisch zusammengefaselte[...] Philosopheme"[356] darstellen. Mit diesem Sprachmaterial versucht er punktuell den Akt seiner eigenen Einkleidung bzw. seiner erstmaligen Formung im Stück zu kommentieren:

„Peter.[...] Jetzt kommen meine Attribute, Modificationen, Affectionen und Accidenzien, wo ist mein Hemd, meine Hose? – Halt, pfui! der freie Wille steht davorn ganz offen. Wo ist die Moral, wo sind die Manschetten? Die Kategorien sind in der schändlichsten Verwirrung, es sind zwei Knöpfe zuviel zugeknöpft, die Dose steckt in der rechten Tasche. Mein ganzes System ist ruinirt."[357]

---

[354] Ebd.
[355] Ebd., S. 33.
[356] Nowitzki, Hans-Peter, *Halt, ist der Schluß logisch?* Zu Büchners anamorphotischer Poesiekonzeption. In: Euphorion 92 (1998), S. 319.
[357] Mayer. S. 32.

Der noch fragmentarisch und unbestimmt gehaltene König wird hier zum Zeugen seiner eigenen Montage, seiner allmählichen Zusammenfügung und Einkleidung in „Hemd", „Hose" und literarische Worte. Er verlangt wie ungestaltete Materie ungeduldig nach den formenden und spezifizierenden „Attributen", die ihn zu einer ganzheitlichen „Figur" („von mhd. *fig(i)ûre*, geht über afrz. *figure* zurück auf lat. *figura* ‚Gestalt', abgeleitet [...] von *fingere* ‚**bilden**'"[358]; „Das lateinische <figura> [...] verwandt mit fingere, **bilden, formen, gestalten**"[359]) zu komplettieren bzw. zu einem stimmigen literarisch vermittelten Menschenbild zu konkretisieren vermögen. Die Aufgabe seiner ersehnten Formung wird nicht ihm selbst übertragen. Der Dienerschaft obliegt die identitätsstiftende Einkleidung der Herrschaft. Wie einem Schauspieler kurz vor seinem Auftritt legen die zwei Kammerdiener ihm das Kostüm seiner Rolle an. Beide werden zudem (wenn auch ohne große Hilfe) zurate gezogen bei dem Bemühen des Königs, seinen Rollentext in Erinnerung zu rufen.

Mit dem weiteren Verlauf des Stücks wird allerdings zunehmend offensichtlicher, dass die anstehende Profilierung und Individuation der Königsfigur in großem Maße auszubleiben bestimmt ist. Peter präsentiert sich weiterhin als unzulänglich gestalteter, fragmentarischer Charakter. Damit werden die Erwartungen des Lesers an eine Königsfigur unterminiert. Durch die Titelbezeichnung „König" ebnet Büchner in dem Leser einen bestimmten Erwartungshorizont mit tradierten Assoziationsketten. Dies geschieht jedoch nur, um diesen Horizont im Verlauf des dramatischen Geschehens wieder zu untergraben und die Figur durchgängig ins Grotesk-komische zu wenden. Peter ist in seiner defizitären Ausformung bis zum Schluss des Stücks kaum als ein historischer oder literarischer König von Größe vorstellbar.

Mitunter scheint sich die Königsfigur allerdings seiner Fehlkonstruktion bewusst zu sein. In der zweiten Szene des dritten Aktes versucht sie in einem Eigenkommentar ihr gefährdetes Selbstverständnis zu formulieren:

„Peter.[...] Wenn ich so laut rede, so weiß ich nicht wer es eigentlich ist, ich oder ein anderer, das ängstigt mich."[360]

---

[358] Platz-Waury, Elke, Figur. In: (Hrsg.) Weimar, Klaus, Reallexikon der deutschen Literaturwissenschaft. Neubearbeitung des Reallexikons der deutschen Literaturgeschichte, Bd. 1, Berlin/New York 1997, S. 587. Hervorhebungen von mir.
[359] Dierse, U., Figur. In: (Hrsg.) Ritter, Joachim, Historisches Wörterbuch der Philosophie, Bd. 2, Darmstadt 1972, Sp. 948. Hervorhebungen von mir.
[360] Mayer. S. 34.

Diese und andere Äußerungen Peters sind nicht nur als figurenperspektivisch gebundene Selbstcharakterisierungen zu verstehen. Sie stellen zugleich auch objektive Urteile bzw. punktuell metafiktionale Reflektionen über den Status der Königsfigur als fiktives Konstrukt und über deren unzulängliche literarische Ausgestaltung dar. Peters Äußerung ist für den Leser in gewissem Maße höchst nachvollziehbar, so dass sich von dessen Standpunkt aus die Worte des Königs wie folgt umformulieren ließen:

> „Wenn Du so redest, Peter, so weiß ich als Leser nicht, wer du eigentlich bist, ein echter König oder etwas anderes, das verstört mich!"

Die drohende Entfremdung des Königs von der eigenen Rede wird als ein Depersonalisationsphänomen mehrmals im Stück thematisiert. Schmidt behauptet in diesem Zusammenhang, dass „die Beziehung von Seele, Sprache und Bewußtsein [...] auf einmal als aufgekündigt erfahren"[361] wird. Der Verlust der Macht über die eigene Sprache macht diese „zu etwas Automatenhaftem. Sie kommt nicht mehr aus dem Inneren des Subjekts, das sich jetzt im Stadium der Dezentrierung befindet."[362] Die Krise der Identität des Königs äußert sich also am grundlegendsten in der Problematisierung seiner Sprache. Sie ist eine fortwährend gefährdete: nicht nur die Eigentümerschaft seiner Rede steht zur Debatte. Auch die sprachliche Verständigung sowie das Bestehen, die Geltung und das Erinnern der eigenen Worte bedürfen der ständigen Überprüfung und Vergewisserung. So ist es in diesem Zusammenhang auch äußerst symptomatisch, dass seine Rede fortwährend im Modus des Fragens steht:

> „Peter.[...] Begriffen? [...] versteht Ihr?"[363]
>
> „Peter.[...] Ihr versteht mich doch?"[364]
>
> „Peter.[...] Also von was war eigentlich die Rede? Von was wollte ich sprechen?"[365]
>
> „Peter.[...] habe ich nicht den Beschluß gefaßt, daß [...]? War das nicht unser festester Entschluß? [...] Habe ich nicht mein königliches Wort gegeben?"[366] usw.

Prinzipiell gilt für die Figur des Königs **nicht**, „daß im Akt der Rede die Subjektivität der sprechenden dramatis persona sich konstituiert und zur Realpräsenz

---

[361] Schmidt, Axel, Tropen der Kunst. Zur Bildlichkeit des Kunstbegriffs in Georg Büchners „Dantons Tod", „Lenz" und „Leonce und Lena", Neuwied 1991, S. 92.
[362] Ebd. S. 93.
[363] Mayer. S. 32.
[364] Ebd., S. 33.
[365] Ebd., S. 34.
[366] Ebd., S. 76 f.

gelangt".³⁶⁷ Allenfalls das Scheitern, die Wirkungslosigkeit der Rede und die allmähliche Verflüchtigung der Sprache kann von König Peter registriert und in Worte gefasst werden. Die „Mortifikation der dramatischen Rede"³⁶⁸ findet ihren sinnfälligen Ausdruck auch in ihrer Tendenz zur weltfremden Abstraktion, zur Wiederholung und Tautologie:

„Peter.[...] An sich ist an sich"³⁶⁹

„Peter.[...] Ich bin ich."³⁷⁰

Die tautologische Redeweise des Königs entspricht seinem Erklärungsnotstand: „Man flüchtet sich in die Tautologie wie in die Angst, den Zorn oder die Traurigkeit, wenn einem die Erklärungen ausgehen", schreibt Roland Barthes. Für ihn ist sie ein „Ausbleiben der Sprache", „ein Verlöschen zur rechten Zeit, eine heilsame Aphasie" und „ein Akt [...], der die Wortbewegung des Rationalen ausführt [also: „An sich ist..." oder „Ich bin..."], dieses aber gleichzeitig aufgibt [also: „...ist an sich" oder „...bin ich."] und glaubt, mit der Kausalität fertig zu sein, weil er das einleitende Wort ausgesprochen hat."³⁷¹ Das „Problem der Identitätskonstitution über Selbstzuschreibung von epistemischen Prädikaten"³⁷² ist in dieser Form für den König nicht zu beheben. Sie stellt vielmehr eine Flucht in vereinfachte philosophische Begründungszusammenhänge dar. „Wenn der Präsident auf die Frage, was er davon halte, »gravitätisch langsam« den von Büchner natürlich satirisch gemeinten Bescheid gibt: »vielleicht ist es so, vielleicht ist es aber auch nicht so«, dann hat er damit so ganz Unrecht doch nicht. Denn daß für das Ich die Tautologie des Identitätssatzes in der Tat keine Binsenwahrheit, sondern ein Problem darstellt, zeigt sich in der Erzählung ›Lenz‹ in den vergeblichen Bemühungen des Helden, sich selbst zu finden."³⁷³ König Peters berechtigte Zweifel an seiner eigenen Identität lassen sich durch solche philosophisch anmutenden Sätze nicht aus der Welt schaffen. Das „Streben König Peters, mittels formaler Logik seinem Selbstbewußtsein aufzuhelfen und sich dadurch seiner

---

³⁶⁷ Deiters, Franz-Josef, Drama im Augenblick seines Sturzes. Zur Allegorisierung des Dramas in der Moderne. Versuche zu einer Konstitutionstheorie, Berlin 1999, S. 192.
³⁶⁸ Ebd.
³⁶⁹ Mayer. S. 32.
³⁷⁰ Ebd., S. 34.
³⁷¹ Barthes, Roland, Mythen des Alltags, Übersetzung von Scheffel, Helmut, Einmalige Sonderausgabe, Frankfurt am Main 1996, S. 143 f.
³⁷² Nowitzki, Hans-Peter, Halt, ist der Schluß logisch? Zu Büchners anamorphotischer Poesiekonzeption. In: Euphorion 92 (1998), S. 319.
³⁷³ Michelsen, Peter, Das Leid im Werk Georg Büchners. In: Jahrbuch des freien deutschen Hochstifts 1989, S. 295.

selbst mächtig zu werden, bleibt wohl immer der Erfolg verwehrt. Er vermag nicht zum Denken (zur Vernunft) zu gelangen."[374]

Es stellt sich schließlich die Frage, warum Büchner die Königsfigur so ungestalt in das Werk setzt, sich seiner stärkeren Individualisation und Formung verweigert und diese Verflüchtigung der Form innerhalb des Stückes selbst thematisch aufgreift. Eine mögliche Erklärung ergibt sich, wenn man beispielsweise versucht, an einige Äußerungen Büchners in „Der hessische Landbote"(1834) anzuknüpfen. Darin äußert er sich über das hessische Großherzogtum, über dessen Führer und Beamten wie folgt:

> „Die Anstalten, die Leute[...] sind nur Werkzeuge, sind nur Diener. **Sie thun nichts in ihrem Namen**, unter der Ernennung zu ihrem Amt steht ein L., das bedeutet *Ludwig von Gottes Gnaden* und sie sprechen mit Ehrfurcht: >im Namen des Großherzogs.< [...] Im Namen des Großherzogs sagen sie, und der Mensch, den sie so nennen, heißt: unverletzlich, heilig, souverain, königliche Hoheit.[...] und seine göttliche Gewalt vererbt sich auf seine Kinder mit Weibern, welche aus eben so übermenschlichen Geschlechtern sind."[375]

Es scheint mir, dass die hier angesprochene Diskrepanz zwischen der Idealisierung des Namens und des Titels der Machthaber einerseits und ihrer politischen Inkompetenz bzw. dem alleinigen Interesse am Machterhalt andererseits in „Leonce und Lena" auf der Ebene der Figurenkonzeption des Königs literarisch aufgenommen wird. Der Königstitel, die Sorge um die Erbfolge und die Angst um das eigene königliche Wort präsentieren sich als die einzigen Konstanten dieser Figur. Ansonsten aber gelten für Peter diejenigen Bestimmungen, die von ihm selbst fortwährend ausformuliert werden:

> „Peter.[...] Mein ganzes System ist ruinirt."[376]

> „Peter.[...] ich bin in der größten Verwirrung. Ich weiß mir nicht mehr zu helfen."[377]

> „Peter.[...] Ich bin in der größten Verwirrung."[378]

Die konzeptuelle „Verwirrung" der Königsfigur, ihr „Systemfehler" ist zugleich die Degradation ihres historischen Vorbilds. Herrschaftskritik präsentiert sich in „Leonce und Lena" somit auch als Entzug und Problematisierung der Form des Titelträgers: das Etikett „König" haftet am Ungestalten. Peters Abtritt am Schluss des Stücks ist die letzte Konsequenz dieser Entformung.

---

[374] Nowitzki, Hans-Peter, *Halt, ist der Schluß logisch? Zu Büchners anamorphotischer Poesiekonzeption*. In: Euphorion 92 (1998), S. 321.
[375] Lehmann II. S. 42/44. Hervorhebungen von mir.
[376] Mayer. S. 32.
[377] Ebd., S. 33.
[378] Ebd., S. 79 f.

2. Die Innenwelt der Außenwelt – das meteorologische und topographische Bild als Spiegel der Innenwelt Leonces

Der literarische Raum zeichnet sich vor allem dadurch aus, dass ihm neben der Funktion der topographischen Konstitution der fiktionalen Welt häufig die zusätzliche (und mitunter sogar dominierende) Aufgabe eines „Medium[s] zur Veranschaulichung nichträumlicher Aspekte"[379] zuwächst: er „fungiert zwar als Kulisse für Handlungen, geht aber in den meisten Fällen darüber hinaus: er wird zum Resonanzboden für Emotionen und Stimmungen und somit zur Projektionsfläche geistig-seelischer Inhalte [...] oder er wird zum Medium für symbolische und mythische Weltentwürfe".[380] Diesem zentralen Aspekt der Symbolfunktion literarischer Räume sei als ein weiteres wichtiges Merkmal Christina Vogels Beobachtung beigefügt, dass der literarische Text häufig in markanter Weise den (zumeist unbewusst ablaufenden) kognitiven Prozess der individuellen und kollektiven Konstruktion von Raum vor Augen führt: „Der Umgang mit literarischen Texten ist deshalb lehrreich, weil er uns wahrnehmen lässt [...], dass die Raumerfahrung nicht selbstverständlich und *a priori* gegeben ist, dass sie kollektiv und individuell vollzogen werden muss, unter sich ändernden Voraussetzungen. [...] Die unterschiedlichsten Raumerlebnisse existieren immer für, immer in bezug auf Subjekte."[381]

In Büchners Lustspiel „Leonce und Lena" drängt sich der Symbol- und Konstruktionscharakter literarischer Räume vor allem im Hinblick auf die Prinzenfigur und seine spezifische Umweltwahrnehmung in den Vordergrund. Leonces Schilderungen topographischer Verhältnisse und meteorologischer bzw. klimatischer Vorgänge drücken vielmehr die Gemüts- und Schicksalslage des Prinzen aus, als dass sie lediglich schmückendes Beiwerk sind oder die eigentliche und vorherrschende räumliche Konstellation und natürliche Wetterlage der fiktiven Welt in Worte kleiden. Naturwahrnehmung, -empfindung und -beschreibung orientieren sich am Innenleben des Helden, aber auch an der Art und Weise, wie er sich selbst in den Raum fügt oder fügen will. Diese Orientierung erfolgt in so hohem Maße, dass die beschränkten Dimensionen des Privatschicksals in die Sphäre der Natur expandiert und transponiert erscheinen. Die Umwelt und ihre

---

[379] Wenz, Karin, Raum, Raumsprache und Sprachräume. Zur Textsemiotik der Raumbeschreibung, Tübingen 1997, S. 99.
[380] Ebd.
[381] Vogel, Christina, Raum-Körper-Konstellationen in der modernen Literatur. In: (Hrsg.) Hess-Lüttich, Ernst W.B./Müller, Jürgen E./Zoest, Aart van, Raum & Zeichen. An International Conference on the Semiotics of Space and Culture in Amsterdam, Tübingen 1998, S. 184.

Wetterlage präsentiert sich in Leonces Rede somit des Öfteren als sein erweiterter „Innenraum" bzw. als ein Resonanzraum seines persönlichen „Klimas".

Dieser spezifischen Raumerfahrung des Prinzen, seinem Hang zur Subjektivierung der Natur und ihrer klimatischen Verhältnisse korrespondieren interessanterweise einige seiner introspektiven Überlegungen, die sich räumlicher Metaphern bedienen: das Seelische selbst wird als räumlich gedacht und in topographische Bilder gefasst. Der „Verräumlichung" der Innenwelt, ihrer scheinbaren „Objektivierung" als Interieur entspricht somit auf der anderen Seite die Subjektivierung der Außenwelt.

Im folgenden soll an einigen Textpassagen etwas anschaulicher erläutert werden, in welcher Art und Weise Leonces Innenwelt und seine Umwelt(wahrnehmung) miteinander korrelieren. Außerdem soll analysiert werden, welcher Stellenwert der Konzeption des Interieurs bei seinen Introspektionen zukommt.

2.1. Das persönliche und politische „Klima"

Auf die Existenz einer inneren „Jahreszeit", die eigenen Gesetzen und Verläufen folgt, verweist Lenas Charakterisierung des Prinzen in der 3. Szene des 2. Aktes kurz nach ihrer ersten Begegnung:

> „Lena. Er war so alt unter seinen blonden Locken. Den Frühling auf den Wangen, und den Winter im Herzen. [...] wenn der Geist müd' ist, wo soll er ruhen?"[382]

Aus dieser Replik lassen sich folgende begriffliche Oppositionspaare herauslösen:

- Äußeres (Locken, Wangen) – Inneres (Herz, Geist)
- jung – alt
- warm (Frühling, blond) – kalt (Winter)
- beweglich (munter) – unbeweglich (müde)

Der emotionalen und seelischen Verfassung des Prinzen und einem Großteil seiner Naturbilder werden immer wieder die rechts stehenden Begriffe zugeordnet. Je stärker der Blick sich von dem äußerem Erscheinungsbild des Helden ab- und seinem Inneren und dessen Visionen zuwendet, desto (k)älter und träger erscheint die Figur.

Die von Lena diagnostizierte innere Jahreszeit des Prinzen entspricht kaum der tatsächlichen Großwetterlage der fiktiven Welt, denn „über das Stück verteilt finden sich mehrere Hinweise, dass es sehr warm ist: Selbst die Bienen sind träge

---

[382] Mayer. S. 63.

(I/1, 21. 11), Myrthe und Oleander (II/1, 57. 6) sind ursprünglich in warmen Mittelmeergegenden beheimatet, Valerio verflüchtigt (II/3, 64. 4), man kann nachts draußen schlafen (II/4, 67. 9), der Schulmeister spricht von „Hitze" (II/2, 72. 7), die Hofdamen schwitzen (III/3, 75. 3-4)."[383]

Als markante Begleiterscheinung dieses individuellen Kältegefühls lässt sich die ungemeine Statik der Prinzenfigur im ersten Akt anführen. Ihr scheinbar bewegungsunfähiger Körper bleibt zumeist wie festgefroren an fixen Raumpunkten der Szenerie sitzen oder liegen. Der innere Kälteeinbruch scheint somit auch die „Einfrostung" der gesamten Figur zu bewirken.

Anfangs wird im Lustspiel nur der Zustand der Lethargie, die innere und äußere Lähmung, in entsprechende Naturbilder transponiert. In Leonces Repliken stehen dabei des Öfteren Gemütslage und meteorologischer Zustand auch syntaktisch in unmittelbarer Verbindung zueinander:

„Leonce.[...] Bin ich ein Müßiggänger? Habe ich keine Beschäftigung? – Ja, es ist traurig[...]
Leonce. Daß die Wolken schon seit drei Wochen von Westen nach Osten ziehen. Es macht mich ganz melancholisch."[384]

„Leonce.[...] Die Bienen sitzen so träg an den Blumen, und der Sonnenschein liegt so faul auf dem Boden. Es krassirt ein entsetzlicher Müßiggang."[385]

Körperliche und seelische Trägheit sowie die Gleichförmigkeit des zeremoniösen Lebens am Hofe findet ihr Echo in einer reizlosen Natur. Der Naturraum bietet für den Prinzen keine Abwechslung und Zuflucht vor der eigenen Missstimmung. Valerios anfängliches romantisches „Gefühl für die Natur"[386] kann der Prinz nicht nachempfinden und wird von ihm als ein Ideal bloßgestellt.[387] Diese distanzierte und desillusionierte Haltung zur Natur, die zugleich auch eine versteckte Form des Selbstzweifels ist, drückt sich auch in den körperlichen Verhaltensweisen des Prinzen aus: während sich Valerio in der ersten Szene träumerisch ins Gras legt, bleibt der Prinz allenfalls „halb ruhend auf einer Bank"[388], „auf ein Ruhebett"[389] oder „auf den Boden", den „letzte[n] Platz, den Sie einmal erhalten, aber er trägt Niemand etwas ein, als dem Todtengräber."[390] Erst viel später nach

---

[383] Neuer Kommentar, zu 33. 17 *sehr heiß*
[384] Mayer. S. 19.
[385] Ebd., S. 21.
[386] Ebd., S. 25.
[387] Vgl. ebd.
[388] Ebd., S. 19. Vgl. auch S. 21.
[389] Ebd., S. 35.
[390] Ebd., S. 43.

der Begegnung des Prinzen mit Lena findet diese Motivkette ihre Wendung: „Er legt sich ins Gras."[391]

Die Korrelation von Innen- und Außenwelt wird später in der 2. Szene des 1. Aktes radikalisiert, indem Leonce erstmals den Begriff der Kälte aufgreift und auf die Außenwelt projiziert. Seine depressive und frustrierte Stimmungslage, sein Zustand innerer „Kälte", findet ihren äußeren Reflex in der natürlichen Wetterlage:

> „Leonce.[...] Ich sitze wie unter einer Luftpumpe. Die Luft so scharf und dünn, daß mich friert, als sollte ich in Nankinghosen Schlittschuh laufen."[392]

Die vom Prinzen angesprochene Kaltluft und das winterliche Tief ist wohl eher der ins Meteorologische gewendete Ausdruck des seelischen Tiefs auf dem eigenen persönlichen Stimmungsbarometer und Spiegel der Schicksalslage eines Prinzen, dem die starren hofgesellschaftlichen Regeln und Pflichten die freie Luft zum Atmen rauben.

Durch die Begegnung mit der unbekannten Schönen im 2. Akt vollzieht sich sodann ein positiver Wetterumschwung:

> „Leonce.[...] Die Luft ist nicht mehr so hell und kalt, der Himmel senkt sich glühend dicht um mich und schwere Tropfen fallen."[393]

> „Leonce.[...] das Wetter ist so vortrefflich."[394]

Mit dem Überschreiten der „Kaltfront" des königlichen Schlosses und der Neuerfahrung wahrhaftiger Liebe setzt die Veränderung des meteorologischen und seelischen Zustands ein. Durch die innere „Erwärmung" löst sich Leonces Körper allmählich aus seiner „Kälte"-Starre. Er wird beweglicher und erfährt durch die Begegnung mit Lena ein „frühlingshaftes" Erwachen und Reifen innerer und äußerer Kräfte. Dieses Erlebnis ähnelt einer zweiten göttlichen Schöpfung:

> „Leonce.[...] O diese Stimme [...]. Sie ruht auf mir wie der Geist, da er über den Wassern schwebte, eh' das Licht ward. Welch Gähren in der Tiefe, welch Werden in mir, wie sich die Stimme durch den Raum gießt."[395]

> „Leonce.[...] Wie frischathmend, schönheitglänzend ringt die Schöpfung sich aus dem Chaos mir entgegen."[396]

---

[391] Ebd., S. 67.
[392] Ebd., S. 40.
[393] Ebd., S. 62.
[394] Ebd., S. 67.
[395] Ebd., S. 62.
[396] Ebd., S. 66.

Mit der positiven Klimaveränderung im zweiten Akt scheint sich allmählich Leonces Italien-Imago meteorologisch zu realisieren. Diese südländisch-sommerliche Vision, die den Prinzen an der Nahtstelle zum zweiten Akt ereilt und auch physisch überkommt, ist die Initialzündung seiner Flucht aus dem königlichen Schloss. Sie ist der **Beweg**-Grund auch seines Körpers, der sich nun erstmals spürbar aus seiner Lähmung befreit:

> „Leonce.[...] (**Aufspringend**.) Ah Valerio, Valerio, jetzt hab' ich's! Fühlst du nicht das Wehen aus Süden? Fühlst du nicht wie der tiefblaue glühende Aether auf und ab wogt, wie das Licht blitzt von dem goldnen, sonnigen Boden [...]? [...] Wir gehen nach Italien."[397]

Es muss allerdings betont werden, dass Leonces Naturerlebnisse **vor** der Begegnung mit Lena noch nicht als ausschließlich unbeschwert und positiv bewertet werden können. Während seiner Flucht wird dem Prinzen „auf einer Anhöhe"[398] ein panoramatischer Blick auf die ihn umgebende Landschaft gewährt. Die „weite Aussicht"[399] konfrontiert den Prinzen in der 2. Szene des 2. Aktes mit einer Natur, die ihm als eine Kontrastfolie durch ihre Urzeitlichkeit und Selbstgenügsamkeit seine eigene Nichtigkeit vor Augen führt. Während die Natur ohne Selbstzweifel ihrem ewigen naturgeschichtlichen Lauf zu folgen bestimmt ist, hadert der sterbliche Leonce ständig mit seiner Biographie. Er wähnt sich deswegen aus dem harmonischen Kreislauf der Natur ausgeschlossen:

> „Leonce. Siehst du die alten Bäume, die Hecken, die Blumen, das Alles hat seine Geschichten, seine lieblichen heimlichen Geschichten.[...] O Valerio, und ich bin so jung und die Welt ist so alt. Ich bekomme manchmal eine Angst um mich und könnte mich in eine Ecke setzen und heiße Thränen weinen aus Mitleid mit mir."[400]

Leonce, der Mensch mit geringer und zweifelhafter Geschichte, sieht sich wurzellos einer Welt ausgeliefert, in die sich ein Übermaß an „lieblicher" Historie eingeschrieben hat. Dieses unaufhebbare Ungleichgewicht scheint ihm Angst einzuflößen. Diese existentielle Angst, das Gefühl der eigenen Nichtigkeit vor der Weltgeschichte, ist eine andere als die der Greisen:

> „Leonce. [...] Siehst du die greisen freundlichen Gesichter unter den Reben an der Haustür? Wie sie sitzen und sich bei den Händen halten und Angst haben, daß sie so alt sind und die Welt noch so jung ist."[401]

---

[397] Ebd., S. 48. Hervorhebungen von mir.
[398] Ebd., S. 58.
[399] Ebd.
[400] Ebd.
[401] Ebd.

Leonces Angst ist eine vor dem Leben (die Angst, sich in die Weltgeschichte nicht **ein**klinken zu können), die der Alten vor den Tod (die Angst, sich aus der Weltgeschichte **aus**klinken zu müssen).

Die mit dem Aufbruch des Prinzen ins Unbekannte neu aufkommende Existenzangst und seine noch vorherrschende Entfremdung von der Natur äußert sich auch in einer befremdlichen und gespenstischen Einwirkung atmosphärischer Vorgänge auf die Psyche des Betrachters. „Die Umwelt verwandelt sich, sie nimmt einen wirren, irren Charakter an"[402]:

> „Leonce.[...] Welch unheimlicher Abend. Da unten ist Alles still und da oben wechseln und ziehen die Wolken und der Sonnenschein geht und kommt wieder. Sieh, was seltsame Gestalten sich dort jagen, sieh die langen weißen Schatten mit den entsetzlich magern Beinen und Fledermausschwingen und Alles so rasch, so wirr und da unten rührt sich kein Blatt, kein Halm. Die Erde hat sich ängstlich zusammengeschmiegt, wie ein Kind und über ihre Wiege schreiten die Gespenster."[403]

Allerdings ist der Blick auf die Wolkenformationen kein gleichgültiger mehr wie im ersten Akt, sondern ein interessierter und faszinierter. Leonce registriert nicht mehr nur betrübt die stetige Bewegungsrichtung der Wolken „von Westen nach Osten"[404], sondern betrachtet sie als wechselnde Bilder „seltsamer Gestalten".

Die nicht nur private, sondern auch politisch-gesellschaftliche Brisanz der Wetter-Metaphorik wird insbesondere am Ende des Stücks offenkundig, wo die künstliche (!) Beeinflussung des Klimas in das neue Regierungsprogramm mit aufgenommen wird. Dem veränderten natürlichen Klima soll ein neues zukünftiges politisches Klima entsprechen:

> „Leonce.[...] Und dann umstellen wir das Ländchen mit Brennspiegeln, daß es keinen Winter mehr gibt, und wir uns im Sommer bis Ischia und Capri hinauf destilliren, und wir das ganze Jahr zwischen Rosen und Veilchen, zwischen Orangen und Lorbeern stecken"[405]

Die Witterung in „Leonce und Lena" ist also stets auch ein Politikum. Schon im ersten Akt scheint das fortgewünschte metaphorisch gemeinte winterliche Klima auch politisch konnotiert zu sein. So folgen auffälligerweise dem bereits zitierten Luftpumpen-Vergleich Leonces und seiner Benennung der „scharfen und dün-

---

[402] Dedner, Burghard, Büchners Lachen: Leonce und Lena. In: (Hrsg.) Fabitius, Jürgen, Wuppertaler Büchner Tage. Zum 150. Todestag von Georg Büchner am 19. Februar 1987. 19: bis 22. Februar 1987 im Schauspielhaus, Frankfurt am Main 1988, S. 93.
[403] Mayer. S. 60.
[404] Ebd., S. 19.
[405] Ebd., S. 86.

nen" Luft, die ihn frieren lässt, unmittelbar die Namen zweier despotischer römischer Kaiser, die wegen ihrer Grausamkeit berüchtigt waren:

> „Leonce.[...] Meine Herren, meine Herren, wißt ihr auch, was Caligula und Nero waren? Ich weiß es."[406]

Die letzte programmatische Rede Leonces ist in den hier analysierten Zusammenhängen neben dem Aspekt der Politisierung des Klimas noch in einem zweiten Punkt sehr aufschlussreich. Das zukünftige Königreich soll einem großflächigen optischen Experiment unterzogen werden, d. h. die vom Prinzen angesprochenen Brennspiegel sollen das Land als fokalen Bereich erwärmen, indem sie als Hohlspiegel die einfallenden Lichtstrahlen bündeln und somit intensivieren.

Der aus der Optik entstammende Begriff des Brennspiegels steht funktional in direktem Kontrast zu dem des Prismas, der von Leonce im 1. Akt bildlich aufgegriffen wird und nicht die Fokussierung, sondern die Dispersion des Lichtes in den Mittelpunkt rückt:

> „Leonce.[...] Mein Gott, wieviel Weiber hat man nöthig, um die Scala der Liebe auf und ab zu singen? Kaum daß Eine einen Ton ausfüllt. Warum ist der Dunst über unsrer Erde ein Prisma, das den weißen Gluthstrahl der Liebe in einen Regenbogen bricht?"[407]

Der Akt der Dispersion des weißen Lichts bzw. die mit diesem optischen Phänomen bildhaft umschriebene Erfahrung unzulänglicher Liebe wird durch die Begegnung Lenas auf der Flucht zurückgenommen. Mit ihr wird die gesamte „Skala der Liebe", die zuvor nur partiell in ihren einzelnen „Spektralfarben" zu genießen war, wieder in toto und in konzentrierter Form erfahrbar. Zum Ende hin prophezeit Leonce Umwälzungen, in denen diese Privaterfahrung ihr Äquivalent auch in der sozialen und politischen Sphäre finden wird.

Allgemein lässt sich vorerst zusammenfassen, dass es in Leonces Schilderungen von Landschaft und Wetter nicht oder nur zu einem kleinen Teil um die Natur als solche geht. Nicht Wirklichkeitsaneignung liegt vor, wenn Landschaft und Wetter beschrieben werden, sondern Wirklichkeitsprojektion. Natur und Klima sind stets bestimmten Subjektivierungs- und Politisierungsprozessen unterworfen und fungieren damit immer auch als Indizien des persönlichen und sozial-politischen Status quo.

---

[406] Ebd., S. 40.
[407] Ebd., S. 39 f.

2.2. Bewegung und Räumlichkeit

Wie bereits zuvor ansatzweise ausgeführt wurde, zeichnet sich der Prinz vor seiner Flucht aus dem Königsschloss durch ein ungemein statisches Auftreten aus. Das Sitzen, die Unfähigkeit sich (auch gedanklich[408]) zu bewegen, wird in auffälliger Weise wiederholt im Stück aufgegriffen. Seine anfangs stark ausgeprägte „Passion zu sitzen"[409] bindet ihn zwangsläufig an fixe Standorte. Loece ist eine allem Transitorischen abgeneigte statuarische Erscheinung. Es wäre nun zu diskutieren, ob diese statische Positionierung des Prinzen im Raum nicht auch in einem engen Wechselwirkungsverhältnis zu seiner Wahrnehmung von Räumlichkeit und seiner Deutung der eigenen Psyche steht. Vogel bestimmt das Verhältnis von Körper(verhalten) und Raum(wahrnehmung) wie folgt: „Die spezifische menschliche Körperhaltung und -gestalt bestimmt unsere Erfahrung von Raum (und Zeit). [...] Der aufrechte Gang, die Bewegungs- und Wahrnehmungsmöglichkeiten – **oder Einschränkungen** –, die durch unsere Glieder und Organe gegeben sind, bestimmen wesentlich die Art und Weise, wie wir Raum/Räume, nicht nur erleben und erkennen, sondern organisieren". [410]

Die „Raum-Körper-Konstellation"[411] erweist sich im Bezug auf den Prinzen hingegen als eine sehr statische. Die Fähigkeit, den umgebenden Raum (und damit auch den Schauplatz des dramatischen Geschehens) als einen Aktionsradius eigener Handlungen und Bewegungen zu verwerten, scheint Leonce zwar zu ersehen, sich aber vorerst selbst abzusprechen:

> „Leonce.[...] Der Mann, der eben von mir **ging**, ich beneidete ihn [...] Wie der Mensch **läuft**! Wenn ich nur etwas unter der Sonne wüßte, was mich noch könnte **laufen** machen."[412]

Leonce bemüht sich selten, den Raum durch ihr Durchschreiten auch körperlich zu überwinden und ihn als Aktions- und Handlungsraum verfügbar und erfahrbar zu machen. Doch die wenigen Versuche, sich in die räumlichen Gegebenheiten nicht nur wie in einem dem Menschen übergeordneten statischen Behälter auf fixe Koordinaten festzu"setzen", scheitern kläglich:

---

[408] Vgl. Mayer. S. 40: „Leonce.[...] O ich kenne mich, ich weiß was ich in einer Viertelstunde, was ich in acht Tagen, was ich in einem Jahre denken und träumen werde."

[409] Ebd., S. 45.

[410] Vogel, Christina, Raum-Körper-Konstellationen in der modernen Literatur. In: (Hrsg.) Hess-Lüttich, Ernst W.B./Müller, Jürgen E./Zoest, Aart van, Raum & Zeichen. An International Conference on the Semiotics of Space and Culture in Amsterdam, Tübingen 1998, S. 184. Hervorhebung von mir.

[411] Ebd., S. 182.

[412] Mayer. S. 21. Hervorhebung von mir.

„Leonce. (geht auf ihn los). [...]
Valerio. (läuft weg, Leonce stolpert und fällt). [...]
Leonce bleibt auf dem Boden sitzen."[413]

Letztendlich bleibt der Prinz in seiner Gesamterscheinung im ersten Akt bis zu seinem Fluchtplan eine fest auf der Bühne verankerte Figur, die niemals auf- oder abtritt, sondern um die wie um einen Fixstern die anderen Figuren in Variationen des Sich-Näherns oder -Entfernens kreisen müssen.

In Ergänzung zu Vogel, die behauptet, dass „unsere *Körper* [...] nicht nur in den und zum Raum gestellt" sind, sondern vielmehr „*Raum* durch ihre Bewegungen, Verschiebungen und Deplacierungen"[414] generieren, wäre im Bezug auf Leonce folgende These aufzustellen: Leonce konstruiert und bewertet seinen Erlebnisraum unter anderem aus seiner **Un**beweglichkeit bzw. der topographischen Fixierung und stationären Platzierung seines Körpers heraus. Räumlichkeit wird vom Prinzen also auch deswegen als leblos und kalt bzw. negativ konnotiert aufgefasst, weil er seine Umgebung nicht als einen **Frei**-Raum, innerhalb dessen man sich bewegen und in dem man agieren kann, sondern als eine Einfassung seines Körpers begreift und erfährt. Leonce begreift den Raum als ein fixes topographisches und soziales Koordinatensystem, in dem ihm selbst nur ein begrenzter und fester Stand- bzw. „Sitz"-ort vorbehalten ist. Dasein wird vornehmlich als ein „Immer-hier-und-niemals-dort-sein", als eine Form der Gefangenschaft empfunden. Ein Ausbruchs- oder Dislozierungsversuch könnte existenzgefährdende Folgen nach sich ziehen, weil er die Umwelt als Ummauerung endgültig zu bestätigen und damit den augenscheinlichen Freiraum als Illusion oder Selbstprojektion zu enttarnen droht. Deswegen ist für Leonce seine eigene Bewegung im Raum ein stets gefährliches Unterfangen:

„Valerio.[...] die Welt ist doch ein ungeheuer weitläuftiges Gebäude.
Leonce. Nicht doch! Nicht doch! Ich wage kaum die Hände auszustrecken, wie in einem engen Spiegelzimmer, aus Furcht überall anzustoßen, daß die schönen Figuren in Scherben auf dem Boden lägen und ich vor der kahlen, nackten Wand stünde."[415]

Nicht allein der topographischen Komprimierung des Weltgebäudes zu einem engen künstlichen Innenraum bzw. der klaustrophobischen Situation gilt die

---

[413] Ebd., S. 42 f.
[414] Vogel, Christina, Raum-Körper-Konstellationen in der modernen Literatur. In: (Hrsg.) Hess-Lüttich, Ernst W.B./Müller, Jürgen E./Zoest, Aart van, Raum & Zeichen. An International Conference on the Semiotics of Space and Culture in Amsterdam, Tübingen 1998, S. 184.
[415] Mayer. S. 53 f.

Furcht. Leonce ängstigt sich auch davor, dass die Wirklichkeit sich plötzlich nur als eine Augentäuschung erweist.

Das „enge Spiegelzimmer" ist nicht das einzige Interieur-Bild, das der Prinz zur Selbstdeutung in Anspruch nimmt. Eingegrenzte und ungewöhnliche Innenräume spielen auch in den Introspektionen des Prinzen in der 3. Szene des 1. Aktes eine entscheidende Rolle. Dort imaginiert Leonce nicht die Welt sondern sich selbst bzw. seinen eigenen Kopf als eine Art Grabkammer, die durch seine Augenfenster einsehbar ist. In dieser Kopf- bzw. Grabkammer wird die Personifikation seiner Liebe zu Rosetta als Leiche aufgebahrt. Auch dieses schaurige Interieur ist wie das Spiegelzimmer durch mögliche Erschütterungen und Zerstörungen gefährdet:

> „Leonce. Gib Acht! Mein Kopf! Ich habe unsere Liebe darin beigesetzt. Sieh zu den Fenstern meiner Augen hinein. Siehst du, wie schön todt das arme Ding ist? Siehst du die zwei weißen Rosen auf seinen Wangen und die zwei rothen auf seiner Brust? Stoß mich nicht, daß ihm kein Aermchen abbricht, es wäre Schade. Ich muß meinen Kopf gerade auf den Schultern tragen, wie die Todtenfrau einen Kindersarg."[416]

Die vergangene Liebe wird nicht in ihren lebhaftesten Momenten ins Gedächtnis eingespeichert, sondern sie wird in ihrem Endstadium, d. h. als eine bereits abgelebte, im Kopf „begraben".[417] Ihre Einprägung ins Gedächtnis des einst Liebenden gleicht einer Bestattung. Leonce inszeniert das Erinnern als eine „Leichen-Schau". Der Akt des Erinnerns soll nicht mehr die einstigen Erfahrungen „wieder auf die Welt"[418], d. h. „lebhaft" vor das innere Auge stellen. Er hält nicht das ehemals Lebendige als quasi-lebendig im Gedächtnis präsent, sondern bezeugt allenfalls noch deren Verlust. Erinnern ist damit nur noch ein bloßes „Memento mori" der Liebe.

Die dem Kopf gewidmete Raummetaphorik zur bildlichen Umschreibung innerer Gemütszustände wird kurz darauf in derselben Szene von Leonce wieder aufgegriffen. Das Oberstübchen wird diesmal als Tanzsaal post festum vorgestellt:

> „Leonce.[...] Mein Kopf ist ein leerer Tanzsaal, einige verwelkte Rosen und zerknitterte Bänder auf dem Boden, geborstene Violinen in der Ecke, die letzten Tänzer haben die Masken abgenommen und sehen mit todmüden Augen einander an."[419]

Diese bildhafte Darstellung eines seelischen Innen"raumes" setzt sich interessanterweise aus einem Motivkomplex (Saal, Tanz, Violinen, Rosen) zusammen,

---

[416] Mayer. S. 38 f.
[417] Ebd., S. 39.
[418] Ebd.
[419] Ebd., 40.

der bereits zuvor dem eigentlichen Schauplatz der Rosetta-Szene, dem „reichgeschmückten Saal", zugeordnet wurde. Die in diesen realen Räumlichkeiten geschehenen Ereignisse und gehaltenen Reden werden also stichwortartig und in einer komprimierten Form in dieser Introspektion wieder aufgegriffen. Die Innenwelt-Imago des Prinzen scheint dem tatsächlichen Zimmer-Intérieur auf eine gewisse Art und Weise zu ähneln. Entscheidend ist nun, dass damit im Nachhinein bzw. im Lichte der Metaphorik des Tanzsaales post festum und ihrer Motivik der wirkliche Schauplatz der Szene nahezu als ein externalisiertes Seelengehäuse erscheint. Er ist als gebaute und strukturierte Phantasie zu verstehen. Er gibt nur ein zeitlich vorgezogenes Bild derselben Räumlichkeit, in dem die später zerbrochenen Violinen noch spielen und Rosetta noch tanzt: der „reichgeschmückte Saal" ist also derselbe „Tanzsaal" – nur in festum. Außenwelt-Szenerie und Kopf-Interieur bilden ein zeitliches und scheinbar räumliches Kontinuum.

Dem subjektivierten Schauplatz der Rosetta-Szene können demnach womöglich diejenigen Eigenschaften zugesprochen werden, welche Marianne Kesting einigen der literarischen Innenräume Edgar Allen Poes zu entnehmen glaubt: „In diesem Zimmer-Intérieur, das dem Intérieur der Hauptfigur gleicht, spielt sich eine Geschichte ab, die die Verwischung von Realität und Phantasie zum Gegenstand hat, denn diese Wirklichkeit selbst ist schon Dichtung und Traum und damit eine Traumarchitektur, aber keineswegs ein Paradies. Die Architektur wird nicht nur zum symbolischen Ausdruck der inneren Befindlichkeit und der düsteren Stimmungen des Erzählers, sie selbst ist direkte Ausgeburt seines Kopfes – und damit Spiegel seines eigenen inneren Ich."[420]

Schon zu Beginn der 3. Szene spürt man Leonces Verlangen, den Innenraum des Saales nach der eigenen Phantasie umzugestalten und akustisch auszufüllen. Dieser Wunsch impliziert zugleich den Abschluss von der Außenwelt und die Abblendung des natürlichen Lichts:

> „Leonce. Sind alle Läden geschlossen? Zündet die Kerzen an! Weg mit dem Tag! Ich will Nacht, tiefe ambrosische Nacht. Stellt die Lampen unter Krystallglocken zwischen die Oleander, daß sie wie Mädchenaugen unter den Wimpern der Blätter hervorträumen. Rückt die Rosen näher, daß der Wein wie Thautropfen auf die Kelche sprudle. Musik! Wo sind die Violinen? Wo ist die Rosetta? Fort! Alle hinaus!"[421]

---

[420] Kesting, Marianne, Negation und Konstruktion. Aspekte der Phantasiearchitektur in der modernen Dichtung. In: (Hrsg.) Weinrich, Harald, Positionen der Negativität, München 1975, S. 380.

[421] Mayer. S. 34 f.

Die Inneneinrichtung wird in ihrem Arrangement, ihrer künstlichen Beleuchtung und musikalischen Untermalung beinahe zu einem durchkonstruierten Kunstwerk erhoben, zu einem Nacht(t)raum, in dem sich das Ich vor der Außenwelt zurückziehen kann. Die Ästhetisierung des Raumes, seine Umfunktionierung zum Phantasieraum kann nur abseits des Tageslichtes vonstatten gehen, denn nur die Abblendung der taghellen Außenwelt gewährleistet die Aufblendung der Kopfwelt bzw. die ungestörte Projektion innerer Bilder. Die Nacht als verdeckte Wirklichkeit lässt der Phantasie mehr Spielraum als der helle Tag, an dem alles offen zutage liegt. Die Vorstellungskraft ist wirkmächtiger, weil sie ihre Bilder in das Dunkel hineinprojizieren kann, wo sie nicht wie in der Helligkeit mit den Gegenständen der Realität kollidieren. In Leonces Bevorzugung der „tiefe[n] ambrosische[n] Nacht"[422] vor dem Tag, dessen Licht „für müde Augen [...] zu scharf"[423] ist, äußert sich ein anti(hof)gesellschaftlicher Affekt, der dem nächtlichen Dasein eignet, denn wer die Nacht zum Tag zu machen verlangt, will „verkehrt" d. h. in einer anderen Welt leben.

Das im „reichgeschmückten Saal" dargebotene Gebaren sowie die Dialoge zwischen den Protagonisten Rosetta und Leonce fügen sich der künstlichen Einrichtung: die feinsinnigen, mitunter dekadent und todessehnsüchtig anmutenden Gespräche, das „schmeichelnde" Sich Nähern und in träumerischer Langsamkeit sich vollziehende „Abgehn" der Rosetta, ihr Tanz und Gesang, die traumverlorenen Gedankenspiele des Prinzen gemahnen stets an den artifiziellen Charakter der Umgebung. Auch die dort vorgestellten Kopf-Räume sind von der herrschende Atmosphäre beeinflusst.

Mit dem „Abgesang", dem „Totentanz" und Abgang der Tänzerin Rosetta endet die kurzzeitige Festivität: es verbleibt dem Prinzen nur noch ein „leerer Tanzsaal" und die „tote" Erinnerung an die einstige Liebe. Ob als Grabgewölbe oder als Tanzsaal post festum, der Prinzen-Kopf wird stets als eine leblose, unbeseelte Lokalität vorgestellt, als Speicherkammer des Vergangenen **als** Vergangenes. Das Abgelebte findet im Gedächtnis kein Refugium mehr bzw. es kann aus ihm nicht mehr als quasi-lebendig erinnert werden. Die gesamte Rosetta-Szene vollzieht das allmähliche Abgleiten der Wirklichkeit in memorierbare aber „tote" Vergangenheit und in gebaute und inszenierte Phantasie: Realität wird zugleich innerlich und **er**innerlich.

---

[422] Ebd., S. 34.
[423] Ebd., S. 62.

3. Prinz Leonce – ein Künstler?

Der Prinz in „Leonce und Lena" ist aus mehreren Gründen vielleicht auch als eine Künstlerfigur interpretierbar.[424] Diese Deutung des Leonce stützt sich zum einen auf die besondere Art und Weise seines Blickes auf sein Umfeld und auf sein eigenes Ich. Im vorherigen Kapitel dieser Arbeit wurde versucht, diese schöpferische Wahrnehmungsweise näher zu beleuchten. Die dort herausgearbeiteten Ergebnisse ließen sich nun an dieser Stelle unter einer veränderten Perspektive wie folgt reformulieren: das Wetter, der natürliche oder künstliche bzw. zivilisatorische Raum und die eigene Psyche werden Leonce stets zu Objekten quasi-künstlerischer Umbildung und Projektion.

Auch andere bezeichnende Aspekte und Textpassagen des Lustspiels können als mögliche Indizien einer Künstlerexistenz oder zumindest eines dichterischen Talentes des Prinzen herangezogen werden. Die künstlerische bzw. dichterische Tätigkeit bleibt durchgängig, wenn auch mitunter sehr indirekt, als mögliche Option oder zu bewältigende Aufgabe des eigenen Lebensplanes im Stück gegenwärtig. Sie erscheint im Bild einer „Nachtigall der Poesie"[425] oder als „ein großer weißer Bogen Papier, den ich vollschreiben soll"[426].

Sobald sich allerdings im ersten Akt die textuellen Hinweise auf das Künstlertum stärker verdichten, scheinen diese vorerst nur eine gewisse Distanz des Prinzen zur Kunst oder das Unvermögen zu einer erfolgreichen dichterischen Betätigung zu verzeichnen:

> „Leonce. Die Nachtigall der Poesie schlägt den ganzen Tag über unserm Haupt, aber das Feinste geht zum Teufel, bis wir ihr die Federn ausreißen und in die Tinte oder die Farbe tauchen."[427]

Leonce glaubt weder, dass ihm (und den anderen – Leonce spricht von einem „wir") die dichterische Inspiration „durch den Kuss der Muse" zuteil wird, noch

---

[424] Vgl. auch Poschmann, Henri, Büchners *Leonce und Lena*. Komödie des status quo. In: Georg Büchner Jahrbuch 1 (1981), S. 148 f: „ Leonce [rettet ...] seine Identität, [er] muß [...] nicht irre an seinem Selbst werden, oder, anders gesagt, [es] gelingt [...] ihm, der Selbstentfremdung, wenn schon nicht zu entgehen, so doch zumindest nicht zu erliegen. Die neue Existenzform, in die der seine abgespielte Rolle parodierende Souverän sich zu diesem Zweck hinüberflüchtet, ist die des autonomen Künstlers."
Möglich ist diese Selbstrettung des Individuums als freies Subjekt für Leonce freilich nur um den Preis der akzeptierten Verdinglichung der anderen, nicht wie er Privilegierten, deren entäußerte Wesenskräfte er sich angeeignet hat. Er verhehlt bei seinem Regierungsantritt nicht diese gesellschaftliche Quelle und Bedingung seiner Spielfreiheit."
[425] Mayer. S. 47.
[426] Ebd., S. 40.
[427] Ebd., S. 47 f.

dass sie ihm „durch ein Vorsingen der Nachtigall" eingegeben werden kann. Der Gesang als das wahrscheinlich „Feinste" der Poesie scheint sich ihm zu entziehen. Der bloße Griff nach der Feder ersetzt und initiiert nicht die inneren Eingebungen und die dichterischen Schöpfungsprozesse. Vielmehr müssen diese ihm und dem Schreibakt vorausgehen. Dem Prinzen überkommen also keine neuen dichterischen Gedanken. Statt dessen rotieren seine Worte und sein Denken um das bereits Gedachte. Das Denken wird als Endlosschleife vorgestellt. Die alten Gedankengänge werden nur wiederholt abgeschritten:

> „Leonce.[...] O ich kenne mich, ich weiß was ich in einer Viertelstunde, was ich in acht Tagen, was ich in einem Jahre denken und träumen werde. Gott, was habe ich denn verbrochen, daß du mich, wie einen Schulbuben, meine Lection so oft hersagen läßt?"[428]

Das Motiv der Schreibblockade findet sich auch an zwei weiteren Stellen im Lustspiel wieder – und zwar im Bild eines unbeschriebenen Papiers bzw. Buches. Poesie und Existenz sind beide Male auf das Engste miteinander verschmolzen. Der Dichter ist zugleich auch ein Lebenskünstler, ein „Biograph", der vor der diffizilen Aufgabe steht, das Leben als sein eigenes „fortzuschreiben" bzw. ihm die eigene „Handschrift" aufzuprägen:

> „Leonce.[...] Mein Leben gähnt mich an, wie ein großer weißer Bogen Papier, den ich vollschreiben soll, aber ich bringe keinen Buchstaben heraus."[429]

> „Valerio. Und Sie Prinz, sind ein Buch ohne Buchstaben, mit nichts als Gedankenstrichen."[430]

Trotz der dichterischen Hemmnisse und des anfänglichen Misstrauens des Prinzen zur Kunst ist seinen Reden durchaus eine eigene Kunstauffassung indirekt ablesbar. Als mögliche Prinzipien der Leonceschen Poetik können aus der folgenden Replik des Prinzen die Begriffe der Liebe, des „Geringsten" und der steten Wandlung herausgefiltert werden:

> „Leonce. Weißt Du auch, Valerio, daß selbst **der Geringste** unter den Menschen so groß ist, daß das Leben noch viel zu kurz ist, um ihn **lieben** zu können? Und dann kann ich doch einer gewissen Art von Leuten, die sich einbilden, daß nichts so **schön** und heilig sey, daß sie es nicht noch **schöner** und heiliger machen müßten, die Freude lassen. Es liegt ein gewisser Genuß in dieser lieben Arroganz. Warum soll ich ihnen denselben nicht gönnen?"[431]

Leonce scheint den Künstler als einen Philanthropen zu verstehen, der sich nicht ästhetischen Normierungen und Grenzziehungen unterwirft, deren Schönheits-

---

[428] Ebd., S. 40.
[429] Ebd.
[430] Ebd., S. 46. vgl. zu dieser Textstelle auch Kapitel III. dieser Arbeit.
[431] Ebd., S. 68 f.

begriff durch die Nichtachtung, Aussonderung oder Verklärung des „Geringsten" gekennzeichnet ist. „Während ihm „Leben" „das einzige Kriterium in Kunstsachen" ist, gelten Schönheit oder Häßlichkeit für ihn nicht mehr als ästhetisch verbindliche Kategorien."[432] Vielmehr fühlt er sich offenbar aus Zuneigung zu den Dingen und den Menschen einem künstlerischen Realismus verpflichtet, durch den sie – auch der oder das „Geringste"[433] – in ihrer natürlichen Gegebenheit und Schönheit zum Gegenstand der Kunst erhoben werden. Die Liebe zu den Menschen und der natürlichen Welt ist das Movens ihrer künstlerischen Nachbildung, ihrer Rekreation. So behauptet auch in ähnlicher Weise die Dichterfigur „Lenz", dass es die Aufgabe des Künstlers wäre, Gott und seinem Werk nachzueifern:

„Der liebe Gott hat die Welt wohl gemacht wie sie seyn soll, und wir können wohl nicht was Besseres klecksen, unser einziges Bestreben soll seyn, ihm ein wenig nachzuschaffen."[434]

Zweifellos bildet damit die Emotionalität des Künstlers, seine Sympathie zur natürlichen Welt ein wesentliches Moment innerhalb dieser Ästhetik. Das Gefühl, das sich bei dem Anblick des kunstwürdigen Gegenstandes einstellt, soll auch in den Akt seiner Neuschöpfung mit einfließen und am Kunstwerk ablesbar sein.

Doch woran bemisst sich nun die Wirklichkeitstreue und damit die Schönheit einer künstlerischen Nachbildung auch des „Geringsten"? Die Lenz-Figur gibt hierauf eine folgende Antwort:

„Ich verlange in Allem - Leben, Möglichkeit des Daseins [...], **das Gefühl, daß Was geschaffen sey, Leben habe** [...] sey das einzige Kriterium in Kunstsachen.[...] Man versuche es einmal und senke sich in das Leben des Geringsten und gebe es wieder, **in den Zuckungen, den Andeutungen, dem ganzen feinen, kaum bemerkten Mienenspiel**".[435]

Es gilt für die Dichterfigur Lenz ebenso wie für den Prinzen Leonce, die Dinge in ihrer Lebendigkeit, d. h. vor allem auch in ihrem steten Wandel und ihrer Veränderbarkeit zu erfassen. Das Kunstwerk soll die Vitalität der Phänomene in ihrem Fluss, ihrem transitorischen und passageren Charakter zu ergründen suchen. Gerade ihre stete Wandelbarkeit, ihr Eingebundensein in die zyklischen Kreisläufe

---

[432] Schmidt, Axel, Tropen der Kunst. Zur Bildlichkeit des Kunstbegriffs in Georg Büchners „Dantons Tod", „ Lenz", „Leonce und Lena", Neuwied 1991, S. 24.
[433] Für Requart entsteht Büchners „Realismus [...] auf dem Boden des ‚Niederländischen' mit den Implikationen des Häßlichen, Niederen, Sozialen." Paul Requart zitiert nach Meier, Albert, Georg Büchners Ästhetik, München 1983, S. 23.
[434] Lehmann I. S. 86.
[435] Lehmann I. S. 86 f. Hervorhebungen von mir.

der Natur, ihr Werden und Vergehen macht die Schönheit der Dinge aus. Leonce empfindet diese Schönheit des Wandels beispielsweise in der Abtönung und in den Bewegungsnuancen eines sterbenden Körpers:

> „Leonce. (indes träumend vor sich hin). O, eine sterbende Liebe ist schöner, als eine werdende. Ich bin ein Römer; bei dem köstlichen Mahle spielen zum Des<s>ert die goldnen Fische in ihren Todesfarben. Wie ihr das Roth von den Wangen stirbt, wie still das Auge ausglüht, wie leis das Wogen ihrer Glieder steigt und fällt!"[436]

Eine Ästhetik des Wandels verlangt auch die künstlerische Formung selbst beweglich, flexibel und vielgestaltig zu halten. Die Abwendung des Prinzen Leonce als Künstler und Liebhaber von Rosetta und seine spätere Hinwendung zu Lena kann als ein ästhetischer Schritt aus einer Form in die andere begriffen werden: Rosetta, ihr Tanz und Gesang löst sich auf, entschwindet. Nur eins bleibt: der „Eindruck"[437] oder der „todt[e] [...]"[438] Begriff eines Liebes- und Schönheitsideals, der zuletzt aber seine vollkommene Realisationsform findet, eine Form, die alle weiteren Formen und Bilder des Künstlers auf sich nehmen kann: Lena. Durch sie wird die Brechung des „weißen Gluthstrahl[s] der Liebe in einen Regenbogen"[439] zurückgenommen und damit die Liebe für Leonce wieder in toto erfahrbar.

Die Frauenfiguren Rosetta und Lena werden ihm nicht nur zu Liebes-, sondern auch zu Kunstobjekten, an denen er sein künstlerisches Talent verstärkt auszuspielen und letztendlich zu vollenden vermag. Die Liebe wirkt als eine ästhetische Energie. Sie ist eine Schöpfungskraft mit der Fähigkeit, die Objekte, auf die sie sich im natürlichen Wechsel richtet, künstlerisch umzubilden.

3.1. Das unzureichende Kunstobjekt Rosetta

Die Tänzerin Rosetta ist als Tanzende ein lebendiges Kunstwerk. Ihr kurzer Auftritt kann als eine flüchtige Performance verstanden werden. Sie wird von Leonce auch bewusst als ein Kunstwerk bzw. als ein unterhaltender Bestandteil des künstlerischen Arrangements im „reichgeschmückten Saal" herbeizitiert. Er „fordert [...] Rosetta wie eine aufziehbare Puppe auf zu tanzen".[440] Damit „wird [...] die Geliebte, ‚d i e Rosetta' zum Ding, zum Requisit, arrangiert wie das Inte-

---

[436] Mayer. S. 38.
[437] Ebd., S. 39.
[438] Ebd., S. 38.
[439] Ebd., S. 40.
[440] Yang, U-Tag, Reflexion und Desintegration. Zur Identitätskrise der Protagonisten im Werk Georg Büchners, Frankfurt am Main/Bern/New York/Paris 1989, S. 76.

rieur und die Musik der Violinen."[441] Ihre Erscheinung ist von Anfang an verschmolzen mit der Musik:

„Leonce.[...] Musik! Wo sind die Violinen? Wo ist die Rosetta?"[442]

Rosettas Auftritt in der 3. Szene des 1. Aktes ähnelt einer tänzerischen Choreographie, die in kurzer Abfolge Phasen des Anschwellens, des Höhepunktes und des Abschwellens zur Schau trägt:

<u>Anschwellen</u>: „Man hört Musik aus der Ferne.)
Rosetta (nähert sich schmeichelnd)."[443]

<u>Höhepunkt</u>: „Sie tanzt und singt."[444]

<u>Abschwellen</u>: „Rosetta (entfernt sich traurig und langsam, sie singt im Abgehn:)"[445]

<u>nach der Vorstellung</u>: „leerer Tanzsaal, [...] geborstene Violinen"[446]

Rosettas Auftreten, ob nun choreographisch oder biorhythmisch (vgl. das Kapitel VII dieser Arbeit) umschrieben, hat einen überaus aufgezwungenen und artifiziellen Charakter. „Ihr Tanz ist nicht mehr Ausdruck naturnahen Lebens, sondern vermag der von Leonce gesetzten, chronometrischen Zeit nicht zu entgehen."[447] Rosettas Formung und Ästhetisierung wird durch Leonces fortwährende Metamorphosierung ihrer Gestalt verstärkt. Sie ist das Objekt seines Verbildungstriebes. Auch Zons behauptet, dass „Leonce sie zu seinem Kunstobjekt"[448] macht. So werden ihm beispielsweise ihre Augen zu „wunderheimlichen tiefen Quellen", das „Kosen deiner Lippen" zu „Wellenrauschen", „deine Küsse sind ein wollüstiges Gähnen, und deine Schritte sind ein zierlicher Hiatus."[449] Des weiteren kristallisieren für ihn ihre Tränen zu Diamanten, aus denen sich wieder-

---

[441] Zons, Raimar St., Georg Büchner. Dialektik der Grenze, Bonn 1976, S. 400.
Yang behauptet ebenfalls, dass mit Leonces Frage „Rosetta depersonalisiert und verdinglicht, indem sie von Leonce mit den Geigen gleichgesetzt wird und ihr Name mit dem bestimmten Artikel in paralleler Konstruktion verbunden wird. Die Parallelisierung Rosettas und der Violinen wird durch die parallele Syntax der Fragen unterstrichen." Yang, U-Tag, Reflexion und Desintegration. Zur Identitätskrise der Protagonisten im Werk Georg Büchners, Frankfurt am Main/Bern/New York/Paris 1989, S. 75.

[442] Mayer. S. 35.
[443] Ebd.
[444] Ebd., S. 37.
[445] Ebd., S. 39.
[446] Ebd., S. 40.
[447] Zons, Raimar St., Georg Büchner. Dialektik der Grenze, Bonn 1976, S. 401.
[448] Ebd.
[449] Mayer. S. 36.

um ein „Halsband" machen ließe.[450] Die permanent an Rosetta und ihre Gestalt herangetragenen Analogien und Metaphern belassen sie stets veränderbar und vielgestaltig. Diesem imaginären Gestaltwandel entspricht das Tänzelnde ihrer Erscheinung.

Mit der Beweglichkeit und Wandelbarkeit der Tänzerin wird auch ihre Zeitlichkeit hervorgehoben. Rosetta ist die Rast- und Ruhelosigkeit der Zeit eigen, das Werden und Vergehen in der Zeit. Zugleich strukturiert sie durch die Rhythmik ihres Körpers die amorphe Zeit:

> „Leonce.[...] Tanze, Rosetta, tanze, daß die Zeit mit dem Takt deiner niedlichen Füße geht."[451]

Rosettas Auftritt ist in ihrer Rhythmik und betonten Zeitlichkeit von Anfang an festgelegt und befristet. Ihre Erscheinung und Bewegung zielt teleologisch auf ein „Abgehn".[452] Ihre Performance, aber auch ihre künstlerische Umformung durch den Prinzen hat ein rasches Ende, da Leonces Liebe, seine ästhetische Triebkraft, für sie nicht stark genug ist und „stirbt". Auch Rosetta scheint das Schicksal ihrer gemeinsamen Liebe zu erahnen:

> „Rosetta.[...] die Zeit kann uns das Lieben nehmen."[453]

Der Prinz begrüßt den „Tod" ihrer Liebe, konserviert sie aber (die Liebe, nicht Rosetta) als „Leiche" im eigenen Kopf. Die Liebe wird also nicht gänzlich dem Untergang geweiht. Es ist so, als ob die Liebe, die für ihn zugleich eine ästhetische Wirkkraft darstellt, vorerst „stillgelegt" bzw. von einem Objekt, auf das sie sich richten könnte, gänzlich losgelöst ist, bis sie reanimiert wird und „wieder auf die Welt"[454] kommt, d. h. sich auf eine neue Person richtet. Aufgebahrt und isoliert im Kopf und nicht an eine geliebte Person gebunden kann sich die Liebe ihm nicht entziehen. Als aufgebahrte Leiche ist sie außerhalb des Zeitlichen und Faktischen und seinem innerem Blick zur Schau gestellt. Noch fürchtet der Prinz die Auferstehung der Liebe, ihre Realisierung am lebenden Objekt, da er glaubt, dass sie dann ihren idealen Charakter verliert und wieder in ihre „Regenbogenfarben"[455] zerfällt.

---

[450] Vgl. ebd., S. 38.
[451] Ebd., S. 37.
[452] Ebd., S. 39.
[453] Mayer. S. 37.
[454] Ebd., S. 39.
[455] Vgl. ebd., S. 40: der Prisma-Vergleich

Die Bedeutung der Metaphorik der schönen Leiche der Liebe ließe sich in diesem Zusammenhang vielleicht eingehender illustrieren, wenn als Textfolie das Ende des Schneewittchen-Märchens mit herangezogen würde.[456] Die tote und im Sarg aufgebahrte „liebe Liebe"[457] gleicht dem toten, in einen gläsernen Sarg gelegten schönen „Schneewittchen". In dem Grimmschen Märchen wird ebenfalls „das Bild einer schönen, zur Befriedigung der Betrachter ausgestellten toten Frau"[458] gezeigt:

> „Sie [die Zwerge] sprachen:»das können wir nicht in die schwarze Erde versenken«, und ließen einen durchsichtigen Sarg von Glas machen, daß man es von allen Seiten sehen konnte".[459]

Der Königssohn, für den diese eingesargte Frauenleiche zum begehrten Objekt wird, spricht zu den Zwergen:

> „»so schenkt mir ihn; denn ich kann nicht leben, ohne Sneewittchen zu sehen, ich will es ehren und hochachten wie mein Liebstes.« Wie er so sprach, empfanden die guten Zwerglein Mitleiden mit ihm und gaben ihm den Sarg. Der Königssohn ließ ihn nun von seinen Dienern auf den Schultern forttragen." [460]

Leonce, der „andere" Königssohn, trägt seine geliebte Leiche, die tote Liebe, in sich selbst:

> „Ich muß meinen Kopf gerade auf den Schultern tragen, wie die Todtenfrau einen Kindersarg."[461]

Er fürchtet sich vor den Erschütterungen des Sargs, nicht bloß weil die schöne Leiche dann zu zerbrechen, sondern wie Schneewittchen „wieder auf die Welt"[462] zu kommen droht. In dem Grimmschen Märchen führt die Erschütterung des Sargs und die darauf folgende Auferstehung des geliebten Objekts zu einem guten Ende:

> „Da geschah es, daß sie über einen Strauch stolperten, und von dem Schüttern fuhr der giftige Apfelgrütz, den Sneewittchen abgebissen hatte, aus dem Hals. Und nicht lange,

---

[456] Ein stärkerer Einfluss dieses Grimmschen Märchens für Büchner wäre durchaus denkbar. Vgl. Mayer, Thomas Michael, Georg Büchner. Leben, Werk, Zeit, 3. Aufl., Marburg 1987, S. 13: „sie [die Mutter Georg Büchners] vermittelt [ihm] die Tradition der Volkslieder und -märchen ([...] »Kinder- und Hausmärchen« der Brüder Grimm, 1812-1815)." Vgl. auch Lehmann II. S. 445: „Die Geschichte muß ein Märchen sein."
[457] Mayer. S. 39.
[458] Bronfen, Elisabeth, Nur über ihre Leiche. Tod, Weiblichkeit und Ästhetik, Deutsch von Thomas Lindquist, München 1996, S. 150.
[459] Kinder- und Hausmärchen gesammelt durch die Brüder Grimm in drei Bänden, Bd. 1, Frankfurt am Main 1984, S. 309.
[460] Ebd., S. 309 f.
[461] Mayer. S. 39.
[462] Ebd.

so öffnete es die Augen, hob den Deckel vom Sarg in die Höhe und richtete sich auf und war wieder lebendig. [...] ihre Hochzeit ward mit großer Pracht und Herrlichkeit angeordnet."[463]

Für Leonce wird seine „liebe Liebe" auch wieder lebendig. Als auch künstlerische Kraft findet sie dann ihr ideales Objekt: Lena, seine zukünftige Braut. Wie Schneewittchens Tod ist der Tod der Liebe also nur ein vorläufiger. Sie wird wieder lebendig, indem sie sich auf ein neues, idealeres Objekt richtet.

3.2. Das ideale Kunstobjekt Lena

„Leonce.[...] Um ein klein wenig, und meine liebe Liebe käme wieder auf die Welt."[464]

Die in dieser Äußerung des Prinzen prognostizierte Auferweckung der Liebe wird schließlich initiiert durch die für Leonce quasi-göttliche und schöpferische Stimme einer Unbekannten:

„Lena.[...] ist denn der Weg so lang?"[465]

Wie in dem Chamisso-Zitat, das als Motto dem 2. Akt vorangestellt ist, bereits anklingt, erfährt Leonce Lenas Stimme als eine zugleich „im tiefsten Innern"[466] wiederklingende. Ihre Worte sind eine Zauberformel. Sie erschöpfen sich nicht auf ihren bloßen Mitteilungscharakter, sondern sie verhelfen der „lieben Liebe" des Prinzen wieder zur lebendigen Existenz und führen sie einem geeigneten Liebesobjekt zu. Die Reanimation der Liebe, die zugleich auch als eine Wiederbelebung der künstlerischen Energie zu verstehen ist, äußert sich auch im Wandel der Motivik: die Grabes- und Leichenmetaphorik macht zunächst einer frohgemuten Bildlichkeit platz, die dem biblischen Schöpfungsbericht entlehnt ist. „Bedenkt man, daß Leonce und Lena sich körperlich noch gar nicht wahrgenommen haben, daß beide eigentlich nur auf die Stimme des anderen reagieren, dann wird der Schock [...] nur im poetischen Bild darstellbar, weil dasjenige, was sich zwischen beiden ereignet, szenisch gar nicht und sprachlich nur bedingt vermittelbar ist."[467]

Lenas Worte stoßen beim Prinzen auf eine ungeahnte Resonanz. Sie sprechen sein innerstes Selbst an und entrücken ihn sogleich in träumerische Gedankenschwärmerei. Es entfaltet sich im folgenden ein kurzer harmonischer Wortwech-

---

[463] Kinder- und Hausmärchen gesammelt durch die Brüder Grimm in drei Bänden, Bd. 1, Frankfurt am Main 1984, S. 310.
[464] Mayer. S. 39.
[465] Ebd., S. 61.
[466] Ebd., S. 53.
[467] Kluge, Gerhard, »...Das war die Flucht in das Paradies«. Zu einer Metapher in Büchners ›Leonce und Lena‹. In: Jahrbuch des freien deutschen Hochstifts 1995, S. 277.

sel zwischen Leonce und Lena, in dem sich beide in geistiger Verknüpfung ergänzen bzw. Lena die Replik Leonces wie selbstverständlich weiterführt:

„Leonce.[...] Für müde Füße ist jeder Weg zu lang ...
Lena.[...] Und für müde Augen jedes Licht zu scharf und [...]"[468]

Leonce und Lena scheinen an dieser Dialogstelle kurzfristig zu einem einzigen Sprecher zu verschmelzen. Es findet eine „Monologisierung des Dialogs"[469] statt. Es „besteht zwischen ihnen ein vollständiger KONSENSUS"[470], und damit „kommt es zu keinen semantischen Richtungsänderungen; die Monologhaftigkeit ist [...] so stark, daß man fast von einem Monolog mit verteilten Rollen sprechen könnte".[471] Als Kontrastfolie können die Dialoge zwischen Leonce und Rosetta in Erinnerung gerufen werden. Der Sprecherwechsel wird dort zumeist durch ein intervenierendes oder korrigierendes „Oder" markiert. Ihr gemeinsames sprachliches Interagieren ist weniger durch den Konsens als durch den Widerspruch bestimmt.

Leonces Erfahrung äußerster Seelenverwandtschaft, die im Dialog mit Lena ihren sprachlichen Ausdruck findet, vermag seine tote Liebe wieder zum Leben zu erwecken. Sie richtet sich nun als ästhetische Kraft auf Lena. Jene ist also nicht nur das Objekt seiner tiefen Zuneigung, sondern zugleich auch das langersehnte ideale künstlerische Material. An diesem Material um das herum sucht er seine künstlerische Energie und Formungskraft neu zu erproben. Das Wirken der Liebe und der Kunst ist nun stärker und beständiger, weil das weibliche Objekt, auf das beide sich richten, idealer ist als Rosetta.

In der 1. Szene des 2. Aktes verrät Leonce Valerio sein ironisch gefärbtes und gegen das klassische Schönheitsideal[472] gewendetes „Ideal eines Frauenzimmers".[473] Rosetta, das „kluge[...] Mädchen" mit ihrem „Scharfsinn"[474] und den „niedlichen Füße[n]"[475] ist in diesem Wunschbild nicht wiederzufinden:

---

[468] Mayer. S. 61 f.
[469] Pfister, Manfred, Das Drama. Theorie und Analyse, 9. Aufl., München 1997, S. 182.
[470] Ebd., S. 183.
[471] Ebd.
[472] Vgl. auch Schmidt, Axel, Tropen der Kunst. Zur Bildlichkeit des Kunstbegriffs in Georg Büchners „Dantons Tod", „Lenz" und „Leonce und Lena", Frankfurt am Main 1991, S. 62: „Das ist ein parodistischer Abgesang des antiken Ideals (in Gestalt der schönen Helena), wie Winkelmann es dem deutschen Bildungsbürgertum vermittelt".
[473] Mayer. S. 55.
[474] Ebd., S. 36.
[475] Vgl. ebd., 37.

> „Leonce.[...] Sie ist unendlich schön und unendlich geistlos. Die Schönheit ist da so hülflos, so rührend, wie ein neugebornes Kind. Es ist ein köstlicher Contrast. Diese himmlisch stupiden Augen, dieser göttlich einfältige Mund, dieses scharfnasige griechische Profil, dieser geistige Tod in diesem geistigen Leib."[476]

Wohlfahrt versteht dieses Ideal als „Konstruktion der vollendet schönen Form, der reinen Schönheit ohne jeden Gehalt. Der Begriff »geistlos« wurde im 19. Jahrhundert nicht nur im Sinne von »dumm« verstanden, sondern bedeutete in der Tradition der Lutherschen Bibelübersetzung auch »leblos«."[477] Diese Geist- bzw. Leblosigkeit ist – trotz der satirischen Stoßrichtung dieser Replik gegen das klassische Schönheitsideal – vermutlich Leonces Hauptkriterium nicht nur eines idealen Frauenbildes, sondern zugleich auch einer idealen künstlerischen Materie. „Nicht Ironie allein, auch Ehrfurcht und Sehnsucht liegen in diesen Worten."[478] Der Geist und das Leben soll der Frau durch den liebenden Mann bzw. den Künstler, sprich: Leonce eingeflößt werden. Für den Prinzen ist Lena damit gerade dasjenige, was sie selbst an ihrer eigenen Person anfangs zur Debatte stellt:

> „Lena.[...] Bin ich denn wie die arme, hilflose Quelle, die jedes Bild, das sich über sie bückt, in ihrem stillen Grund abspiegeln muß?"[479]

Leonce würde diese resignierte Frage bejahen, denn das geistlose pflanzenhafte Wesen Lena existiert in ihrer naturhaften Reinheit für ihn vor allem als ein reines Medium, als eine Projektions- und Reflektionsfläche seiner Bilder, seiner Wünsche und Idealvorstellungen. In diesem Zusammenhang erklärt sich auch Leonces Wiederaufnahme des Motivs der schönen Leiche, dem bereits in der Rosetta-Szene eine bedeutsame Rolle zukam. Jedoch ist es diesmal **nicht** die Liebe, sondern die Geliebte selbst, die als Tote imaginiert wird:

> „Leonce. So laß mich Dein Todesengel seyn. Laß meine Lippen sich gleich seinen Schwingen auf Deine Augen senken. (Er küßt sie.) Schöne Leiche, Du ruhst so lieblich auf dem schwarzen Bahrtuch der Nacht, daß die Natur das Leben haßt und sich in den Tod verliebt."[480]

---

[476] Ebd., S. 55.
[477] Thomas, Wohlfahrt, Georg Büchners Lustspiel »Leonce und Lena«: Kunstform und Gehalt. In: (Hrsg.) Werner, Hans-Georg, Studien zu Georg Büchner, Berlin/Weimar 1988, S. 140.
[478] Renker, Armin, Georg Büchner und das Lustspiel der Romantik. Eine Studie über Leonce und Lena, Berlin 1924. S. 65.
[479] Mayer. S. 50.
[480] Ebd., S. 66.

Sieß behauptet zurecht, dass Leonce die Unbekannte „nicht als lebendiges Individuum, sondern als **Objekt**"[481] sieht: „Dadurch, daß er sich selber als Todesengel, Lena aber als Leiche begreift, verrät Leonce, was er begehrt – sich ihrer zu bemächtigen."[482] Die eingeforderte Macht ist jedoch nicht nur eine des Mannes über die begehrte Frau, sondern zugleich auch die eines Künstlers über sein Material. Indem er sie sich als eine schöne Leiche vorstellt, demonstriert er sein uneingeschränktes Recht auf ihren Körper. Als Tote kann sich Lena ihm nicht entziehen. Sie steht ihm gänzlich und unbegrenzt zu seiner Verfügung, außerhalb jeder Selbstbestimmung, und kann durch seine Phantasien vereinnahmt werden. Elisabeth Bronfen behauptet, dass das „Verlangen nach einer [...] schönen Frauenleiche [...] anschaulich [demonstriert], daß das Objekt des Begehrens niemals real, sondern ein Symptom der Phantasie des Liebenden ist."[483] Der künstlerischen Imaginationskraft bietet eine Tote keinen Widerstand mehr. Sie kann vielmehr als die bestmögliche Projektionsfläche funktionieren: „Als Leichnam verliert die Geliebte ihre Eigenschaft des Anders-Seins [...] und wird zu dem Ort, wo das angeblickte Objekt und das vom blickenden Subjekt begehrte Objekt jenseits aller Unterscheidung verschmelzen. Auf superlativische Weise bestätigt sich die Imaginationskraft und das Begehren des [...] Liebhabers."[484]

Mit der Heirat zwischen Leonce und Lena werden der Künstler und sein ideales Objekt nun endgültig aneinander gebunden. Diese Verbindung erlöst den „Dichter" Leonce vollends aus seiner Schreibblockade und Passivität und setzt ungeahnte Energien frei. Der Künstler als der neue König verkündet den Plan eines Gesamtkunstwerkes. Es scheint sich am Ende Schlegels utopischer Entwurf zu realisieren: „Dadurch, daß der Künstler als Prophet die neue Religion entwirft, erhält er eine exklusive Stellung unter den Menschen. So sind „die wahren Künstler ein Volk unter Königen.""[485]

---

[481] Sieß, Jürgen, Zitat und Kontext bei Georg Büchner. Eine Studie zu den Dramen „Dantons Tod" und „Leonce und Lena", Göppingen 1975, S. 85.
Vgl. auch Ruckhäberie, Hans-Joachim, Leonce und Lena. Zu Automat und Utopie. In: Georg Büchner Jahrbuch 3 (1983), S. 145 f: „Lena, die dann wirklich auftritt, lebt ihm nur durch ihn, ist ihm nur Objekt."

[482] Sieß, Jürgen, Zitat und Kontext bei Georg Büchner. Eine Studie zu den Dramen „Dantons Tod" und „Leonce und Lena", Göppingen 1975, S. 86.

[483] Bronfen, Elisabeth, Nur über ihre Leiche. Tod, Weiblichkeit und Ästhetik, Deutsch von Thomas Lindquist, München 1996, S. 151.

[484] Ebd., S. 147.

[485] Brauers, Claudia, Perspektiven des Unendlichen. Friedrich Schlegels ästhetische Vermittlungstheorie: Die freie Religion der Kunst und ihre Umformung in eine Traditionsgeschichte der Kirche, Berlin 1996, S. 134.

IX. ZENSUR, SELBSTZENSUR UND ÄSOPISCHE SPRACHWEISE IN „LEONCE UND LENA"

Die Überlieferungssituation von Büchners Lustspiel „Leonce und Lena" erweist sich bekanntlich als äußerst problematisch. Als editorisch relevante Textzeugen sind lediglich einige handschriftliche Entwurfsbruchstücke des Autors sowie die mehr oder weniger stark vorredigierten Editionen Karl Gutzkows (1838) und Ludwig Büchners (1850) erhalten geblieben. Die diesen beiden Drucken zugrundegelegten Abschriften Minna Jaeglés und Luise Büchners gelten ebenso wie das Originalmanuskript des Autors als verschollen.[486]

Allein diese komplexen Überlieferungsumstände bzw. die große Anzahl an verschiedensten Textvermittlungsinstanzen lassen erahnen, dass Büchners Lustspiel wie bereits alle seine anderen Werke zuvor den vielfältigsten und nur annähernd rekonstruierbaren Korrekturmaßnahmen, Veränderungen und Zensureingriffen unterlag. Georg Büchner kann seit dem „Hessischen Landboten" – seiner ersten publizierten literarischen Schrift – als „ein extremer Fall der Bedrohung von Leben und Werk eines Autors, aber auch des Widerstands in einer Zeit totaler Zensur"[487] gelten. Er machte also bereits vor der Inangriffnahme des Lustspiels reichliche Erfahrungen mit Zensureingriffen auf das eigene Werk und mit Pressionen auf die eigene Person. Hierbei seien neben den Entschärfungen des „Hessischen Landboten" durch den Butzbacher Konrektor Friedrich Ludwig Weidig und der steckbrieflichen Fahndung Büchners auch die erheblichen Zensureingriffe in sein Historiendrama „Dantons Tod" zu erwähnen: „Gutzkow und Sauerländer hatten die Drucklegung des Manuskrips [...] nur unter der Bedingung gefördert, daß der Autor einer Vorzensur durch Gutzkow zustimmte, und dieser schnitt die „Quecksilberblumen" der Büchnerschen Phantasie so radikal zurück, daß der Zensor kaum noch Anstößiges fand."[488]

Ähnlich gravierenden Herausgebereingriffen unterlag auch das Lustspiel „Leonce und Lena". Allein schon ein synoptischer Vergleich der beiden postumen Edi-

---

[486] Vgl. Mayer, Thomas Michael, Vorläufige Bemerkungen zur Textkritik von Leonce und Lena. In: (Hrsg.) Dedner, Burghard, Georg Büchner. Leonce und Lena. Kritische Studienausgabe. Beiträge zu Text und Quellen von Jörg Jochen Berns, Burghard Dedner, Thomas Michael Mayer und E. Theodor Voss, Frankfurt am Main 1987, S. 89-153.
[487] Breuer, Dieter, Geschichte der literarischen Zensur in Deutschland, Heidelberg 1982, S. 170.
[488] Ebd., S. 174.

tionen von Karl Gutzkow und Ludwig Büchner lässt auf weitreichende redaktionelle Korrekturen schließen: Gutzkow „strich Szenen und referierte den Inhalt mit eigenen Worten, änderte Wortwahl, Zeichensetzung, Szenen- und Regieanweisungen".[489] In einem Brief an Wilhelmine Jaeglé vom 30. August 1837 gibt Gutzkow bereits zu erkennen, dass er Büchners Lustspiel nicht unzensiert würde veröffentlichen können:

> „Das Lustspiel las ich noch den selben Abend, und fand darin Büchners feinen Geist wieder, wenn ich auch voraussehe, daß es Dinge enthält, die im Druck entweder gemildert oder besser ganz übergangen werden."[490]

Auch Ludwig Büchner „modernisierte sprachliche Eigenheiten und ließ ihm anstößig erscheinende Stellen, vor allem politische Anspielungen, weg."[491]

Mayer kommt in seiner vergleichenden Analyse der „wahrscheinlich zensurrelevanten, d. h. durch unterschiedliche Dezenzschwellen der beiden Herausgeber erklärbaren Wortlautdifferenzen"[492] zu dem folgenden allgemeinen Ergebnis: „spezifische >Raster<, nach denen die Herausgeber Gutzkow und Ludwig Büchner verfahren und mithilfe derer ihre Eingriffe bestimmter anzunehmen wären, lassen sich [...] nur im Bereich der besonders ängstlichen politischen Zensur von Seiten Ludwig Büchners [...] und für Gutzkows Eindämmung des frivolen Witzes erkennen oder zumindest als Tendenz vermuten. In allen anderen Bereichen dürften sich die Dezenz- und Eingriffsschwellen der Herausgeber überlagert haben".[493] Allerdings dürfte „die *Mehrzahl* der Differenzen des Wortlauts ab I,2 nicht auf Autorvarianten, sondern auf die unterschiedlichen Dezenzschwellen und stilistischen Eingriffe der Herausgeber wie der abschreibenden Textvermittlerinnen zurückgehen".[494]

---

[489] (Hrsg.) Pörnbacher, Karl/Schaub, Gerhard/Simm, Hans-Joachim/Ziegler, Edda, Georg Büchner. Werke und Briefe, 4. Aufl., München 1994, S. 564.

[490] Gutzkow zitiert nach Mayer, Thomas Michael, Vorläufige Bemerkungen zur Textkritik von Leonce und Lena. In: (Hrsg.) Dedner, Burghard, Georg Büchner. Leonce und Lena. Kritische Studienausgabe. Beiträge zu Text und Quellen von Jörg Jochen Berns/Burghard Dedner/Thomas Michael Mayer/E. Theodor Voss, Frankfurt am Main 1987, S. 105.

[491] (Hrsg.) Pörnbacher, Karl/Schaub, Gerhard/Simm, Hans-Joachim/Ziegler, Edda, Georg Büchner. Werke und Briefe, 4. Aufl., München 1994, S. 564.

[492] Mayer, Thomas Michael, Vorläufige Bemerkungen zur Textkritik von Leonce und Lena. In: (Hrsg.) Dedner, Burghard, Georg Büchner. Leonce und Lena. Kritische Studienausgabe. Beiträge zu Text und Quellen von Jörg Jochen Berns/Burghard Dedner/Thomas Michael Mayer/E. Theodor Voss, Frankfurt am Main 1987, S. 141.

[493] Ebd., S. 142.

[494] Ebd., S. 147

Die Reaktionen des Autors auf diese Zensurmaßnahmen sind u. a. in seinem Brief „An die Familie" vom 28. Juli 1835 festgehalten. Darin äußert er sein Empören über die das Drama „Dantons Tod" betreffenden gravierenden redaktionellen Eingriffe:

> „Ueber mein Drama muß ich einige Worte sagen: erst muß ich bemerken, daß die Erlaubniß, einige Aenderungen machen zu dürfen, allzusehr benutzt worden ist. Fast auf jeder Seite weggelassen, zugesetzt, und fast immer auf die dem Ganzen nachtheiligste Weise. Manchmal ist der Sinn ganz entstellt oder ganz und gar weg, und fast platter Unsinn steht an der Stelle. Außerdem wimmelt das Buch von den abscheulichsten Druckfehlern."[495]

Wohl auch aufgrund dieser schmerzlichen Zensurerfahrungen ist Büchner vermutlich gewillt, im Hinblick auf seine weiteren literarischen Projekte („Woyzeck", „Leonce und Lena") größere Vorsicht walten zu lassen:

> „Ich habe meine zwei Dramen noch nicht aus den Händen gegeben, ich bin noch mit Manchem unzufrieden und **will nicht, daß es mir geht, wie das erste Mal.** Das sind Arbeiten, mit denen man nicht zu einer bestimmten Zeit fertig werden kann, wie der Schneider mit seinem Kleid."[496]

Angesichts der literarischen Eigenarten des Lustspiels, seiner in der Forschung immer wieder betonten Sonderstellung innerhalb des Büchnerschen Gesamtwerkes wäre in diesem Zusammenhang folgendes zu erwägen: vielleicht wollte Büchner diesmal dem Rotstift des Zensors zuvorkommen, indem er als Präventivmittel eine ganz spezifisch geartete Selbstzensur auf sein Lustspiel ausübte. Seine früheren Erfahrungen mit der Fremdzensur, die Pressionen gegen den Autor, das Verbot des Jungen Deutschlands[497] und die der Entstehung des Lustspiels zugrundeliegenden Wettbewerbsbedingungen mögen Büchner zu einer umfassenderen Selbstzensur bewogen haben. Denn diese „Z.[ensur]maßnahme eigener Art"[498] erlaubt dem Autor noch eine gewisse Eigenmächtigkeit und Kontrolle über sein Werk und über die auf es übergreifende Zensur. Sie ermöglicht zudem

---

[495] Lehmann II. S. 443.
[496] Lehmann II. S. 460. Hervorhebungen von mir.
[497] Vgl. (Hrsg.) Hauschied, Jan-Christoph, Verboten! Das Junge Deutschland 1835, Düsseldorf 1985, S. 37:
„Der Frankfurter Bundestagsbeschluß vom 10. Dezember 1835 gegen das Junge Deutschland stellt unter den Maßnahmen der Restaurationszeit zur Abwehr emanzipatorischer Tendenzen in der Literatur den Höhepunkt dar, zugleich ist er aber auch der Ausgangspunkt für geradezu in Kettenreaktion erfolgende weitere Verbote und Verfolgungen."
[498] Kanzog, Klaus/Masser, Achim, Zensur, literarische. In: (Hrsg.) Kanzog, Klaus und Masser, Achim, Reallexikon der deutschen Literaturgeschichte, Bd. 4, 2. Aufl., Berlin/New York 1984, S. 1001.

durch verschiedenste literarische Verschlüsselungsstrategien eine doppelbödige und gesellschaftskritische Lesart.

Klaus Kanzog definiert das Phänomen der Selbstzensur „als die von einem Autor entgegen seiner ursprünglichen Intention im Wissen der Geltung einer ihm fremden Norm (und im Bewußtsein der Sanktion im Falle ihrer Nichtbeachtung) vorgenommene Korrektur einzelner Stellen eines Werkes (und gelegentlich auch die Unterdrückung des ganzen Werkes), d. h. bei einer Selbstzensur ist die Z. von seiten der normmächtigen Instanz noch nicht erfolgt, das Werk wird aber in der Vorstellung der Kontrolle durch diese Instanz geschrieben."[499] Für Ulrich Weisstein ist die „künstlerische Selbstzensur [...] eine Variante der Präventivzensur, bei der der Urheber oder die mit der Umsetzung oder Verbreitung seiner Werke befaßten Institutionen im Hinblick auf einen potentiellen Eingriff der Behörde Vorbeugungen treffen, indem sie bestimmte Themen vermeiden, Aussagen entschärfen oder Handlungen umfunktionieren."[500] Siegbert Klee verweist allerdings auf „die Schwierigkeit, das Phänomen der Selbstzensur nachzuweisen. Sicherlich existiert für den unter der Zensur lebenden Dichter bewußt oder unbewußt das Phänomen der »Schere im Kopf«. Der Kritiker kann jedoch von Selbstzensur nur dann sprechen, wenn externe Belege dafür vorliegen".[501] „Beweisbar ist sie nur durch entsprechende werkexterne Äußerungen des Autors und durch Varianten im Umfeld der Textgenese eines Werkes".[502]

Die Behauptung einer stärkeren Aktivierung literarischer Selbstzensur im Fall von „Leonce und Lena" kann sich allerdings weitgehend nur auf Hypothesen und werk**interne** Beobachtungen stützen. Die mehrfach innerhalb dieser Arbeit hervorgehobene und erörterte Rätselhaftigkeit des Lustspiels wäre in diesem Zusammenhang auch als ein Ergebnis einer auktorialen Zensuraktivität bzw. einer bewußt angelegten Anspielungs- und Verschlüsselungsstrategie des Autors zu verstehen, als die Konsequenz einer durchgehenden und umfassenden äsopisch-verhüllenden Schreibweise.[503] Selbstzensur ist in diesem Sinne also weniger als

---

[499] Ebd.
[500] Weisstein, Ulrich, Böse Menschen singen keine Arien, Prolegomena zu einer ungeschriebenen Geschichte der Opernzensur. In: (Hrsg.) Brockmeier, Peter/Kaiser, Gerhard R., Zensur und Selbstzensur in der Literatur, Würzburg 1996, S. 52.
[501] Klee, Siegbert, Macht und Ohnmacht des Zensurspielers Carl Sternheim. In: (Hrsg.) McCarthy, John A./von der Ohe, Werner, Zensur und Kultur zwischen Weimarer Klassik und Weimarer Republik mit einem Ausblick bis heute, Tübingen 1995, S. 146 f.
[502] Kanzog, Klaus/Masser, Achim, Zensur, literarische. In: Reallexikon der deutschen Literaturgeschichte, Bd. 4, 2. Aufl., Berlin 1984, S. 1001.
[503] Der Terminus „äsopische Schreibweise" ist entnommen aus Mehnert, Elke, Äsopische Schreibweise bei Autoren der DDR. In: (Hrsg.) Brockmeier, Peter/Kaiser, Gerhard R., Zen-

eine „Selbstverstümmelung" eines virtuellen ursprünglichen und unentstellten Textes, sondern vielmehr als ein eigenständiger ästhetischer Impuls zu begreifen.[504] „Leonce und Lena" scheint demnach ein Text zu sein, der wohl von Beginn seiner Entstehung an durch die fortwährend aktivierte „Schere im Kopf" des Autors seine eigenwillige Form erhalten hat.

Die Verhüllungsabsichten im Bezug auf Gesellschaftskritik setzt der Autor unter anderem durch den Einsatz märchenhafter Elemente bzw. durch das scheinbar Märchenhaft-Zeitlose des Geschehens im Reiche „Pipi" um. Dadurch, dass nicht wie zuvor in „Dantons Tod" ein vergangenheitsgeschichtlicher Stoff gewählt wurde, lässt das Werk keine direkten und konkreten Bezüge auf den historischen Hintergrund der Ereignisse zu. Die auf Büchners Zeit zielende Herrschaftskritik wird, wie im 6. Kapitel dieser Arbeit dargelegt wurde, viel weniger direkt durch polemische Äußerungen vorgetragen. Die Kritik vollzieht sich durch den Entzug der literarischen Form und durch das Scheitern des Königs als Figur in sublimierter Gestalt. Auf diese Weise entkleidet der Schriftsteller den König seiner althergebrachten, in der Königstheologie verankerten sakralen Würde. Die literarische Namensgebung als eigenständige Verschlüsselungstechnik wirft ein bezeichnendes Licht auf die einzelnen Figuren des Stücks. Büchners Poetik, ihr Realismusanspruch und ihre Betonung des steten naturhaften Wandels der Dinge, erschließt sich erst als ein Subtext aus der Figur des Prinzen und aus seiner spezifischen Wahrnehmung und Bewertung der Umwelt, insbesondere der Frauengestalten.

Auch die Zensur selbst scheint als Thema punktuell Einzug in das Lustspiel zu finden:

„Valerio. Und Sie Prinz, sind ein Buch ohne Buchstaben, mit nichts als Gedankenstrichen."[505]

---

sur und Selbstzensur in der Literatur, Würzburg 1996, S. 263-273. Der Begriff ist verknüpft mit „Äsop, dem wortgewandten Sklaven und listenreichen Gesellschaftskritiker aus dem 6. Jahrhundert vor unserer Zeitrechnung. Das Wenige [seiner Überlieferung] aber hat ausgereicht, ihn noch nach Jahrtausenden zu rühmen als Erfinder einer Sprache, die mehr meint, als sie vordergründig sagt. Mancher DDR-Autor sah sich in der Tradition des griechischen Schalksnarren und bediente sich seiner Redeweise. Der Gebrauch der Sklavensprache bot eine Möglichkeit, die Wahrheit zu sagen und dabei der Zensur eine Nase zu drehen."(Ebd., S. 263 f.)

[504] Vgl. hierzu auch Brockmeier, Peter/Kaiser, Gerhard R., Vorwort. In: (Hrsg.) Brockmeier, Peter/Kaiser, Gerhard R., Zensur und Selbstzensur in der Literatur, Würzburg 1996, S. 2: „Zensur [kann] ästhetisch produktiv gewendet werden".

[505] Mayer. S. 46.

Valerio scheint an dieser Stelle mit dem „Gedanken an ein vollständig zensuriertes Buch, das nur aus Gedankenstrichen bestünde"[506], zu spielen. Heinrich Heine hat in satirischer Form einen so gearteten Text dem 12. Kapitel des 1. Bandes seiner „Reisebilder" eingefügt:

> „Die deutschen Censoren -
> - - - - - - - - - - - - - - - - Dummköpfe -
> - - -."[507]

Die Verschlüsselung als vermutlich grundlegende Form der Selbstzensur in „Leonce und Lena" hebt die Kritik und den Realitätsbezug des Werkes nicht auf, sondern verschiebt ihn auf eine subtextuelle Ebene. Die Ähnlichkeiten der hofgesellschaftlichen mit der damaligen hessischen Politik und ihren Institutionen sowie die Verwurzelung des Konflikts im Sozialen macht den Realismusgehalt und die Aktualität des Stückes aus und lässt durchaus eine gesellschaftskritische Lesart zu. Die bestehende politische Brisanz des Werkes erhellt sich auch aus der Tatsache, dass Gutzkow und Büchners Bruder noch genug Anlaß zu eigenen Zensureingriffen fanden.

Georg Büchner war sich stets der Gefährlichkeit seines Realismusanspruchs bewusst:

> "wer die Wahrheit sagt, wird gehenkt, ja sogar der, welcher die Wahrheit liest, wird durch meineidige Richter vielleicht gestraft."[508]

Die Selbstzensur, wie er sie vermutlich in „Leonce und Lena" praktizierte und als eigenständige ästhetische Spielart umfunktionierte, beließ dem Werk seine politische Sprengkraft und verlieh ihm zudem einen enigmatischen Charakter, die immer noch zu hinterfragende Vieldeutigkeit.

---

[506] Neuer Kommentar, zu 46. 1.
[507] (Hrsg.) Windfuhr, Manfred, Heinrich Heine. Historisch-kritische Gesamtausgabe der Werke, Bd. 6, Hamburg 1973, S. 201.
[508] Lehmann II. S. 34.

X. SCHLUSS

Die vorliegende mehrschichtig angelegte Arbeit über Büchners Lustspiel „Leonce und Lena" (1836) folgte in ihrem Aufbau und ihrer Gedankenführung einer ganz spezifischen Bewegungsfigur. Sie setzte an mit Überlegungen und Deutungen zur Dramatis personae, versuchte anschließend die einzelnen Charaktere zu kontextualisieren bzw. sie unter dem Blickwinkel (hof)gesellschaftlicher Normierungen neu zu betrachten und widmete sich in einem dritten Komplex verschiedensten ästhetischen Phänomenen und ihren möglichen Bedeutungsdimensionen.

Prinzipiell kann behauptet werden, dass in Büchners Lustspiel „Leonce und Lena" das hofgesellschaftliche Leben eines Königtums abwertend und satirisch dargestellt wird. Herrschaftskritik äußert sich hierbei zum einen in einer „Entthronisation" der Sprache der Mächtigen. Das „königliche Wort" präsentiert sich nicht mehr als ein „Machtwort". Vielmehr mangelt es ihm an direktiver und deklamatorischer Wirkung. Es schafft keine neue Realität, sondern bleibt ohne wirklichen Einfluss auf sich selbst zurückgeworfen als bloßes „Ding das nichts ist". Die Sprache der alten Macht steht kurz vor dem endgültigen Vergessen. Angesichts des scheinbar unaufhaltsamen Geltungsverlusts und des Verfalls des „königlichen Wortes" bemüht sich König Peter immer wieder, diese „Wörter" bzw. Pläne und Beschlüsse ins Bewusstsein zu heben, sie für sich zu rekonstruieren und im Gedächtnis präsent zu halten. Seine Erinnerungsarbeit vollzieht sich scheinbar als ein Kampf gegen die eigene fortschreitende Amnesie. Diese Bemühungen um das eigene Gedächtnis werden jedoch durch die Ignoranz der Königskinder gegenüber dem väterlichen „Wort" ins Lächerliche und Sinnlose gewendet.

Trotz der großen Verantwortung und Verpflichtung seines Amtes ignoriert der König das Volk oder begegnet ihm mit Desinteresse. Seine zeitweilige Pflichtvergessenheit bekräftigt seine Unfähigkeit zur Ausübung der Amtsgeschäfte. Es mangelt ihm somit nicht nur an sprachlichen und mentalen Fähigkeiten, sondern auch an Verantwortungsbewusstsein, an königlicher Würde und majestätischer Haltung. Er, der sich selbst zu einer Denker-Figur hochstilisiert, spricht dem Volk den Verstand ab und betrachtet seine Untergebenen weniger als vernunftbegabte Wesen denn als willenlose und niedere Geschöpfe. Deshalb glaubt er sie bevormunden und kontrollieren bzw. wie einen automatischen und lenkbaren Mechanismus vorprogrammieren zu müssen.

Das Volk wird vom König nur als eine dienende und unpersönliche Masse wahrgenommen. Im Stück tritt es selbst als eine hungernde und ungebildete Formation mit unmanierlichem Benehmen auf. Der Schulmeister wird mitunter wie ein heimlicher Volksaufklärer in Szene gesetzt, der durch die subtile Wahl seiner Worte den Bauern ihre eigene Situation vor Augen zu führen scheint.

Valerio als Repräsentant des hungernden Volkes vermag das angenehme Leben der Mächtigen nur im außergesellschaftlichen Bezirk der Phantasie auszuleben. Seine Narrenphantasien ironisieren die Unmäßigkeit der Machtausübung und die Lächerlichkeit des Hofstaats. Er begreift die Notwendigkeit der Macht, um die gesellschaftliche Ordnung und den Stellenwert der eigenen Persönlichkeit in ihr zu verändern. Er spielt den Hofnarren, bedient sich der närrischen Freiheit des Wortes und verkörpert dabei einen Individualisten aus dem Volk, der die gegenwärtige soziale Ungerechtigkeit erkennt. Er sucht den politischen Einfluss zu erringen, um ein angenehmes Leben führen und vielleicht die politischen und sozialen Missstände bekämpfen zu können. Er weiß um die Ungerechtigkeit des Gesetzes, das ihm seine Menschenrechte und die Möglichkeit zur politischen Einflussnahme vorenthält. Valerio verzweifelt nicht an seiner sozialen Situation, sondern versucht mit großer Willensstärke seine Rechte beharrlich einzufordern.

Prinz Leonce fühlt sich trotz seiner privilegierten Situation durch das höfische Zeremoniell und die ihm auferlegten Pflichten eines Thronfolgers bevormundet und erniedrigt. Er steht in einem Werte- und Regelkonflikt, der nicht nur auf einer interpersonalen Ebene zwischen ihm und seinem Vater indirekt ausgetragen wird, sondern zudem als Rollenkonflikt die Prinzenfigur mit seinen individuellen Ansprüchen in Konfrontation mit der gesamten höfischen Gesellschaft und ihren spezifischen Normierungen stellt. Er fühlt, dass seine Hochzeit in die höfischen Zwänge und Gebräuche eingebunden ist. Die Ehe ist weniger eine persönliche und emotionale Verbindung, sondern vielmehr die gegenseitige Anerkennung des jeweiligen sozialen Status und die Grundlage für dauerhafte und langfristige politische Konzepte.

Prinzessin Lena kollidiert ebenfalls mit den Ansprüchen und Zwängen ihres sozialen Umfeldes. Da auch sie sich einer ungewollten Heirat zu unterziehen hat, spürt sie Widerwillen, Selbstmitleid und Traurigkeit angesichts ihres bevorstehenden „Selbstopfers". Da Lena die Pflicht einer Ehefrau und Königin ohne eigenen Wunsch erfüllen soll, versteht sie die Welt als eine qualvolle.

Der Staatsrat und dessen Präsident scheinen nur die Worte des Königs zu wiederholen. Der Präsident des Staatsrates wird von den anderen Figuren im Stück nicht einheitlich beurteilt. Leonce und Valerio bringen ihn mit verschrobenen und respektlosen Zwischenbemerkungen aus der Fassung. Der König hingegen betrachtet ihn als einen „Weisen". König Peter gelangt scheinbar nur über die Begutachtung und Zustimmung des Präsidenten zu Entscheidungen. Er fungiert als königliche Gedächtnisstütze und scheint mitunter die Macht und Würde auszustrahlen, an der es dem König mangelt.

In dem fünften Kapitel dieser Arbeit wurden die im Stück vielfältig aufgegriffenen höfischen Verhaltensmaßregeln und die mit ihnen verknüpften Werte präziser bestimmt. Der höfischen Welt entspricht idealiter der von allen höfischen Unarten purifizierte, gleichgeschaltete, willenlose, steuer- und formbare Menschentypus. Dieser bleibt kalkulierbar und damit beherrschbar, sofern er sich in den regelgeleiteten hofgesellschaftlichen Rahmen einfügt und darin „funktioniert". Das durch das höfische Gesetz reglementierte und kontrollierte Subjekt ist nur noch als reduziertes, depersonalisiertes und mechanisiertes vorstellbar.

Die Hochzeit wird als Konfliktbewältigungsform von den Protagonisten erwogen und ausgeführt. Die Inszenierung einer Schein-Hochzeit als Notlösung und Täuschungsmanöver verspricht Peter in seiner Notlage die eigene Ehrenrettung, die Bewahrung seiner emotionalen und geistigen Integrität, seiner Autorität sowie die Behauptung seiner Herrscherqualitäten. Im Schauspiel der Hochzeit „in effigie" wird das entlaufene und damit unloyale Brautpaar durch ein scheinbar getreueres, kalkulierbareres und den hofgesellschaftlichen Anforderungen genügendes Duo ersetzt. Die Rücksichtslosigkeit und Gleichgültigkeit des Königs offenbart sich im Akt der Substitution des eigentlichen Brautpaares, ihrer skrupellosen Ablösung durch die Automaten.

Die vom König Peter anberaumte Festivität kann in ihrem reglementarischen und konservativen Charakter sowie in der Abneigung alles Spontanen und Exzessiven eher als eine Form der Feier denn als ein Fest bewertet werden. Der König instrumentalisiert dieses bis ins kleinste Detail vorgeplante und prachtvoll ausgestattete Ereignis der Feier insbesondere als Mittel der Herrschaftssicherung, der Verbreitung seines Ruhms und der Selbstkontrolle. Sie funktioniert als eine politische Feier, auf der die Macht des Königs zugleich ausgespielt, ausgestellt und stabilisiert wird. Als höfisches Ereignis spiegelt die Feier die Position wider, die der König in der gesellschaftlichen Totalität einnimmt.

Vor den Augen des Königs demaskiert sich am Schluss des Stücks der Bräutigam als sein eigener Sohn Leonce und kurz darauf erkennen die beiden frisch Verheirateten einander als die einst durch väterlichen Befehl oktroyierten und verschmähten Partner. Der Verheiratung des Prinzen folgt die Abdankung der alten Macht. Das neue Königspaar verweigert sich der willkürlichen und tyrannischen Verfügbarkeit über ihre Untertanen, ihrer Formung und Manipulation nach persönlichen Interessen. Die Zielrichtung der neuen Regierung scheint sich zuerst in der Negation des Alten zu bestimmen. Der Machtwechsel wird sich somit nicht nur auf persönlicher, sondern vielleicht auch auf gesamtgesellschaftlicher und politischer Ebene auswirken.

Der zukünftige neue Staatsminister Valerio steht den Interessen des Volkes nahe. Die Bedürfnisse des kleinen Mannes werden in seiner abschließenden programmatischen Rede angesprochen. Die durch Valerio, Leonce und Lena vage angedeutete neue Gesellschaft und ihre Führung werden sich vielleicht von den damaligen Gesetzgebungen, den höfischen Werten und Weltanschauungen emanzipieren. In den abschließenden programmatischen Äußerungen Leonces und Valerios scheint sich der Wechsel von einer Feier zu einem Fest anzukündigen. Das Stück öffnet sich für die Möglichkeit einer universellen Karnevalisierung, bei der die hergebrachten Standesklassen und Schichtengrenzen überschritten werden. Doch diese Umwälzung bleibt vorerst nur eine imaginierte und im Wort realisierte. Vorläufig kann nur im privaten Gedanken- und Rollenspiel die Neue Welt schwärmerisch und in weltfremden Szenarien vorgestellt werden.

Die in „Leonce und Lena" praktizierte literarische Namengebung macht nicht nur die einzelnen Figuren identifizierbar, sondern funktioniert zudem als eine explizite und implizite auktoriale Charakterisierungstechnik, mit der die Figuren akzentuiert, charakterisiert und miteinander auf bestimmte Weise in Beziehung gesetzt werden.

Die defizitäre Durchgestaltung der Königsfigur erweist sich als eine kalkuliert eingesetzte literarische Strategie, mittels der nicht nur der Persönlichkeitsverlust einer Figur, sondern auch Büchners Herrschaftskritik ihren adäquaten Ausdruck findet.

In Büchners Lustspiel drängt sich außerdem der Symbol- und Konstruktionscharakter literarischer Räume vor allem im Hinblick auf die Prinzenfigur und seine spezifische Umweltwahrnehmung in den Vordergrund. Die Schilderungen topographischer Verhältnisse und meteorologischer bzw. klimatischer Vorgänge drücken die Gemüts- und Schicksalslage des Prinzen aus. Der spezifischen Raumerfahrung des Prinzen, seinem Hang zur Subjektivierung der Natur und ihrer klimatischen Verhältnisse korrespondieren einige seiner introspektiven Überlegungen, die sich räumlicher Metaphern bedienen. Die statische Positionierung des

Prinzen im Raum, seine allem Transitorischen abgeneigte statuarische Erscheinung steht in einem engen Wechselwirkungsverhältnis zu seiner Wahrnehmung von Räumlichkeit und seiner Deutung der eigenen Psyche.

Der Prinz in „Leonce und Lena" ist im Anbetracht seiner spezifischen Wahrnehmung der Naturphänomene und der Frauenfiguren auch als eine Künstlerfigur interpretierbar. Diese Deutung des Leonce stützt sich zum einen auf die besondere Art und Weise seines Blickes auf das Umfeld und auf sein eigenes Ich. Die Frauenfiguren Rosetta und Lena werden ihm nicht nur zu Liebes-, sondern auch zu Kunstobjekten, an denen er sein künstlerisches Talent verstärkt auszuspielen und letztendlich zu vollenden vermag.

Die mehrfach innerhalb dieser Arbeit hervorgehobene und erörterte Rätselhaftigkeit des Lustspiels kann auch als ein Ergebnis einer auktorialen Zensuraktivität bzw. einer bewusst angelegten Anspielungs- und Verschlüsselungsstrategie des Autors, als die Konsequenz einer durchgehenden und umfassenden äsopisch-verhüllenden Sprache verstanden werden. Die Verschlüsselung als vermutlich grundlegende Form der Selbstzensur in „Leonce und Lena" hebt die Kritik und den Realitätsbezug des Werks nicht auf, sondern verschiebt ihn auf eine subtextuelle Ebene. Die Selbstzensur beließ dem Werk seine politische Sprengkraft und verlieh ihm zudem einen enigmatischen Charakter.

XI. LITERATURVERZEICHNIS

1. Primärliteratur

(Hrsg.) Lehmann, Werner R., Georg Büchner. Sämtliche Werke und Briefe. Historisch-kritische Ausgabe mit Kommentar. Bd. 1: Dichtungen und Übersetzungen mit Dokumentationen zur Stoffgeschichte, 2. Aufl., München 1974

(Hrsg.) Lehmann, Werner R., Georg Büchner. Sämtliche Werke und Briefe. Historisch-kritische Ausgabe mit Kommentar. Bd. 2: Vermischte Schriften und Briefe, München 1972

(Hrsg.) Mayer, Thomas Michael, Georg Büchner. Leonce und Lena. Ein Lustspiel. Kritische Studienausgabe. In: (Hrsg.) Dedner, Burghard, Georg Büchner. Leonce und Lena. Kritische Studienausgabe, Beiträge zu Text und Quellen von Jörg Jochen Berns/Burghard Dedner/Thomas Michael Mayer/E. Theodor Voss, Frankfurt am Main 1987

2. Sekundärliteratur

Alfred de Musset, Fantasio. In: (Hrsg.) Pustet, Friedrich, Alfred de Musset. Dramen, Übersetzung von Neumann, Alfred/Hahn, Martin/Jacob, Hans/ Hauser, Otto/Ronte, Liselotte, München 1981

Amelunxen, Clemens, Zur Rechtsgeschichte der Hofnarren, Berlin/New York 1991

Amtmann, Juliane, Mode und Moral. Ästhetik und soziale Normen der bürgerlichen Gesellschaft im Spiegel der literarischen Darstellung der Kleidermode des 19. Jahrhunderts, Augsburg 1991 (Diss.)

Bachtin, Michail, Literatur und Karneval. Zur Romantheorie und Lachkultur, Übersetzung von Alexander Kämpfe, Frankfurt am Main/Berlin/Wien 1985

Barthes, Roland, Mythen des Alltags, Übersetzung von Scheffel, Helmut, Einmalige Sonderausgabe, Frankfurt am Main 1996

(Hrsg.) Bächtold-Stäubli, Hanns, Handwörterbuch des deutschen Aberglaubens, Bd. 8, Berlin/New York 1987

Beckers, Gustav, Georg Büchners "Leonce und Lena". Ein Lustspiel der Langeweile, Heidelberg 1961

Berns, Jörg Jochen, Zeremoniellkritik und Prinzensatire. Traditionen der politischen Ästhetik des Lustspiels *Leonce und Lena*. In: (Hrsg.) Dedner, Burghard, Georg Büchner. Leonce und Lena. Kritische Studienausgabe, Beiträge zu Text und Quellen von Jörg Jochen Berns/Burghard Dedner/Thomas Michael Mayer/E. Theodor Voss, Frankfurt am Main 1987

Bettina, Theben, Maximilien Robespierre als literarische Figur im deutschen Drama zwischen Vormärz und Kaiserreich, Frankfurt am Main/Bern/New York/Paris/Wien 1998 (Diss.)

Birus, Hendrik, Vorschlag zu einer Typologie literarischer Namen. In: Zeitschrift für Literaturwissenschaft und Linguistik 67 (1987)

Bollnow, Otto Friedrich, Neue Geborgenheit. Das Problem einer Überwindung des Existentialismus, 4. Aufl., Stuttgart/Berlin/Köln/Mainz 1979

Brauers, Claudia, Perspektiven des Unendlichen. Friedrich Schlegels ästhetische Vermittlungstheorie: Die freie Religion der Kunst und ihre Umformung in eine Traditionsgeschichte der Kirche, Berlin 1996 (Diss.)

(Hrsg.) Brednich, Rolf Wilhelm, Enzyklopädie des Märchens, Bd. 8, Berlin/ New York 1996

Breuer, Dieter, Geschichte der literarischen Zensur in Deutschland, Heidelberg 1982

Bronfen, Elisabeth, Nur über ihre Leiche. Tod, Weiblichkeit und Ästhetik, Deutsch von Thomas Lindquist, München 1996

Brückner, Wolfgang, Bildnis und Brauch. Studien zur Bildfunktion der Effigies, Berlin 1966 (Habilitation)

Bumke, Joachim, Höfische Kultur. Literatur und Gesellschaft im hohen Mittelalter, 9. Aufl., München 1999

Büttner, Ludwig, Büchners Bild vom Menschen, Nürnberg 1967

Canetti, Elias, Masse und Macht, Frankfurt am Main 1995

Chang, Soon-Nan, Politik, Philosophie und Dichtung in Georg Büchners Lebenspraxis. Eine Untersuchung des Verhältnisses von Politik und Dichtung bei Büchner unter der besonderen Berücksichtigung seiner dichterischen Praxis anhand des Dramas „Dantons Tod", Berlin 1988 (Diss.)

Daase, Christopher, »Da läugne einer die Vorsehung«. Zur komischen Bedeutung der Valerio-Figur in *Leonce und Lena*. In: (Hrsg.) Dedner, Burghard/

Oesterle, Günter, Zweites Internationales Georg Büchner Symposium 1987, Frankfurt am Main 1990

(Hrsg.) Dedner, Burghard/Hofstaetter, Ulla, Romantik im Vormärz, Marburg 1992

(Hrsg.) Dedner, Burghard, Der widerständige Klassiker. Einleitungen zu Büchner vom Nachmärz bis zur Weimarer Republik, Frankfurt am Main 1990

(Hrsg.) Dedner, Burghard, Das Wartburgfest und die oppositionelle Bewegung in Hessen, Marburg 1994

Dedner, Burghard, Büchners Lachen: „Leonce und Lena". In: (Hrsg.) Fabitius, Jürgen, Wuppertaler Büchner Tage. Zum 150. Todestag von Georg Büchner am 19. Februar 1987. 19. bis 22. Februar 1987 im Schauspielhaus, Frankfurt am Main 1988

(bisher noch nicht veröffentlicht) Dedner, Burghard, Vorläufiger Stellen-Kommentar zur historisch-kritischen Ausgabe der sämtlichen Werke und Schriften von Georg Büchner.

Dedner, Burghard, Legitimationen des Schreckens in Georg Büchners Revolutionsdramas. In: Jahrbuch der deutschen Schillergesellschaft 29 (1985)

Dedner, Burghard, Bildsysteme und Gattungsunterschiede in *Leonce und Lena, Dantons Tod* und *Lenz*. In: (Hrsg.) Dedner, Burghard, Georg Büchner. Leonce und Lena. Kritische Studienausgabe, Beiträge zu Text und Quellen von Jörg Jochen Berns/Burghard Dedner/Thomas Michael Mayer/E.Theodor Voss, Frankfurt am Main 1987

Deiters, Franz-Josef, Drama im Augenblick seines Sturzes. Zur Allegorisierung des Dramas in der Moderne. Versuche zu einer Konstitutionstheorie, Berlin 1999

Delius, F.C., Der Held und sein Wetter. Ein Kunstmittel und sein ideologischer Gebrauch im Roman des bürgerlichen Realismus, München 1971

Deufert, Marcus, Lustspiel der verkehrten Welt – Bemerkungen zur Konfiguration von Georg Büchners *Leonce und Lena*. In: (Hrsg.) Polheim, Karl-K., Die dramatische Konfiguration, Paderborn/München/Wien/Zürich/Schöningh 1997

Dierse, U., Figur. In: (Hrsg.) Ritter, Joachim, Historisches Wörterbuch der Philosophie, Bd. 2, Darmstadt 1972

Drosdowski, Günther, Duden. Lexikon der Vornamen, Mannheim 1968

Drux, Rudolf, Marionette Mensch. Ein Metaphernkomplex und sein Kontext von E.T.A. Hoffmann bis Georg Büchner, München 1986

Drux, Rudolf, „Eigentlich nichts als Walzen und Windschläuche". Ansatz zu einer Poetik der Satire im Werk Georg Büchners. In: (Hrsg.) Dedner, Burghard/Oesterle, Günter, Zweites Internationales Georg Büchner Symposium 1987, Frankfurt am Main 1990

Eco, Umberto, Die Grenzen der Interpretation, München 1995

Eibl, Karl, *Ergo todtgeschlagen.* Erkenntnisgrenzen und Gewalt in Büchners *Dantons Tod* und *Woyzeck.* In: Euphorion 75 (1981)

E.T.A. Hoffmann, Der Sandmann. In: (Hrsg.) Steinecke, Hartmut, E.T.A. Hoffmann Nachstücke. Klein Zaches. Prinzessin Brambilla. Werke 1816-1820, Frankfurt am Main 1985

Fabig, Angelika, Kunst und Künstler im Werk Alfred de Mussets, Heidelberg 1976

Feld, Helmut, Wurde Martin Luther 1521 in effigie in Rom verbrannt? In: Lutherjahrbuch 63 (1996)

Fink, Gonthier-Louis, *Leonce und Lena.* Komödie und Realismus bei Georg Büchner. In: (Hrsg.) Martens, Wolfgang, Wege der Forschung. Bd. LIII, Darmstadt 1969

Fischer, Heinz, Georg Büchner. Untersuchungen und Marginalien, 2 Aufl., Bonn 1975

(Hrsg.) Fraisse, Geneviève/Perrot, Michelle, Geschichte der Frauen. 19. Jahrhundert, Bd. 4, Frankfurt/New York/Paris 1994

Früh, Sigrid/Wehse, Rainer, Die Frau im Märchen, Kassel 1985

Gebhardt, Winfried, Fest, Feier und Alltag. Über die gesellschaftliche Wirklichkeit des Menschen und ihre Deutung, Frankfurt am Main/Bern/New York/Paris 1987

Gendolla, Peter, Anatomien der Puppe. Zur Geschichte des Maschinen Menschen bei Jean Paul, E.T.A. Hoffmann, Villiers de l'Îsle-Adam und Hans Bellmer, Heidelberg 1992

Gnüg, Hiltrud, Melancholie-Problematik in Alfred de Mussets *Fantasio* und Georg Büchners *Leonce und Lena.* In: Zeitschrift für Deutsche Philologie 103 (1984)

Greiner, Bernhard, Die Komödie. Eine theatralische Sendung: Grundlagen und Interpretationen, Tübingen 1992

Grimm, Jacob/Grimm, Wilhelm, Deutsches Wörterbuch, Bd. 7, Leipzig 1889

(Hrsg.) Hauschied, Jan-Christoph, Verboten! Das Junge Deutschland 1835, Düsseldorf 1985

Heggen, Alfred, Alkohol und bürgerliche Gesellschaft im 19. Jahrhundert. Eine Studie zur deutschen Sozialgeschichte, Berlin 1988

Heilfurth, G., Fest und Feier. In: (Hrsg.) Bernsdorf, Wilhelm, Wörterbuch der Soziologie, Stuttgart 1969

Helwig, Frank G., „Nichts als Pappendeckel und Uhrfedern". Das Motiv der menschlichen Automaten in Büchners *Leonce und Lena*. In: A Journal of Germanic Studies Seminar (1993)

Hermand, Jost, Der Streit um *Leonce und Lena*. In: Georg Büchner Jahrbuch 3 (1983)

Hiebel, Hans H., Georg Büchners heiter-sarkastische Komödie „Leonce und Lena". In: (Hrsg.) Freund, Winfried, Deutsche Komödien. Vom Barock bis zur Gegenwart, 2. Aufl., München 1995

Hiebel, Hans H., Allusion und Elision in Georg Büchners *Leonce und Lena*. Die intertextuellen Beziehungen zwischen Büchners Lustspiel und Stücken von Shakespeare, Musset und Brentano. In: (Hrsg.) Dedner, Burghard/Oesterle, Günter, Zweites Internationales Georg Büchner Symposium 1987, Frankfurt am Main 1990

Hiebel, Hans H., Das Lächeln der Sphinx. Das Phantom des Überbaus und die Aussparung der Basis: Leerstellen in Büchners *Leonce und Lena*. In: Georg Büchner Jahrbuch 7 (1988/89)

(Hrsg.) Höfer, Josef/Rahner, Karl, Lexikon für Theologie und Kirche, Bd. 7, 2. Aufl., Innsbruck/Freiburg 1962

(Hrsg.) Imbusch, Peter/Zoll, Ralf, Friedens- und Konfliktforschung. Eine Einführung mit Quellen, 2. überarbeitete und erweiterte Aufl., Opladen 1999

Jancke, Gerhard, Georg Büchner. Genese und Aktualität seines Werkes. Einführung in das Gesamtwerk, 3. Aufl., Königstein/Ts. 1979

Kanzog, Klaus/Masser, Achim, Zensur, literarische. In: (Hrsg.) Kanzog, Klaus/Masser, Achim, Reallexikon der deutschen Literaturgeschichte, Bd. 4, 2. Aufl, Berlin/New York 1984

Karenberg, Dagobert, Die Entwicklung der Verwaltung in Hessen-Darmstadt unter Ludewig I. (1790-1830), Darmstadt 1964

(Hrsg.) Kasper, Walter mit Baumgartner, Konrad/Bürkle, Horst/Ganzer, Klaus/Kertelge, Karl/Korff, Wilhelm/Walter, Peter, Lexikon für Theologie und Kirche, Freiburg/Basel/Rom/Wien 1997

Kesting, Marianne, Negation und Konstruktion. Aspekte der Phantasiearchitektur in der modernen Dichtung. In: (Hrsg.) Weinrich, Harald, Positionen der Negativität, München 1975

Kinder- und Hausmärchen gesammelt durch die Brüder Grimm in drei Bänden, Bd. 1, Frankfurt am Main 1984

Klee, Siegbert, Macht und Ohnmacht des Zensurspielers Carl Sternheim. In: (Hrsg.) McCarthy, John A./von der Ohe, Werner, Zensur und Kultur. Zwischen Weimarer Klassik und Weimarer Republik mit einem Ausblick bis heute, Tübingen 1995

Klingmann, Ulrich, „Ich wollte mich an mein Volk erinnern". Utopie und Praxis in Georg Büchners „Leonce und Lena". In: Germanisch-Romanische Monatsschrift 37 (1987)

Kluge, Gerhard, »...Das war die Flucht in das Paradies«. Zu einer Metapher in Büchners >Leonce und Lena<. In: Jahrbuch des freien deutschen Hochstifts (1995)

Knapp, Gerhard P., Georg Büchner, Stuttgart 1977

Kobel, Erwin, Georg Büchner. Das dichterische Werk, Berlin/New York 1974

Kohl, Peter, Der freie Spielraum im Nichts. Eine kritische Betrachtung der „Nachtwachen" von Bonaventura, Frankfurt am Main/Bern/New York 1986

Koopmann, Helmut, Das Junge Deutschland, Darmstadt 1993

König, René, Menschheit auf dem Laufsteg. Die Mode im Zivilisationsprozeß. Mit 34 Abbildungen, Frankfurt am Main/Berlin 1988

Kullmann, Thomas, Vermenschlichte Natur. Zur Bedeutung von Landschaft und Wetter im englischen Roman von Ann Radcliffe bis Thomas Hardy, Tübingen 1995

Küchenhoff, Joachim, Das Fest und die Grenzen des Ich. In: (Hrsg.) Haug, Walter/ Rainer, Warning, Poetik und Hermeneutik (XIV). Das Fest, München 1989

Jansen, Josef, Einführung in die deutsche Literatur des 19. Jahrhunderts. Bd.1: Restaurationszeit (1815-1848), Opladen 1982

Lamping, Dieter, Der Name in der Erzählung. Zur Poetik des Personennamens, Bonn 1983

Laur, Wolfgang, Der Name. Beiträge zur allgemeinen Namenkunde und ihrer Grundlegung, Heidelberg 1989

Mac Ewen, Leslie, The Narren-motifs in the works of Georg Büchner, Bern 1968

Majut, Rudolf, Studien um Büchner. Untersuchungen zur Geschichte der problematischen Natur, Berlin 1932

Martens, Wolfgang, Georg Büchner. Leonce und Lena. In: (Hrsg.) Hinck, Walter, Die deutsche Komödie. Vom Mittelalter bis zur Gegenwart, Düsseldorf 1977

Mayer, Thomas Michael, Georg Büchner. Leben, Werk, Zeit, 3. Aufl., Marburg 1987

Mayer, Thomas Michael, Vorläufige Bemerkungen zur Textkritik von *Leonce und Lena*. In: (Hrsg.) Dedner, Burghard, Georg Büchner. Leonce und Lena. Kritische Studienausgabe, Beiträge zu Text und Quellen von Jörg Jochen Berns/Burghard Dedner/Thomas Michael Mayer/E. Theodor Voss, Frankfurt am Main 1987

Mehnert, Elke, Äsopische Sprachweise bei Autoren der DDR. In: (Hrsg.) Brockmeier, Peter/Kaiser, Gerhard R., Zensur und Selbstzensur in der Literatur, Würzburg 1996

Meier, Albert, Georg Büchners Ästhetik, München 1983 (Diss.)

Mezger, Werner, Hofnarren im Mittelalter. Vom tieferen Sinn eines seltsamen Amts, Konstanz 1981

Mosler, Peter, Georg Büchners „Leonce und Lena". Langeweile als gesellschaftliche Bewusstseinsform, Bonn 1974

Nitschke, August, Aschenputtel aus der Sicht der historischen Verhaltensforschung. In: (Hrsg.) Brackert, Helmut, Und wenn sie nicht gestorben sind. Perspektiven auf das Märchen, 2. Aufl., Frankfurt am Main 1982

Nowitzki, Hans-Peter, Halt, ist der Schluß logisch? Zu Büchners anamorphotischer Poesiekonzeption. In: Euphorion 92 (1998)

Osawa, Seiji, Georg Büchners Philosophiekritik. Eine Untersuchung auf der Grundlage seiner Descartes- und Spinoza-Exzerpte, Marburg 1999 (Diss.)

Petrascheck-Heim, Ingeborg, Die Sprache der Kleidung. Wesen und Wandel von Tracht, Mode, Kostüm und Uniform, 2. neubearbeitete Aufl., Baltmannsweiler 1988

Pfister, Manfred, Das Drama. Theorie und Analyse, 9. Aufl., München 1997

Pinkert, Ernst-Ullrich, »Von geträumtem Makkaroni wird man nicht satt«. *Leonce und Lena* und Heine. In: (Hrsg.) Dedner, Burghard/Oesterle, Günter, Zweites Internationales Georg Büchner Symposium 1987, Frankfurt am Main 1990

Plard, Henri, Gedanken zu >Leonce und Lena<. Musset und Büchner. In: (Hrsg.) Martens, Wolfgang, Georg Büchner, Darmstadt 1969

Platz-Waury, Elke, Figur. In: (Hrsg.) Weimar, Klaus, Reallexikon der deutschen Literaturwissenschaft. Neubearbeitung des Reallexikons der deutschen Literaturgeschichte, Bd. 1, Berlin/New York 1997

Pornschlegel, Clemens, Das Drama des Souffleurs. Zur Dekonstitution des Volks in den Texten Georg Büchners. In: (Hrsg.) Neumann, Gerhard, Post-Strukturalismus, Stuttgart 1997

Poschmann, Henri, Büchners *Leonce und Lena.* Komödie des status quo. In: Georg Büchner Jahrbuch 1 (1981)

Poschmann, Henri, Literarhistorische und ästhetische Fragen. Probleme einer literarisch-historischen Ortsbestimmung Georg Büchners. In: Georg Büchner Jahrbuch 2 (1982)

(Hrsg.) Pörnbacher, Karl/Schaub, Gerhard/Simm, Hans-Joachim/Ziegler, Edda, Georg Büchner. Werke und Briefe, 4. Aufl., München 1994

Reifenberg, Bernd, Die „schöne Ordnung" in Clemens Brentanos *Godwi* und *Ponce de Leon*, Göttingen 1990 (Diss.)

Renker, Armin, Georg Büchner und das Lustspiel der Romantik. Eine Studie über Leonce und Lena, Berlin 1924

Richter, Dieter, Schlaraffenland. Geschichte einer populären Phantasie, Köln 1984

Ruckhäberle, Hans-Joachim, *Leonce und Lena.* Zu Automat und Utopie. In: Georg Büchner Jahrbuch 3 (1983)

Röhrich, Lutz, Das große Lexikon der sprichwörtlichen Redensarten, Basel/ Freiburg/Wien 1992

Scheidweiler, Gaston, Die Kontextabhängigkeit der Konnotation, nachgewiesen anhand des semantischen Differentials. In: Muttersprache 93 (1983)

Schmidt, Axel, Tropen der Kunst. Zur Bildlichkeit des Kunstbegriffs in Georg Büchners „Dantons Tod", „Lenz" und „Leonce und Lena", Frankfurt am Main 1991(Diss.)

Schönfeld, Margarete, Gutzkows Frauengestalten, Berlin 1933 (Diss.)

Schröder, Jürgen, Georg Büchners 'Leonce und Lena'. *Eine verkehrte Komödie,* München 1966

Siemann, Wolfram, Normenwandel auf dem weg zur >modernen< Zensur. In: (Hrsg.) McCarthy, John A./von der Ohe, Werner, Zensur und Kultur. Zwischen Weimarer Klassik und Weimarer Republik mit einem Ausblick bis heute, Tübingen 1995

Sieß, Jürgen, Zitat und Kontext bei Georg Büchner. Eine Studie zu den Dramen „Dantons Tod" und „Leonce und Lena", Göppingen 1975 (Diss.)

Spangenberg, Ilse, Hessen-Darmstadt und der Deutsche Bund 1815-1848, Darmstadt 1969

Swales, Martin, The fragility of high comedy: Büchner's Leonce und Lena. In: (Hrsg.) Castein, Hanne/Stillmark, Alexander, Erbe und Umbruch in der neueren deutschsprachigen Komödie. Londoner Symposium 1987, Stuttgart 1990

Thiel, Erika, Geschichte des Kostüms, 7. Aufl., Berlin (O) 1980

Tieck, Ludwig, Der gestiefelte Kater. In: (Hrsg.) Frank, Manfred, Ludwig Tieck. Phantasus, Frankfurt am Main 1985

Ueding, Cornelie, Denken. Sprechen. Handeln. Aufklärung und Aufklärungskritik im Werk Georg Büchners, Frankfurt am Main 1976

Veldhues, Christoph, ,Gleich- und Gegenüberstellung': Intratextuelle und intertextuelle Bedeutung in der Literatur. In: Zeitschrift für Slawistik 40 (1995)

Viëtor, Karl, Georg Büchner. Politik. Dichtung. Wissenschaft, Bern 1949

Vogel, Christina, Raum-Körper-Konstellationen in der modernen Literatur. In: (Hrsg.) Hess-Lüttich, Ernst W.B./Müller, Jürgen E./Zoest, Aart van, Raum & Zeichen. An International Conference on the Semiotics of Space and Culture in Amsterdam, Tübingen 1998

Voss, E. Theodor, Arkadien in Büchners *Leonce und Lena*. In: (Hrsg.) Dedner, Burghard, Georg Büchner. Leonce und Lena. Kritische Studienausgabe, Beiträge zu Text und Quellen von Jörg Jochen Berns/Burghard Dedner/Thomas Michael Mayer/E. Theodor Voss, Frankfurt am Main 1987

Völker, Ludwig, Die Sprache der Melancholie in Büchners *Leonce und Lena*. In: Georg Büchner Jahrbuch 3 (1983)

Wagner, Georg Wilhelm Justin, Statistisch=topographisch=historische Beschreibung des Großherzogthums Hessen, Darmstadt 1831

Wawrzyn, Lienhard, Büchners `Leonce und Lena` als subversive Kunst. In: (Hrsg.) Mattenklott, Gert/Scherpe, Klaus R., Demokratisch-revolutionäre Literatur in Deutschland: Vormärz, Kronberg/Ts. 1974

Weisstein, Ulrich, Böse Menschen singen keine Arien. Prolegomena zu einer ungeschriebenen Geschichte der Opernzensur. In: (Hrsg.) Brockmeier, Peter/ Kaiser, Gerhard R., Zensur und Selbstzensur in der Literatur, Würzburg 1996

Wenz, Karin, Raum, Raumsprache und Sprachräume. Zur Textsemiotik der Raumbeschreibung, Tübingen 1997

Wenzel, Horst, Fernliebe und Hohe Minne. Zur räumlichen und zur sozialen Distanz in der Minnethematik. In: (Hrsg.) Krohn, Rüdiger, Liebe als Literatur. Aufsätze zur erotischen Dichtung in Deutschland, München 1983

Werner, Hans-Georg, Studien zu Georg Büchner, Berlin/ Weimar 1988

Wetzel, Heinz, *Dantons Tod* und das Erwachen von Büchners sozialem Selbstverständnis. In: Deutsche Vierteljahrsschrift für Literaturwissenschaft und Geistesgeschichte 50 (1976)

Wetzel, Heinz, Das Ruinieren von Systemen in Büchners *Leonce und Lena*. In: Georg Büchner Jahrbuch 4 (1984)

(Hrsg.) Windfuhr, Manfred, Heinrich Heine. Historisch-kritische Gesamtausgabe der Werke, Bd. 6, Hamburg 1973

Wittkowski, Wolfgang, Georg Büchner. Persönlichkeit. Weltbild. Werk, Heidelberg 1978

Wohlfahrt, Thomas, Georg Büchners Lustspiel »Leonce und Lena«: Kunstform und Gehalt. In: (Hrsg.) Werner, Hans-Georg, Studien zu Georg Büchner, Berlin/Weimar 1988

Yang, U-Tag, Reflexion und Desintegration. Zur Identitätskrise der Protagonisten im Werk Georg Büchners. Frankfurt am Main/Bern/New York/Paris 1989 (Diss.)

Ziegler, Edda, Literarische Zensur in Deutschland 1819-1848, München/Wien 1983 (bisher noch nicht veröffentlicht) Zollna, Isabel, Prosodische Gestaltung in ritualisierten und repetitiven Sprechweisen: Eine vergleichende Untersuchung zu Wiederholung und Expressivität. Die Eucharistie-Formel, das Vaterunser, Durchsagen und Verkaufsrufe im Spanischen, Französischen, Englischen und Deutschen, Tübingen 1997 (Habilitation)

Zons, Raimar St., Georg Büchner. Dialektik der Grenze, Bonn 1976

www.ingramcontent.com/pod-product-compliance
Lightning Source LLC
Chambersburg PA
CBHW020124010526
44115CB00008B/969